GABRIELE SCHEITERBAUER

# Die Geburt meiner Kraft

GABRIELE SCHEITERBAUER

# DIE GEBURT MEINER KRAFT

## SELBSTBESTIMMT DURCH DIE SCHWANGERSCHAFT

Die folgenden Inhalte sind nicht als Ersatz medizinischer Beratung, Diagnose oder Behandlung gedacht. Die Inhalte dienen der Vermittlung von Wissen und die Umsetzung der hier gegebenen Empfehlungen erfolgt auf eigene Verantwortung.


Mind Your Body, Bahnstr. 36, D-82131 Stockdorf



Die Angebote in diesem Buch wurden von der Autorin sorgfältig erwogen und geprüft, dennoch kann eine Garantie nicht übernommen werden. Eine Haftung des Verlags, der Autorin und ihrer Beauftragten für Personen-, Sach- und Vermögensschäden ist ausgeschlossen.

Verlag und Autorin weisen ausdrücklich darauf hin, dass im Text enthaltene externe Links von Verlag und Autorin nur bis zum Zeitpunkt der Buchveröffentlichung eingesehen werden konnten. Auf spätere Veränderungen haben Verlag und Autorin keinerlei Einfluss. Eine Haftung von Verlag und Autorin für externe Links ist stets ausgeschlossen.

Trotz sorgfältigem Lektorat können sich Fehler einschleichen. Verlag und Autorin sind deshalb dankbar für diesbezügliche Hinweise.

Aus Gründen der besseren Lesbarkeit wird auf die gleichzeitige Verwendung der Sprachformen männlich, weiblich und divers (m/w/d) verzichtet. Sämtliche Personenbezeichnungen gelten gleichermaßen für alle Geschlechter.

**Lektorat:** Textatelier Wevers und Jung | textatelier@wevers-und-jung.de

**Coverbild und Umschlag:** David Freeman | Berlin | davidfreeman@web.de

**Layout, Satz & Umschlag:** Josephine Schwandt | www.meisterseiten.com

**Druck:** Druckerei und Druckort siehe letzte Seite.

**Consulting & Projektmanagement:** »Mr. Bestseller« Hartmut Paschke | www.hartmutpaschke.com

**Illustrationen:** Bernd Wiedemann (Stockdorf), Gabriele Scheiterbauer (wenn nicht anders angegeben)

**ISBN Hardcover:** **978-3-912609-00-4**
**ISBN Taschenbuch:** **978-3-912609-01-1**
**ISBN eBook:** **978-3-912609-02-8**

**Bibliografische Information der Deutschen Nationalbibliothek:** Die Deutsche Nationalbibliothek verzeichnet diese Publikation in der Deutschen Nationalbibliografie; detaillierte bibliografische Daten sind im Internet über http://dnb.d-nb.de abrufbar.

Die Druckausgaben werden kombiniert sowohl als Auflagendruck als auch im Print-on-Demand-Verfahren hergestellt. Damit vermeiden wir unnötigen Papierverbrauch, Lieferstrecken und Lagerkosten. Gleichzeitig sichern wir die Aktualität und dauerhafte Verfügbarkeit des Buches.

25. März 2026, 3:48 PM

*Dieses Buch ist allen Frauen gewidmet,*
*die ihre Schwangerschaft als einen*
*natürlichen Prozess erleben wollen.*

## INHALT


**11 Einleitung**

13 Warum schreibe ich dieses Buch?
14 Mein persönlicher Weg
15 Was dich in diesem Buch erwartet
17 Überblick über die Kapitel

**19 Kapitel 1: Selbstermächtigung in der Schwangerschaft**

20 Die energetische Entwicklung deines Babys
20 Vertrauen in den natürlichen Rhythmus
21 Die Rolle der Intuition
21 Mythen und Paradigmen brechen
22 Die weibliche Schöpferkraft entfalten
23 Warum unsere Gedanken manchmal anders ticken, als wir denken
24 Embodiment: Vom Kopf ins Erleben
26 Die Bedeutung des Körpers in der Schwangerschaft
27 Traditionelles Input-Output-Modell
28 Embodiment-Modell
30 Körper, Geist und Seele und die Umwelt sind in ständiger Wechselwirkung
30 Alles Leben ist selbstorganisiert
31 Was Kinder von Anfang an mitbringen
32 Spielen bedeutet, frei von Angst zu sein
33 Das klassische Eisbergmodell
34 Ganz unten spielt die Musik
36 Warum sollten wir also etwas verändern?
37 Schreiben als Anker
38 Das Problem wird zum Projekt
40 Energie folgt der Aufmerksamkeit
41 Das Modell der Veränderung
43 Der Atem als Schlüssel
46 Das Nervensystem
47 Selbstanwendung des Hauptzentralstroms (Kurzform)
48 Funktionen des Nervensystems
49 Endokrines System, chemisch (4. Tiefe)
50 Tipps für deinen Arbeitsalltag

55 **Kapitel 2: Energie wird Materie**
57 Tägliche Atemübung für deine Routine
58 Atemmeditation: 36 bewusste Atemzüge
61 Was ist Energie?
62 Was sind die Tiefen?
63 Starthilfe für den Körper
64 Deine Hände dienen als Starthilfekabel
66 Meditation ist nicht gleich Meditation
67 Entsprechungen der Ebenen im Körper
69 Die Sprache des Körpers verstehen
69 Der Atem als Spiegel
73 Atmen – ein natürlicher Kreislauf
75 In welcher Verfassung befindet sich dein Nervensystem?
78 Den Fokus zu ändern wirkt sich aus auf alle Lebensbereiche
83 Mentales Training
86 Dreieinigkeit
88 1. Vertikale Universelle Harmonisierungsenergie
90 Für die tägliche Selbstanwendung: Zentralstrom
92 Alternativ zum Sechs-Schritte-Hauptzentralstrom
92 Meditation
93 2. Linker und rechter Betreuerstrom
97 Energiezentren und ihre Bedeutung
98 Für die tägliche Selbstanwendung: Betreuerstrom
99 3. Vermittlerstrom – das Aktivitätsprinzip
102 Für die tägliche Selbstanwendung: Vermittlerstrom
103 Einstellungen und Beziehung zu den Fingern
108 Wellen des menschlichen Gehirns
109 Zuwendung und Berührung des Körpers
112 Die Energie verdichtet sich weiter
114 Die Ordnung der Schöpfung
128 Eine weitere allumfassende Betrachtungsweise ist die Selbstanwendung des Hauptzentralstroms
130 Die Organfunktionsenergie hat eine Entsprechung zu den Sternzeichen

131 **Kapitel 3: Symptome während der Schwangerschaft und Sequenzen zur Harmonisierung**

133 Du bist jetzt in anderen Umständen – was heißt das?
134 Anleitung zur Selbstanwendung von Strömen bei Beschwerden
134 Übelkeit
135 Hormonumstellung
136 Zur Entgiftung und Balance der Körperchemie
137 Ein dumpfes Gefühl in der Magengegend
137 Kurzanwendung bei Übelkeit, Müdigkeit, Schlappheit, Schwindel
138 Schulter-Nacken Spannungen
138 Bei allgemeinen Erkältungssymptomen und Fieber
140 Unterstützt bei Allergien
140 Unterstützt bei Atemnot, Asthma
141 Die Vorlieben und Gelüste während der Schwangerschaft
142 Unterstützt alle Themen mit dem Becken, Schmerzen im Iliosakralgelenk, Rückenschmerzen, Muskelkrämpfen, Hämorrhoiden, geschwollene Beine
142 Appetitlosigkeit
144 Die Gebärmutter – eine Expertin
144 Die Plazenta – das Wunderwerk der Natur
148 Hormone wirken bei jeder Frau individuell
151 Kombination für die Brustebene
153 Kombination zur Unterstützung der Venen

155 **Kurze Übungen für jeden Monat der Schwangerschaft**

156 5–10-Minuten-Übungen für den ersten Schwangerschaftsmonat
157 5–10-Minuten-Übungen für den zweiten Schwangerschaftsmonat
158 5–10-Minuten-Übungen für den dritten Schwangerschaftsmonat
159 5–10-Minuten-Übungen für den vierten Schwangerschaftsmonat
160 5–10-Minuten-Übungen für den fünften Schwangerschaftsmonat
161 5–10-Minuten-Übungen für den sechsten Schwangerschaftsmonat
162 5–10-Minuten-Übungen für den siebten Schwangerschaftsmonat
163 5–10-Minuten-Übungen für den achten Schwangerschaftsmonat
164 5–10-Minuten-Übungen für den neunten Schwangerschaftsmonat

**165 Kapitel 4: Energetische Entwicklung während der neun Schwangerschaftsmonate**

169 Erster Schwangerschaftsmonat
179 Zweiter Schwangerschaftsmonat
185 Dritter Schwangerschaftsmonat
199 Vierter Schwangerschaftsmonat
207 Fünfter Schwangerschaftsmonat
214 Sechster Schwangerschaftsmonat
227 Siebter Schwangerschaftsmonat
235 Achter Schwangerschaftsmonat
242 Neunter Schwangerschaftsmonat

**251 Kapitel 5: Themen rund um die Geburt und die Zeit danach**

252 Wasseransammlungen
252 Frühgeburt
253 Du bist schon „über der Zeit"
253 Steißlage
254 Die Gedanken kreisen
256 Kurze Sequenzen für die Geburt
269 Bereitstellung der 6. Tiefe für das Manifestieren eines neuen Lebens sowie 1. Tiefe
273 Für das Baby

**275 Kapitel 6: Die ersten Lebensjahre deines Kindes**

276 Die ersten fünfzehn Lebensjahre
277 Die Bedeutung der Elternrolle für eine gesunde Entwicklung des Kindes
280 Dein Kind in der Phase der 1. Tiefe unterstützen

**287 Anhang**

288 Erfahrungsberichte
294 Übersicht über die Energiezentren

# Einleitung

Dein Weg – mache Schwangerschaft und Geburt zu einem bewussten und selbstbestimmten Erlebnis

Herzlichen Glückwunsch zu deiner Schwangerschaft! Vielleicht hast du sie geplant oder es ist eine riesige Überraschung. Alles, was du empfindest, darf da sein. Es ist absolut menschlich, wenn du dich zunächst überrascht, überwältigt oder sogar ein wenig überfordert fühlst. Eine Schwangerschaft ist eine große Veränderung – sie bringt viele Gefühle mit sich und setzt eine besondere Kraft in dir frei. Diese Kraft unterstützt nicht nur deinen Körper, sondern wirkt auch auf dein Baby. Darin enthalten ist alles, was ihr braucht: Folge deiner Intuition und richte deinen Fokus auf diese Kraft und den darin enthaltenen Schutz. Diese besondere Zeit in deinem Leben ist nicht nur der Beginn einer neuen Beziehung zu deinem Kind, sondern auch eine tiefe Reise der Selbstentdeckung und des Wachstums – des Wachstums neuen Lebens und deines eigenen Wachstums (und damit ist nicht dein Bauchumfang gemeint).

Der Mensch ist ein Spiegelbild des Universums – ein Mikrokosmos im Makrokosmos. Sein energetischer Bauplan orientiert sich an den großen kosmischen Gesetzen. Wenn der Mensch im Einklang mit dieser Ordnung lebt, erfährt er Wohlbefinden, innere Ruhe und spirituelle Entwicklung. Was genau dahintersteckt, werden wir später schrittweise erkunden – und dabei die verschiedenen Zusammenhänge sowie ihre Auswirkungen auf die Harmonie und Balance des Menschen verstehen lernen.

Die Entstehung des Lebens ist ein wundersamer Prozess, der mit der Konzeption beginnt. Wenn Ei- und Samenzelle sich vereinen, entsteht in nur fünf Tagen ein Embryo. Dieser winzige Zellverbund wird im Laufe der Zeit zu einem Fötus heranwachsen. Der Fötus durchläuft verschiedene Phasen der Entwicklung während einer Schwangerschaft.

In unserer heutigen Zeit wird Schwangerschaft oft vor allem durch Zahlen, Vorsorgepläne und Risiken betrachtet – begleitet von einer Vielzahl an Meinungen, gut gemeinten Ratschlägen und Warnungen. Dieses Buch möchte dir eine ergänzende Sichtweise eröffnen: eine Perspektive, die dich ermutigt, in Verbindung mit dir selbst zu kommen und Schwangerschaft als etwas Natürliches, Kraftvolles und Ganzheitliches zu erleben.

Fast jede schwangere Frau fragt sich irgendwann, ob sie alles richtig macht – ob sie gut genug vorbereitet ist, an alles gedacht hat. Diese Unsicherheit ist völlig normal, besonders in einer Zeit voller Veränderungen.

Es geht nicht darum, alles perfekt zu machen, sondern deinem inneren Kompass zu vertrauen. Du musst nicht jedem Ratschlag folgen – viel wichtiger ist, dass du spürst, was für dich stimmig ist. In dir liegt ein tiefes Wissen, das dich führt – auch wenn es manchmal nur leise spricht.

Du kannst aktiv mitwirken und entdecken, wie viel dein Körper bereits weiß und Schritt für Schritt in dein neues Leben hineinwachsen. Es ist unmöglich, alles im Voraus zu verstehen oder zu planen. Und wenn es bei dir anders läuft: Es läuft nicht falsch.

Indem du deine Ängste und Sorgen aussprichst, durchbrichst du das Tabu der rein romantisierten Vorstellung von Schwangerschaft und Geburt – jenes Idealbild, das dir vielleicht bisher begegnet ist. Es ist Zeit, ehrlich zu sein: Schwangerschaft ist kraftvoll, aber nicht immer leicht. Was dich stärkt, bestimmst alleine du. Du hast die Wahl.

Vielleicht ist es eine vertrauensvolle medizinische Begleitung, vielleicht sind es stille Momente der Verbindung nach innen.

## WARUM SCHREIBE ICH DIESES BUCH?

Jeder Mensch hat unendlich viel Potenzial, und unser Körper gibt uns Hinweise, die wir nutzen können. Oft übersehen wir diese Ressource, weil unsere altbewährten Bewältigungsstrategien – Handlungen, die sich „dort und damals" bewährt haben und zur Gewohnheit geworden sind – unbewusst ablaufen. Um das zu vermeiden, müssen wir uns im ersten Schritt dessen bewusst werden. Wir brauchen Tools, die ganzheitlich wirken und den Zugang zum kreativen Potenzial ermöglichen und dabei spielt der Körper eine große Rolle. Zu wissen, was uns gut tun würde, ist ein Anfang – aber echte Veränderung passiert erst, wenn wir ins Handeln kommen. In meiner Arbeit habe ich immer wieder gesehen, wie viel unser Körper trägt – und wie kraftvoll es sein kann, das bewusst anzugehen, um sich selbst wieder näherzukommen. Hier möchte ich meinen Beitrag leisten für alle, die über sich selbst hinauswachsen und Paradigmen brechen wollen.

## MEIN PERSÖNLICHER WEG

Als Mutter von zwei erwachsenen Kindern erinnere ich mich noch gut an meine eigenen Schwangerschaften – eine Zeit voller Vorfreude, aber auch geprägt von Unsicherheiten und Ängsten. Damals hatte ich das Glück, auf die Erfahrungen von Frauen aus meiner Familie und in meinem Freundeskreis zurückgreifen zu können, die selbst positive Geburtserfahrungen gemacht hatten. Doch trotz ihrer Unterstützung wusste ich oft nicht, was auf mich zukommen würde oder wozu mein Körper fähig sein könnte.

Auf der Suche nach innerer Stärke wandte ich mich an eine Atemtherapeutin. Durch regelmäßige Übungen erlangte ich ein tieferes Verständnis für meinen Körper und gewann Vertrauen in seine Fähigkeiten. Diese Erfahrung veränderte nicht nur meine Sicht auf Schwangerschaft und Geburt, sondern führte mich auch zu meinem beruflichen Weg. Ich entschied mich, diesen Beruf zu erlernen, um Menschen auf ihrem Weg zu begleiten – sei es in Zeiten körperlicher Veränderungen oder in Phasen, in denen sie eine stärkere Verbindung zu ihrem Körper suchen.

Seit mehr als 30 Jahren arbeite ich nun als Atemtherapeutin und durfte in dieser Zeit nicht nur schwangere Frauen, sondern Menschen jeden Alters unterstützen. Ich habe mich intensiv mit ganzheitlichen Wegen beschäftigt, die auf dem Wissen unterschiedlicher Traditionen basieren – Wissen, das über viele Generationen hinweg weitergegeben wurde. Besonders berührt hat mich die Arbeit von Mary Burmeister, einer Schülerin des japanischen Meisters Jiro Murai. Sie brachte tiefes Verständnis über die Natur des Körpers in den Westen und machte es für viele Menschen zugänglich.

In den letzten Jahren habe ich mich intensiv mit körperorientierten Methoden und Traumatherapie beschäftigt. Diese Ansätze ermöglichen es mir, Menschen noch feinfühliger und achtsamer zu begleiten – besonders in Zeiten der Veränderung oder nach herausfordernden Erfahrungen.

## WAS DICH IN DIESEM BUCH ERWARTET

Bei mir ging alles gut – und heute weiß ich, was für ein großes Privileg das ist. Wenn ich das alles vorher gewusst hätte, hätte ich mir nicht so viel Druck gemacht. Denn was wir oft sehen, sind die Bilder aus den Medien: lachende Babys, strahlende Mütter, frisch geschminkt und scheinbar sofort wieder in ihrer Mitte. Doch kaum jemand spricht darüber, wie sehr der Körper nach der Geburt schmerzt. Wie weh jeder Gang zur Toilette tun kann. Wie erschöpft man ist. Wie die sozialen Kontakte immer weniger werden.

Es läuft nichts falsch, wenn es bei dir anders ist, als uns die Bilder in Gesellschaft und Medien suggerieren. Wenn du dein Baby monatelang fast ausschließlich trägst, weil es den Kinderwagen ablehnt. Wenn du dich nicht gleich draußen zeigen möchtest, weil dir einfach alles zu viel ist. Du darfst deinen eigenen Weg gehen – auch wenn er nicht dem Bild entspricht, das uns die Gesellschaft vorgibt. Es geht nicht darum, etwas zu leisten – sondern anzukommen. Schritt für Schritt, in deinem eigenen Tempo und Rhythmus.

Mit diesem Buch möchte ich alles teilen, was ich über die Jahre erfahren und gelernt habe. Jedes Ungleichgewicht hat seinen Ursprung. Oft ist es ein kleiner Impuls, der etwas Großes in Bewegung setzt. Das Ziel ist, dich zu stärken, dir Sicherheit zu geben und dich daran zu erinnern, dass du Teil der Natur bist – mit unendlichem Potenzial in dir.

Dein Kind wird es dir danken. Denn es braucht vor allem eines: bewusste, präsente Eltern, die bereit sind, mit ihm zu wachsen – und die in Krisen stabil bleiben können oder zumindest wissen, wie sie wieder ins Gleichgewicht finden.

Wie lässt sich eine Routine finden, um die Ressource Körper mit all ihrem Potenzial zu nutzen? Ich lade dich ein, aktiv an deiner eigenen Gesundheit und deinem Wohlbefinden mitzuwirken. Dieses Buch bietet dir Anregungen zur Umsetzung – ohne starre Regeln, Zeitangaben oder Ratschläge. Im Mittelpunkt steht deine Selbstbestimmung.

Manche unserer Reaktionen und Empfindungen sind tief verankert – evolutionär geprägt und oft unbewusst. Das ist normal, kann aber dazu führen, dass wir automatisch im Schutzmodus reagieren.

Impulse aus Neurobiologie, Embodiment, Atemtechniken, meditativen Übungen, sanfter Berührung (z. B. Jin Shin Jyutsu) und Change-Management sollen dir helfen, dein Erleben besser zu verstehen – und wieder in Kontakt mit deiner Wahrnehmung zu kommen.

Mir ist es wichtig, Informationen nicht nur mit dem Kopf zu erfassen, sondern sie auch körperlich spürbar zu verankern. Du kannst alles in deinem Tempo ausprobieren und herausfinden, was dir guttut. Es gibt keine Nebenwirkungen – und du kannst nichts falsch machen.

## ÜBERBLICK ÜBER DIE KAPITEL

**1. Einleitendes Kapitel**
Grundlegende Informationen darüber, wie Körper, Geist und Energie zusammenwirken.

**2. Theoretischer Teil**
Grundlagen darüber, wie Energie in Materie übergeht.

**3. Konkrete Symptome während der Schwangerschaft**
Symptome, die in der Schwangerschaft auftreten können – mit passenden Übungen (Strömsequenzen) zur Harmonisierung.

**4. Energetische Entwicklung während der neun Schwangerschaftsmonate**
In diesem Kapitel erfährst du, wie sich das Baby von Monat zu Monat entwickelt und welche „Tiefe" (diesen Begriff erkläre ich im Kapitel „Die Tiefen") in welchem Schwangerschaftsmonat besonders aktiv ist. Gerade wenn Beschwerden, emotionale Krisen, Unfälle oder Schicksalsschläge auftreten, findest du dort gezielte Unterstützung für den jeweiligen Monat.

**5. Geburt und die Zeit danach**
Im Anschluss geht es um Themen rund um die Geburt und die Zeit danach – inklusive Strömsequenzen, die dich bei diesem Übergang unterstützen.

**6. Die ersten Lebensjahre deines Kindes**
Eine kleine Grundausstattung, wie du dein Kind in den ersten Lebensjahren im Alltag begleiten kannst.

# Kapitel 1: Selbstermächtigung in der Schwangerschaft

Körper, Geist und Energie im Zusammenspiel

## DIE ENERGETISCHE ENTWICKLUNG DEINES BABYS

Ein Blick auf die unsichtbare Dimension

Von dem Moment an, in dem neues Leben in dir entsteht, beginnt ein faszinierender Prozess der energetischen Entwicklung. Jede Phase der Schwangerschaft ist nicht nur durch physische Veränderungen und Wachstum gekennzeichnet, sondern auch durch subtile energetische Wandlungen. Dieses Buch führt dich durch diese Entwicklung und zeigt dir, wie du dich und dein Baby auf harmonische Weise unterstützen kannst.

„Der ist ein Arzt, der um das Unsichtbare weiß, das keinen Namen hat, keine Materie und doch seine Wirkung entfaltet.“ [1]

## VERTRAUEN IN DEN NATÜRLICHEN RHYTHMUS

dein Körper weiß, was zu tun ist

Jede Schwangerschaft und jede Geburt ist einzigartig. Dein Weg ist einzigartig und du darfst dir erlauben, ihn bewusst und selbstbestimmt zu gehen. Indem du die tieferen, energetischen Prozesse der Schwangerschaft verstehst, wird dir immer klarer, dass du diese schöpferische Kraft bereits in dir hast. Dein Körper bereitet sich auf die Geburt in ganz natürlicher Weise vor. Alles ist von Natur aus perfekt angelegt und niemand macht die Geburt für dich. Dein Körper weiß instinktiv, was zu tun ist. Die Schwangerschaft und die Geburt sind ein zutiefst transformierender und kreativer Prozess. Die Hormone regeln alles für dich. Vertraue in deine angeborene Fähigkeit, ein Kind zu gebären. Probiere spielerisch aus, was das Beste für dich ist.

---

1 Paracelsus: „Der ist ein Arzt, der um das Unsichtbare weiß, das keinen Namen hat, keine Materie und doch seine Wirkung“. In: Berühmte Zitate. Abgerufen am 11. November 2024, von https://beruhmte-zitate.de/autoren/paracelsus/

## DIE ROLLE DER INTUITION

Du weißt alles, was du wissen musst

Indem du dir vertraust und dir erlaubst, deine Lebendigkeit wahrzunehmen, tauchst du immer tiefer in den Fluss deiner inneren Weisheit ein. Du wirst spüren, was du wirklich brauchst. Dabei ist es wichtig, dich nicht mit anderen zu vergleichen. Frage dich stattdessen: Was ist die Art und Weise, wie ich leben möchte? Was ist mein Weg? Wie kann ich ihn gehen und in mein Leben integrieren? Es braucht keine jahrelange Praxis, um diese innere Qualität zu entdecken. Oft wurde das intuitive Spüren in unserer Kultur vernachlässigt, doch jetzt ist der Moment, die Orientierung am Außen loszulassen und deine Aufmerksamkeit nach innen zu richten. Erlaube dir, genau das zu tun, was dir in den Sinn kommt, ohne dich an starre Vorgaben oder Regeln zu halten.

Diese Rückbesinnung auf das Natürliche und Intuitive findet sich auch in vielen Praktiken, die in den westlichen Ländern oft als „neue Trends" gelten, aber in anderen Kulturen tief verwurzelt sind. So wird beispielsweise die Geburt in aufrechter Haltung – bei uns oft als „alternativ angesehen – in vielen Teilen Afrikas, Südamerikas und Asiens jedoch seit Jahrhunderten praktiziert. Dort gebären Frauen häufig im Stehen, Hocken, Knien oder Sitzen, wodurch sie die Kraft der Schwerkraft nutzen. Diese natürliche Haltung erleichtert den Geburtsprozess, hilft dem Kopf des Babys, sich optimal zu positionieren, und fördert das Weiten des Gebärmutterhalses.

## MYTHEN UND PARADIGMEN BRECHEN

Schwangerschaft jenseits von Angst und Kontrolle

Indem du dich mit deiner inneren Weisheit verbindest, kannst du erkennen, dass es keine festen Regeln gibt – weder in der Schwangerschaft noch bei der Geburt. Finde deinen eigenen Weg, der sich für dich stimmig und richtig anfühlt. Gern unterstütze ich dich hierbei.

Wenn du das Gefühl hast, aus dem Gleichgewicht zu geraten, hast du einfache, wirkungsvolle Methoden zur Verfügung. Alleine das Wissen über die Funktionsweise unseres Gehirns kann destruktive Gedanken, wie „da kann ich nichts machen“ oder ähnlich, entschärfen. Die empfohlenen Übungen helfen dir, deinen Körper mit einzubeziehen und im hier und jetzt anzukommen. Sie helfen dir dabei, wieder in den Flow zu kommen und flexibel zu reagieren. „Im Fluss sein“ bedeutet, im Einklang mit dem Atem des Lebens zu sein.

Bereits Paracelsus wusste um die Einwirkung der Elemente und Planeten auf die menschliche Gesundheit. In seinem Werk *Opus Paramirum*[2], beschreibt er die Wechselwirkungen zwischen Mikrokosmos (Mensch) und Makrokosmos[3] (Universum). Er legt dar, wie die vier Elemente – Feuer, Wasser, Luft, Erde – sowie das fünfte Element Äther und die Planetenkräfte das menschliche Leben prägen und beeinflussen.

## DIE WEIBLICHE SCHÖPFERKRAFT ENTFALTEN

Geburt in Freiheit und Selbstbestimmung

Die Schwangerschaft umfasst die Zeit zwischen der Empfängnis und der Geburt. Sie beginnt am ersten Tag der letzten Periode und dauert bis zu dem Moment der Geburt. Nur wenige Spermien schaffen den Weg bis in die Gebärmutter. Die Milzfunktionsenergie (1. Tiefe, über die du im weiteren Verlauf dieses Buches noch Genaueres erfahren wirst) energetisiert die Spermien, um deren Geschwindigkeit zu erhöhen. Die klebrige Textur der 1. Tiefe fördert die Einnistung der Spermien. In dieser Zeit durchläuft der weibliche Körper erstaun-

---

2 Debus, A. G. (1993). *The Chemical Philosophy: Paracelsian Science and Medicine in the Sixteenth and Seventeenth Centuries.* Dover Publications; Hier wird Paracelsus‘ Philosophie, einschließlich seiner Vorstellungen über die planetarischen Einflüsse, erläutert, Seite 2, 403, 259.

3 Strosetzki, C. (2022). Gesundheit und Krankheit vor und nach Paracelsus. Springer Verlag. https://link.springer.com/book/10.1007/978-3-658-35328-5

liche Veränderungen, um das heranwachsende Leben zu unterstützen und zu nähren. Die Entwicklung des Embryos entwickelt sich nach einem genetischen Bauplan und es ist für alles gesorgt. Du kannst entspannt beobachten und staunen. Trotzdem möchte jede Frau ihr Bestes geben, um sich und das werdende Leben zu schützen und zu unterstützen. Dabei sollen dir dieses Buch und die Übungen, die ich dir vorstelle, helfen.

Ein enger Kontakt zu Hebamme und Arzt oder Ärztin bleibt trotzdem sinnvoll. Dein Körper verändert sich und es können im Laufe einer Schwangerschaft unterschiedliche Beschwerden auftreten. Du kannst und solltest dich dann auf jeden Fall an deine Hebamme oder deinen behandelnden Arzt oder deine behandelnde Ärztin wenden.

## WARUM UNSERE GEDANKEN MANCHMAL ANDERS TICKEN, ALS WIR DENKEN

Unser Gehirn ist ein echtes Wunderwerk – aber nicht immer objektiv. Über viele Tausend Jahre hat es sich so entwickelt, dass es blitzschnell entscheidet, filtert und bewertet. Das ist oft sehr hilfreich, kann aber auch dazu führen, dass wir Dinge verzerrt wahrnehmen – ganz ohne es zu merken.

Diese Denkverzerrungen, sogenannte kognitive Biases, betreffen uns alle. Sie sind ganz normal und tief in unserer Wahrnehmung verankert. Ohne ein bewusstes Nachdenken darüber laufen sie automatisch ab. Das bedeutet nicht, dass mit uns etwas nicht stimmt – im Gegenteil. Es ist einfach Teil unserer menschlichen Ausstattung und war für das Überleben wichtig.

Ein paar Beispiele, die besonders in der Schwangerschaft eine Rolle spielen können:

- **Affektiver Bias:** Wenn etwas emotional aufgeladen ist, wirkt es sofort wichtiger oder glaubwürdiger. Beispiel: Eine dramatische

Geschichte über eine Geburt bleibt eher im Kopf als viele ruhige, normale Erlebnisse – obwohl Letztere viel häufiger sind.

- **Bestätigungsfehler (Confirmation Bias):** Wir nehmen eher das wahr, was zu unserer aktuellen Meinung oder Angst passt. Beispiel: Wer sich Sorgen macht, keine „gute Mutter" zu sein, wird eher auf Kommentare achten, die diese Sorge verstärken – und positive Rückmeldungen übersehen.
- **Verfügbarkeitsheuristik:** Was uns schnell einfällt, scheint häufiger oder typischer zu sein. Beispiel: Wenn man oft von Risiken in der Schwangerschaft liest, erscheint es plötzlich so, als sei alles voller Gefahren – obwohl viele Schwangerschaften ganz normal verlaufen.

Diese Mechanismen wirken meist im Hintergrund. Wenn du weißt, dass es sie gibt, kannst du leichter wählen, solche Geschichten und Warnungen gar nicht erst anzuhören, damit sie dich nicht verunsichern.

## EMBODIMENT: VOM KOPF INS ERLEBEN

Wie du dich durch den Körper in deine Kraft bringst

> Buddha: „Selbstliebe bedeutet, sich selbst zu vertrauen und auf seine eigenen Bedürfnisse zu hören."

Ich möchte das Embodiment-Konzept hier erwähnen, da es sehr überzeugend zeigt, wie wichtig es ist, immer den ganzen Menschen und nicht nur den Kopf (res cognitans, die denkende Sache) oder nur den Körper (res extenso, die ausgedehnte Sache ohne Kopf) mit einzubeziehen. Geist und Körper sind eng miteinander verbunden: Der menschliche Geist ist verkörpert und ganz in seiner Umwelt eingebettet.

Somit wären psychische und kognitive Prozesse ohne Bezug zum Körper unvollständig erfasst.

Der Entwicklungsverlauf der Psychotherapie zeigt, dass noch im letzten Jahrhundert dem Körper keine große Rolle zugeschrieben wurde. In den Anfängen der Psychoanalyse von Sigmund Freud lag der Fokus stark auf dem verbalen Austausch und den kognitiven Deutungen ohne körperliche Aktivität oder Interaktion. Auch die spätere kognitive Wende innerhalb der Verhaltenstherapie führte dazu, dass der Fokus sich erneut auf Gedanken und kognitive Schemata richtete, während die Körperlichkeit nur noch als Randbedingung im therapeutischen Prozess gesehen wurde.[4]

In diesem Zusammenhang gibt es eine berühmt gewordene Studie von Strack, Martin & Stepper (1988). Darin wurde unter einem Vorwand die muskuläre Anspannung der Gesichtsmuskeln von Versuchspersonen manipuliert: Sie sollten einen Stift mit dem Mund halten und damit Wörter auf Papier schreiben. Wenn der Stift zwischen die Zähne genommen wird, werden die für ein Lächeln zuständigen Muskeln (Musculus zygomaticus, Jochbeinmuskel) im Gesicht aktiviert. Diese Aktivierung führte bei den Versuchspersonen dazu, dass sie Cartoons als signifikant lustiger einschätzten, als wenn sie den Stift mit den Lippen[5] führten. Man kann dies auf eine Art Körperfeedback oder „facial Feedback“ zurückführen.

In weiteren Studien wurden ganz neutrale, einfache isometrische Übungen instruiert. Die Aktivierung verschiedener Muskelgruppen und deren Wirkung auf den Körper legen den Schluss nahe, dass der

4 Tschacher, W., & Storch, M. (2010). Embodiment – Forschungsberichte der Abteilung für Psychotherapie, Universitäre Psychiatrische Dienste Bern (Nr. 09-1, S. 2). Abgerufen am 11. November 2024 von https://www.majastorch.de/wp-content/uploads/2020/04/1106_Embodiment-Forschungsbericht.pdf

5 5 Tschacher, W., & Storch, M. (2010). Embodiment – Forschungsberichte der Abteilung für Psychotherapie, Universitäre Psychiatrische Dienste Bern (Nr. 09-1, S. 5). Abgerufen am 11. November 2024 von https://www.majastorch.de/wp-content/uploads/2020/04/1106_Embodiment-Forschungsbericht.pdf

Körper sprichwörtlich einen „Spiegel der Seele" und umgekehrt die Seele gewissermaßen einen Spiegel des Körpers darstellt. Weiterhin wurden bei Proband*innen die Auswirkung der Körperhaltung erforscht: Erzeugt jemand eine aufgerichtete Körperhaltung, fällt es schwer, negative Gefühle zu entwickeln. Und auch umgekehrt zeigte beim nächsten Schritt der Effekt des Körperfeedbacks deutlich: Wenn man die Teilnehmenden bittet, sich gekrümmt hinzusetzen und den Blick zu senken, so ist es ihnen fast unmöglich, sich selbstbewusst und optimistisch zu fühlen. Anhand dieses Selbstexperimentes wird die Wechselwirkung zwischen Körper und Psyche unmittelbar erlebbar. Probiere es aus!

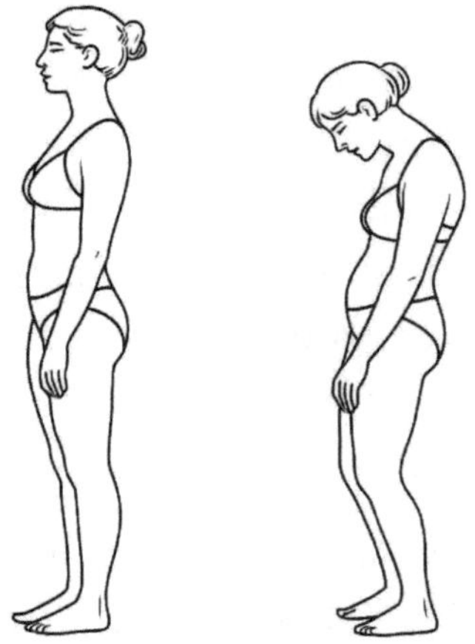

Abbildung: Aufrechte und gekrümmte Haltung

## DIE BEDEUTUNG DES KÖRPERS IN DER SCHWANGERSCHAFT

Embodiment bedeutet, unseren Körper als integralen Teil unseres Erlebens zu begreifen – nicht nur als „Hülle", sondern als Quelle von

Wissen, Empfindung und Präsenz. Es geht darum, sich nicht nur im Kopf zu verlieren (z. B. Gedankenkarussell, Grübeln), sondern den Körper mit einzubeziehen – beim Fühlen, Denken und Handeln. Unsere körperliche Haltung, Bewegung und Wahrnehmung beeinflussen unser Denken, Fühlen und Verhalten – und umgekehrt. Wenn wir eine Emotion fühlen und den Körper mit einbeziehen, können wir selbst spüren wie die Emotionswelle immer kleiner wird und vorbeigeht. Im Gegensatz dazu können wir Tage mit Gedanken über eine Emotion verbringen, ohne dass sich etwas verändert.

Embodiment ist wie Meditation für den Körper. Es öffnet uns und macht uns sensibler für uns selbst. Meditation klärt den Geist während mir Embodiment erlaubt, mich fallen zu lassen und in meinem Körper präsent zu sein. Es ist die Praxis, sich mit dem Körper zu verbinden – sei es durch Bewegung, Berührung, Spüren oder was immer dich bei dir ankommen lässt.

Gerade in der Schwangerschaft, einer Zeit voller Veränderungen, intensiver Gefühle, Glück, Ängste und Ungewissheiten, ist es besonders wertvoll, regelmäßig durch körperbasierte Methoden bewusst den Kontakt zum eigenen Körper zu stärken.

Indem Frauen lernen, sich auf die natürliche Selbstorganisation von Körper und Geist einzulassen, schaffen sie eine achtsame Basis für eine selbstbestimmte, positive Erfahrung von Schwangerschaft und Geburt – im Vertrauen auf die innere Weisheit des Körpers.

## TRADITIONELLES INPUT-OUTPUT-MODELL

seriell und hierarchisch

Nach dem traditionellen Input-Output-Modell, (seriell und hierarchisch) gibt es eine Welt da draußen, die einen Reiz bzw. eine Information an das Gehirn gibt. Das Gehirn befiehlt daraufhin dem Körper eine entsprechende Handlung.

Hieraus folgt: Gehirn/Geist (Gehirn und Geist werden synonym verwendet) vermittelt zwischen der Umwelt und dem Körper. Nach diesem Model heißt es: Handlungsfähigkeit verbessern, bedeutet den Geist verbessern.

Manchmal stellt man sich vor, Veränderungen wie „selbstbewusster auftreten", „weniger essen" oder „sich nicht mehr ärgern" würden folgendermaßen funktionieren: Der Geist erkennt das Vorhaben als sinnvoll, gibt eine Anweisung an den Körper und die Veränderung wird umgesetzt. Aber funktioniert das wirklich so? Oder bleibt es meist nur eine schöne Theorie?

In der Praxis scheitert dies oft, weil die Psychoedukation allein diesem Modell nicht gerecht wird. Warum? Der Geist versteht zwar die Wichtigkeit der Veränderung, doch es fehlt an der Fähigkeit, sie konsequent in Handlungen umzusetzen.

## EMBODIMENT-MODELL

parallel und selbstorganisierend

Nach dem Embodiment-Modell bestehen parallel und selbstorganisierend ununterbrochen Wechselwirkungen zwischen Körper und Geist, Geist und Körper, Körper und Umwelt, Umwelt und Geist.

Alles ist mit einander verbunden und die Abläufe sind nicht seriell hintereinander, sondern parallel[6]. Professor Dr. Gerald Hüther beschreibt das Embodiment-Modell als ein parallel und selbstorganisierend arbeitendes System, in dem Körper und Geist, Geist und Körper, Körper und Umwelt, Umwelt und Geist in fortlaufender Wechselwirkung stehen. Diese dynamischen Prozesse führen zur Entstehung selbstorganisierender Muster und kennzeichnen komplexe Systeme, die über Rückkoppelungsschleifen miteinander verbunden sind.[7]

Jede Generation wird stark von der vorherigen geprägt. Die Babyboomer-Generation (1946–1964) setzte ihren Fokus auf Leistung, Aufbau und sozioökonomischen Wohlstand. In einer Zeit der Industrialisierung, die auf Arbeitskräfte für den Maschinenbetrieb ausgerichtet war, stand Sinnerfüllung selten im Vordergrund.

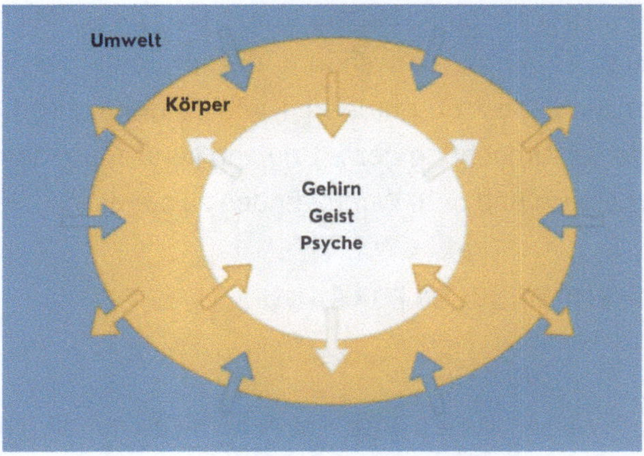


Bildquelle: Dr. Maja Storch, Embodiment in Therapie und Beratung

6 Dr. Maja Storch, Embodiment in Therapie und Beratung, www.lifelessons.de

7 Storch, M., Cantieni, B., Hüther, G., & Tschacher, W. (2023). Embodiment: *Die Wechselwirkung von Körper und Psyche verstehen und nutzen* (4., überarb. Aufl.). Hogrefe (S.17). ISBN 978-3456862187

Heute verschiebt sich der Fokus: Werte wie Sinnerfüllung, Beziehungen auf Augenhöhe, Selbstbestimmung, Selbstorganisation und eine ausgewogene Work-Life-Balance sind für viele Menschen zentral. Externe Ratschläge treffen daher oft nicht den Kern der Bedürfnisse.

Ich möchte dich ermutigen, selbst herauszufinden, was für dich das Richtige ist – dich auf deine eigenen Werte zu besinnen und deinen eigenen Weg zu gestalten.

## KÖRPER, GEIST UND SEELE UND DIE UMWELT SIND IN STÄNDIGER WECHSELWIRKUNG

Embodiment ist auch die Praxis, sich einfach mit dem eigenen Körper und seiner Oberfläche zu verbinden.

Hier setzt das wissenschaftlich fundierte Konzept des Embodiment an. Demnach hast du Einfluss darauf, wie sich diese Wechselwirkungen gestalten. Durch die Anwendung der im Folgenden beschriebenen Sequenzen kannst du entdecken, wie du deinen Körper und die Einflüsse deiner Umgebung gezielt nutzen kannst, um deine Gesundheit zu verbessern und dein Wohlbefinden zu steigern.

## ALLES LEBEN IST SELBSTORGANISIERT

vom Einzeller bis zum Menschen

Die Art und Weise, wie du bist, entsteht nicht nur durch die Reaktion auf ein einzelnes Ereignis. Die Art, wie du dich zeigst, wird im Laufe der Zeit aufgebaut, indem bestimmte Reaktionen auf ähnliche Lebenserfahrungen wiederholt und dadurch verstärkt werden. Dein Gehirn reagiert auf die Wiederholung durch die Bildung von neuronalen Wegen, die als dein konstruiertes mentales Gerüst fungieren. Irgendwann wirst du vielleicht nicht einmal mehr wissen, ob du als Opfer agierst oder als außer Kontrolle geratene, wütende Person. Deine neuronalen, emotionalen Landkarten machen alles für dich. Das folgende Beispiel beschreibt, wie Verhalten unbewusst wird. Für ein kleines Kind ist das Gehen noch nicht selbstverständlich. Es muss jeden einzelnen Bewegungsablauf – vom Gleichgewicht halten bis zum Setzen eines Schrittes – erst üben. Und das Besondere ist: Diese Vorgänge können nicht unterrichtet werden. Das Kind bringt die Haltung der Neugier und der Entdeckungsfreude sowie Gestaltungslust mit auf die Welt und will sein eigenes Potenzial erkunden, ebenso wie es dazugehören will.

## WAS KINDER VON ANFANG AN MITBRINGEN

Der innere Antrieb zur Selbstorganisation

Das kleine Kind ist in Kontakt mit seinen lebendigen Bedürfnissen und probiert Neues aus. Auch beim Versuch, sich fortzubewegen, erforscht es, was für es selbst am besten und am praktischsten funktioniert. Anfangs passiert nichts von alleine – es braucht ständiges Üben, spielerische Versuche und viele Wiederholungen. Der Antrieb, dies immer wieder zu tun, kommt aus der Begeisterung über sich selbst und darüber, was das Kind selbst wieder geschafft hat. Wenn beim Spiel oder Ausprobieren, etwas Neues klappt, entstehen mit den neuen Verbindungen Botenstoffe, die ähnlich wie Drogen aufs Gehirn wirken, Glücksgefühle[8] auslösen und die neuen Netzwerke stabilisieren. Kleine Kinder bekommen 20 bis 50 Mal diese kleinen Explosionen – rauschähnliche Zustände – im Gehirn, die unter die Haut gehen. Die Gefühle der Begeisterung aktivieren emotionale Zentren im Gehirn, die wie Dünger für Pflanzen wirken, um optimal zu gedeihen. Das Erlebte baut im Gehirn neuronale Wege, beginnend von einem kleinen Trampelpfad bis hin zu komplex verbundenen neuronalen Mustern, vergleichbar mit einer Autobahn. Ab dieser Entwicklung muss das Kind nicht mehr bewusst darüber nachdenken, und das Gehen funktioniert ganz automatisch.

---

8 Gerald Hüther. (2021, November 26). *Rettet das Spiel!* – Hüther [Video]. YouTube. https://www.youtube.com/watch?v=-0-ViXF4hik

## SPIELEN BEDEUTET, FREI VON ANGST ZU SEIN

Die wissenschaftlichen Erkenntnisse aus der Gehirnforschung zeigen, wie positiv sich Spielen auf Menschen jeden Alters auswirkt. Hirnforscher haben entdeckt, dass das Angstzentrum beim Spielen nicht aktiv ist. Spielen bedeutet frei von Angst sein. Prof. Dr. Gerald Hüther betont, dass, wenn wir Angst haben und es uns gelingt, etwas Spielerisches einzufügen, die Angst vergeht. Beispiele dafür sind das Singen eines Liedes auf dem Weg in den dunklen Keller oder Pfeifen im Wald.

Der emotionale Zustand, den Kinder entwickeln, wenn sie aus sich selbst heraus aktiv werden, ist Begeisterung. Es muss unter die Haut gehen und begeistern, andernfalls bleibt nichts hängen, erklärt der Neurobiologe Prof. Dr. Gerald Hüther. Belohnung und Bestrafung aktivieren zwar ebenfalls die emotionalen Zentren, jedoch geschieht dies durch äußere positive oder negative Zuwendung und nicht durch inneren Antrieb oder Selbstmotivation.

Aus neurobiologischer Sicht gibt es keine genetischen Programme, die hochkomplexe Vernetzungen im Gehirn aufbauen. Die genetischen Programme sorgen dafür, dass ein Überschuss an Verknüpfungen und Nervenzellen vorhanden ist. Die Verknüpfungen, die sich im Leben bewährt haben, also eine Bedeutung bekommen und genutzt werden können, werden gestärkt und stabilisiert, während die weniger relevanten verblassen. Kleine Kinder probieren aus, was alles möglich ist, und erkunden dabei ihr riesiges Potenzial. Es ist wunderschön zu sehen, wie ein Kind, bevor es Laufen lernt, auf jede erdenkliche Weise versucht, voranzukommen. Dabei entdeckt das kleine Kind Bewegungsmuster, die ihm zur Verfügung stehen, findet heraus, was am besten funktioniert, und wiederholt diese unermüdlich. Professor Dr. Gerald Hüther sprach 2018 beim Spiel-dein-Leben-Kongress über die Bedeutung des Spiels und des spielerischen Lernens für die digital geprägte Gesellschaft des 21. Jahrhunderts.[9]

Vereinfacht ausgedrückt ist das Gehirn mit einer Festplatte auf dem Computer zu vergleichen. Eine Datei, die auf der Festplatte gespeichert ist, wird auch noch nach Jahren denselben Inhalt haben – außer sie wird verändert und aktualisiert abgespeichert.

Glücklicherweise besitzt das Gehirn die Fähigkeit, neuronale Verbindungen nicht nur zu erschaffen, sondern auch wieder aufzulösen – ein lebenslanger Prozess, den wir aktiv für uns nutzen können. Die gleichen Mechanismen, die einst gewohnheitsmäßige emotionale Reaktionen geformt haben, können nun bewusst eingesetzt werden, um diese Muster zu verändern und aufzulösen.

## DAS KLASSISCHE EISBERGMODELL

Der Mensch ist eine Einheit und, um nachhaltige Veränderungen bewirken zu können, muss das menschliche Erleben mit einbezogen werden: der Verstand, das emotionale Erleben, also unsere Gefühle, und der Körper.

Alles, was wir erleben, ist eingeschrieben, auch bereits im Mutterleib[10]. Gefühle unserer Bezugspersonen, die Gene und transgenerationale Muster werden weitergegeben. Später im Leben zeigen sich diese Muster, obwohl wir damit vielleicht gar nichts zu tun haben. Viele davon bräuchten wir eigentlich nicht und trotzdem haben sie großen Einfluss auf unser Leben und Erleben.[11]

---

9 Hüther, G. (2018). *Spielerisch lernen im 21. Jahrhundert.* Abgerufen am 11. November 2024 von https://www.youtube.com/watch?v=gk9U1-Zs99g

10 Max-Planck-Gesellschaft. (n.d.). *Epigenetik und Vererbung.* Max-Planck-Gesellschaft. https://www.mpg.de/11396064/epigenetik-vererbung

11 Janov, A. (2012). *Vorgeburtliches Bewusstsein: Das geheime Drehbuch, das unser Leben bestimmt.* 1. Auflage. A. Janov. ISBN 978-3-942166-84-3

## GANZ UNTEN SPIELT DIE MUSIK

Während der Schwangerschaft erlebst du hautnah, wie der Verstand, die Gefühle und der Körper miteinander interagieren. Grundsätzlich ist Veränderung für Menschen eine große Herausforderung und mentale Vorhaben und Vorsätze scheitern leider oft oder enden in Schuldgefühlen. Mit der Schwangerschaft bist du in der Veränderung und wirst mit all den Abwehrmechanismen und Widerständen konfrontiert und kannst nicht zurück. Wie kannst du also damit umgehen und dich dieser enormen Transformation stellen? Wenn du dich hier angesprochen fühlst, beachte: Nur ein kleiner Teil unseres Geistes (etwa 5%) ist bewusst – der weit aus größere Teil (rund 95 %) arbeitet unbewusst. „Der unbewusste Geist umfasst all die Unmengen an positiven und negativen Identifikationen, aus denen Gewohnheiten und Verhaltensweisen, Fertigkeiten, Überzeugungen und Wahrnehmungen hervorgehen.“ [12]

12 Dispenza, J. (2012). *Ein neues Ich: Wie Sie Ihre gewohnte Denk- und Verhaltensweise ändern und so Ihr Leben verwandeln können* (S. 256). Integral. ISBN 978-3867281966

Jeder Mensch hat seine eigenen Lebensaufgaben und emotionale Altlasten wie einen Rucksack dabei. Erst wenn wir uns unserer eigenen Muster, Begrenzungen und Hürden bewusst werden, die uns daran hindern, die Dinge in unser Leben zu bringen, die wir uns wünschen, können wir unser Denken, Fühlen und Erleben nachhaltig verändern. Nur das, was uns bewusst ist, können wir auch verändern. Dies bestätigen die Interviews, die ich mit Hebammen geführt habe. Es ist ihnen sehr wichtig, dass sich die Frauen ihren Themen stellen, warum diese selbstverständliche schöpferische Eigenschaft überlagert ist und auch nicht antizipiert wird. Es stellt sich die Frage, was dieses Potenzial überlagert und was jede einzelne Frau braucht, um an ihre weibliche Schöpferkraft, die natürlich vorhanden ist, anzuschließen.

Über der Wasseroberfläche ist all das sichtbar, was du erfahren hast, worauf du dich berufen kannst oder worüber du nachdenken kannst. Das Vorbewusste ist der Bereich unmittelbar unter der Wasseroberfläche. Vorbewusste Inhalte können wir durch unterschiedliche Therapien oder Einsichten in unser Bewusstsein an die Wasseroberfläche holen. Die psychodynamischen, psychotherapeutischen Verfahren machen sich dies zunutze.

Im Unbewussten sind alle Erfahrungen, die wir je gemacht haben, gespeichert. Wie schon erwähnt, beginnen diese Erfahrungen bereits im Mutterleib (pränatal). Lange Zeit glaubte man, dass der Körper und das Gehirn eines Babys noch nicht fertig gebaut und herangereift sei und daher diese Informationen gar nicht gespeichert werden könnten. Was sollte das Baby also schon mitbekommen? Jedoch hat der Körper ein Gedächtnis, das wie ein Schwamm alle erlebten und ererbten Informationen in sich birgt.

Widerstand gegen Veränderung ist ein Schutzmechanismus unseres Gehirns, um nicht die Spannungen zu spüren, die entstehen können, wenn der Vorsatz nicht mit den im Unbewussten schlummernden Glaubenssätzen übereinstimmt. Laut Gehirnforscher Prof. Dr. Gerald Hüther ist wie gesagt alles Leben selbstorganisiert vom Einzeller bis zum

Menschen, und in unserem Verstand ist pausenlos ein Prozess im Gange, der Ordnung in diese überwältigende Vielfalt bringt. Diesen Ordnungsprozess durch Musterbildung nennt man Selbstorganisation.[13]

Unsere Handlungen werden so oft wiederholt, bis sie zu einem automatisierten Verhalten werden. Dabei kann Energie gespart werden.

## WARUM SOLLTEN WIR ALSO ETWAS VERÄNDERN?

Selbst wenn Veränderungen Vorteile bringen oder die Wichtigkeit der Veränderung kognitiv verstanden wird, können Widerstände auftreten. Die dahinter verborgene Angst und Unsicherheit dient als Wächterfunktion.

Wir Menschen denken täglich tausende Gedanken. Die genaue Zahl lässt sich nur schwer feststellen. Es gibt Literatur, mit Angaben von sechzig bis achtzigtausend Gedanken pro Tag. Eine wissenschaftliche

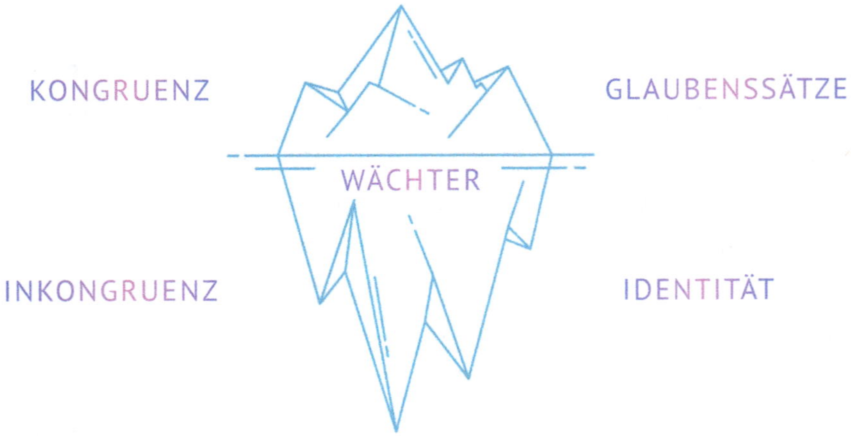


13 Storch, M., Cantieni, B., Hüther, G., & Tschacher, W. (2017). *Embodiment* (4. überarbeitete Aufl., S. 28). Holtzbrinck Verlag. ISBN 978-3456862187

Studie von Poppenk, J. und Tseng, J., konnte dies nicht bestätigen.[14] Man geht von ca. sechstausend[15] Gedanken täglich aus, wenn man den Schlaf von acht Stunden vernachlässigt. Davon sind die meisten unbewusst. Ohne diese Filterfunktion wären wir mit dieser Flut an Gedanken überfordert. Wir bekommen also immer nur einen kleinen Teil dessen, was wir denken, bewusst mit.[16]

## SCHREIBEN ALS ANKER

Wie Journaling durch emotionale Höhen und Tiefen der Schwangerschaft hilft

Du freust dich auf dein Baby, doch unbewusst können durch die Veränderung der Hormone emotionale Schwankungen deine Stimmung beeinflussen. Es ist ganz normal, dass deine Gefühle auf und ab gehen, und es ist wichtig, sie in ihrer Bandbreite zuzulassen. Dein Leben verändert sich grundlegend – dies bietet dir eine wertvolle Gelegenheit, erschöpfende Muster zu durchbrechen und dein Leben selbstbestimmter zu gestalten. Gefühle können dich manchmal überraschen und wechseln ganz schnell vom Glück in Überforderung und umgekehrt. Situationen, die sonst im bisherigen Leben leicht zu bewältigen waren, können plötzlich überwältigend wirken. Es wird besonders klar, dass du dich in einer Lebensphase befindest, die du nicht einfach verändern oder verlassen kannst.

---

14 Tseng, J., & Poppenk, J. (2020). *Brain meta-state transitions demarcate thoughts across task contexts exposing the mental noise of trait neuroticism. Nature Communications,* 11, 3480. https://doi.org/10.1038/s41467-020-17255-9

15 Geist & Psyche. (n.d.). *Wie viele Gedanken pro Tag denken wir?* Geist & Psyche. https://geist-psyche.com/wie-viele-gedanken-pro-tag-denken-wir/

16 Wissenschaftliche Studie (Poppenk und Tseng, 2020): Poppenk, J., & Tseng, J. (2020). MRT Scans des Gehirns von 184 Freiwilligen: Wissenschaftliche Studie der Queen's University in Kanada. *Nature Communications,* 11, 3480. https://doi.org/10.1038/s41467-020-17255-9

## DAS PROBLEM WIRD ZUM PROJEKT

Erlaube dir, dir Erleichterung zu verschaffen. Weine, wenn dir danach ist. Das macht dich nicht schwächer, sondern stärker und gibt dir Zeit, nachzudenken, wie du das Problem angehen kannst. Aus einem Problem wird ein Projekt, und alles hat eine Lösung. Oft nehmen wir negative Erlebnisse stärker wahr als positive und erinnern uns eher an Kritik als an Lob.

Um deine Stressmuster und Grundannahmen zu erkennen, erlaube dir, deine Gedanken, Gefühle und Körperempfindungen bewusst wahrzunehmen. Es kann vorkommen, dass in deinen Gedanken Ausreden auftauchen, warum es nicht möglich ist, dich zum Beispiel zu entspannen oder für deine aktuellen Bedürfnisse zu sorgen. Dein Überlebenssystem möchte nur, dass du alles beim Alten lässt und möchte jegliche Inkongruenz, die die geringste Veränderung mit sich bringt, vermeiden.

Manche werdende Eltern sprechen schon früh mit ihrem Baby, zeigen ihm Dinge oder teilen liebevolle Gedanken mit ihm. Dies bietet eine wundervolle Gelegenheit, diese besonderen Momente in regelmäßigen Abständen – je nach deinen Möglichkeiten – in einem Tagebuch festzuhalten. Einige nehmen sich dafür täglich Zeit, andere schreiben immer dann, wenn sie das Bedürfnis verspüren.

Ein solches Tagebuch wird nicht nur zu einer wertvollen Erinnerung an die magische Zeit der Schwangerschaft, sondern auch zu einem Schatz, auf den du als Mutter oder Vater später voller Liebe zurückblicken kannst. Wenn dein Kind älter wird, wird es für das Kind selbst eine einzigartige und berührende Reise sein, diese Worte zu lesen und zu erfahren, wie sehr es von Anfang an geliebt wurde.

Probier es doch einfach aus. Schreib ein paar Sätze auf. Du wirst sehen, wie wohltuend es sein kann, deine Gedanken aufs Papier zu bringen und ein bisschen Zeit nur für dich zu haben.

**Schreibe in dein Journal:**
„Ich gebe mein Bestes, und das ist genug"
„Ich mache alles so gut, wie ich kann"
„Ich habe alles in mir, was ich jetzt brauche"

Aus eigener Erfahrung kann ich bestätigen, wie wertvoll die Möglichkeit, meinen Gefühlen Raum zu geben, für mich war und wie gut es tat, dass all diese Gedanken und Gefühle einen Platz finden durften – ganz ohne Bewertung.

Das Schreiben half mir in meiner Mitte zu bleiben. Ich nutzte kraftvolle Bilder, die mir halfen, meine Gedanken umzulenken und ihnen eine neue, positive Richtung zu geben.

Während meiner Schwangerschaft hatte ich eine herausfordernde Zeit, die ich im Nachhinein durch meine Tagebucheinträge genau nachvollziehen konnte. Im sechsten Schwangerschaftsmonat geriet ich durch Überanstrengung in einen Zustand, der auch mein ungeborenes Kind beeinflusste. Unser Sohn kam schließlich mit einer Schwäche im Atmungssystem zur Welt und erkrankte als Baby mehrmals an einer fieberhaften Bronchitis. Erst etwas später konnte ich die energetischen Zusammenhänge besser verstehen: In dieser Schwangerschaftsphase unterstützt die 4. Tiefe (Niere, Blase) die 2. Tiefe (Lunge, Dickdarm), die für die Atmung zuständig ist. Doch durch die Überbelastung brauchte mein Körper selbst sehr viel Energie, denn Angst belastet Nieren- und Blasenfunktionsenergie. Dadurch war ich geschwächt und das hatte Auswirkungen auf das Baby. Dieses Wissen half mir, aktiv zu handeln: Ich begann die Stromsequenzen der 2. Tiefe bei meinem Sohn zu stärken. Zusätzlich achtete ich auf eine gute Ernährung, um den Dickdarm nicht zu überfordern. Das Tagebuch bot mir die Möglichkeit, solche Erkenntnisse später nachzuvollziehen. Ich konnte diesen Hinweis bewusst für mich und das Kind nutzen. Energie ist nicht linear und wie bereits erwähnt, ist alles Unsichtbare ewig und alles Sichtbare ist zeitlich.

Die Zusammenhänge der Tiefen im jeweiligen Schwangerschaftsmonat habe ich auf Seite 168 zusammengefasst.

## ENERGIE FOLGT DER AUFMERKSAMKEIT

Wie setzt du deine Energie ein?

Um diese anfängliche Hürde der Veränderung zu überwinden, braucht es auf jeden Fall eine Startenergie. Daher ist es von großer Bedeutung, deine Energie aufzuladen. Denken verbraucht viel Energie und negatives Denken ist enorme Energieverschwendung. Bekanntlich folgt Energie der Aufmerksamkeit. Dort wo unsere Aufmerksamkeit ist, da findet das Leben statt. Sind Einstellungen wie Angst, Sorge, Wut, Trauer, Bemühung als Verhalten internalisiert, ist es sehr wahrscheinlich, dass der Start zur Veränderung nicht gelingt. Wissenschaftler sprechen sogar vom „Schrumpfen des Energiefeldes." Der Körper funktioniert wie ein Magnet mit einem Nordpol und einem Südpol. Je stärker die Polarität zwischen diesen beiden Polen ist, desto kraftvoller wird das unsichtbare elektromagnetische Feld, das den Körper umgibt. Die Energie fließt dabei vom Nordpol zum Südpol, und durch diese Polarität entsteht ein Strom, der dieses Feld aufrechterhält.

Wenn du jedoch unter Stress stehst und in den sogenannten Überlebensmodus gerätst, ziehst du Energie aus diesem unsichtbaren Feld ab. Die Energie wird dann in chemische Reaktionen umgewandelt, was das elektromagnetische Feld schwächt. Dein Denken und Fühlen drehen sich im Kreis, und die Energie bleibt in den unteren drei Energiezentren gefangen, anstatt frei zu fließen.

In diesem Zustand verhält sich dein Körper wie ein Magnet ohne Ladung – er wird träge und energiearm, ähnlich einem Stück Metall ohne magnetische Kraft. Ohne das elektromagnetische Feld existiert keine Ladung und Energie stagniert.[17]

Freude und Glücklichsein, Fürsorge, Selbstfürsorge, Lachen, uns im Körper wohl fühlen, erleichtert den Start. Wir nutzen den selben Weg, durch den Verhalten entstanden ist: durch Wiederholungen! Wie du bei der Veränderungskurve ersehen kannst, ist Veränderung immer mit Ängsten und Unsicherheiten verbunden.

Du befindest dich gerade in einem neunmonatigen Veränderungsprozess.

## DAS MODELL DER VERÄNDERUNG

Du befindest dich gerade in einem neunmonatigen Veränderungsprozess. Überraschende oder ungeplante Veränderungen können einen Schock auslösen, der sich individuell äußert. Es ist von unterschiedlichen Faktoren wie emotionaler Stabilität, Resilienz oder persönlichen Erfahrungen abhängig und kann uns förmlich erstarren lassen. Die Veränderungskurve zeigt den Verlauf mit den Höhen und Tiefen, die bei Veränderung durchlebt werden. Wenn anfangs der Entschluss, etwas zu verändern, feststeht, kommt auch schnell der Widerstand, in dem wir die Veränderung nicht wahrhaben wollen und am Bestehenden festhalten wollen: „Warum sollte ich überhaupt was verändern? Was habe ich mir nur dabei gedacht?“ Nachdem jedoch die Veränderung nicht mehr abzuwenden ist und die Einsicht kommt, ist es noch nicht so weit, dass wir die Veränderung auch emotional akzeptieren. Wird der Entschluss nun auch emotional akzeptiert, kommt die

---

17 Dr. Joe Dispenza (2012), *Ein neues Ich,* Seite 11, https://drjoedispenza.com/ ISBN 978-3867281966

Phase, in der wir erkennen, dass auch wir uns verändern müssen und Teil dieser Veränderung sind. Mit dieser Erkenntnis sinkt in der Praxis jedoch häufig das Gefühl der Selbstwirksamkeit, und die Angst, den neuen Anforderungen nicht gerecht zu werden, steigt. Die folgende Phase ist geprägt von aktiven Handlungen: Durch Ausprobieren und Auseinandersetzung mit den Anforderungen, Aufgaben und Erwartungen erleben wir hier Rückschläge, aber auch erste kleine Erfolge. Unsere Wahrnehmung der Selbstwirksamkeit steigt wieder, und unsere Angst sinkt. Die Einsicht über die Notwendigkeit wird klar und die Bewertung der neuen Situation ist positiv. Das Neue ist integriert, Angst spielt keine Rolle mehr, und die neue Situation ist voll und ganz akzeptiert.[18]

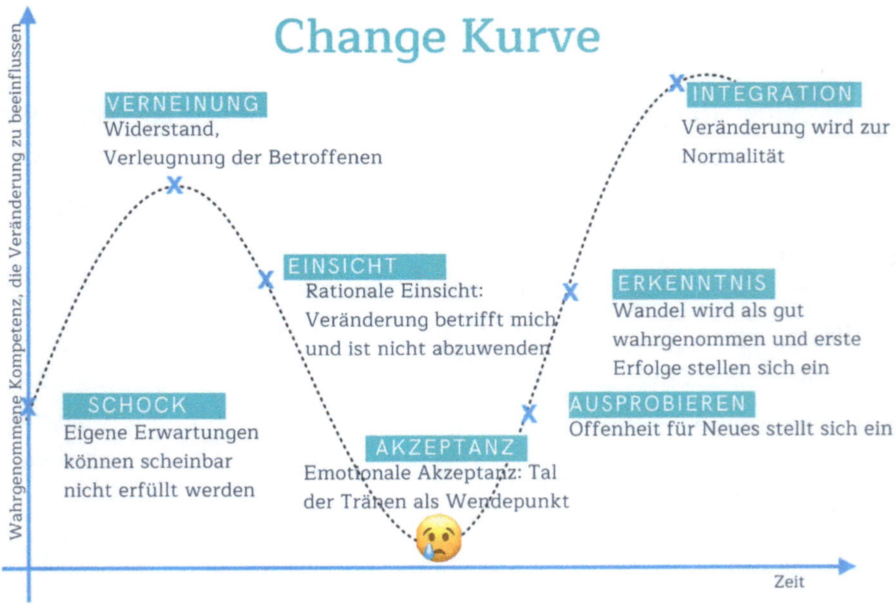


18 Bold Collective. (n.d.). *Die Change-Kurve: Veränderung erfolgreich gestalten.* Abgerufen am 26. November 2024, von https://boldcollective.de/change-kurve/

## DER ATEM ALS SCHLÜSSEL

Energie, Balance und Verbindung zum Ursprung

In fast allen Kulturen gibt es die Vorstellung einer universellen Kraft, die alle Dinge durchdringt und in Bewegung setzt.

Es gibt unterschiedliche Begriffe dieser vitalen Lebensenergie, wie Ki, Chi oder Prana. Sie stammt aus der Quelle, dem Ursprung der Schöpfung und fließt in einer harmonischen, geordneten Weise, im Einklang mit der Natur durch den Körper.

**qi 氣: Energie, Atem**

Atem ist Leben und alles Lebendige ist in Bewegung. So ermöglicht uns der Atem die geistige, seelische und körperliche Balance. Das ist unsere Natur: mühelose Wirklichkeit.[19]

Definition: Als **Atem** bezeichnet man die Luftmenge, die bei der Tätigkeit des Atmens (Luftholens oder Atemzug) bewegt wird (Einatmen: Lunge mit Luft füllen, Ausatmen: Luft ausstoßen). Der Vorgang des Atmens heißt Atmung.

Die Ausdrücke „Atem" und „Atmung" werden im alltäglichen Sprachgebrauch häufig synonym verwendet. In der Medizin wird unter Atmung der physische Teil des Atmens verstanden, wobei man zwischen einem anatomisch/physiologischen Aspekt (äußere Atmung) und einem biochemischen (innere Atmung) unterscheidet.[20] Der Atem wirkt ganzheitlich auf Körper, Geist und Seele.

**Einatmen ist ein aktiver Vorgang und wird durch den Sympathikus gesteuert.**

---

19 Jiro Murai, (1886-1960), https://de.wikipedia.org/wiki/Jin_Shin_Jyutsu, 11.11.2024

20 Wikipedia. (2024, 11. November). *Atem*. In Wikipedia. Abgerufen am 25. November 2024 von https://de.wikipedia.org/wiki/Atem

Dabei senkt sich das Zwerchfell Richtung Beckenboden und der Bauch wölbt sich heraus. Die Zwischenrippenmuskulatur spannt sich an und die Lunge folgt dieser Bewegung passiv. Sie dehnt sich aus und Luft strömt ein. Die Baucheingeweide werden durch das Zwerchfell leicht zusammengedrückt und massiert, was sich positiv auf die Verdauung auswirkt.

**Das Ausatmen ist ein passiver Vorgang und wird durch den Parasympathikus gesteuert.**

Die Zwischenrippenmuskulatur entspannt sich, die Lunge zieht sich zusammen und die verbrauchte Luft strömt aus. Das Zwerchfell bewegt sich zurück und die Ausgangsposition.

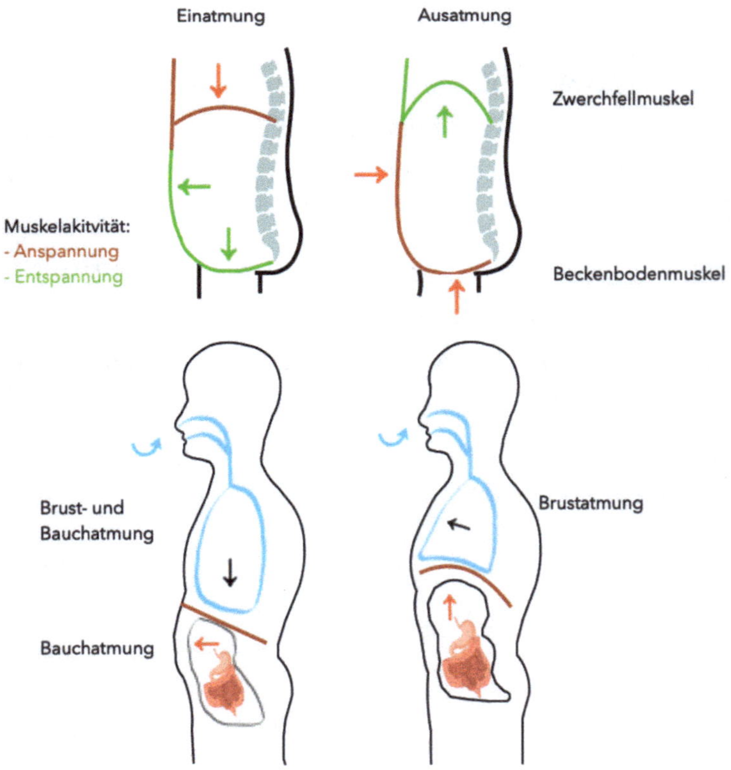


Diese Abbildung verdeutlicht die zentrale Bedeutung der Atmung und die wichtige Rolle des Zwerchfells. Als Muskel der quergestreiften

Muskulatur unterliegt das Zwerchfell unserer bewussten Kontrolle, sodass wir es gezielt trainieren können – ähnlich wie einen Bizeps durch Hanteltraining. Durch regelmäßige Atemübungen bleibt das Zwerchfell gestärkt und aktiv. Der Fokus dabei ist auf „regelmäßig", also ein konstantes Training, um nicht an Kraft zu verlieren.

Ein wesentlicher Aspekt der Atmung ist die Nasenatmung. Sie spielt eine zentrale Rolle, da die physiologisch enge Passage in der Nase die Atmung anspruchsvoller macht als durch den Mund. Nach den Energiegesetzen hat dieser erhöhte Energieaufwand eine positive Auswirkung auf das Zwerchfell. Bei der Rückkehr in seine Ausgangsposition erzeugt das Zwerchfell durch die entstehende Sogwirkung einen verbesserten venösen Rückstrom aus den Beinen zum Herzen. Dies entlastet das Herz und das gesamte Kreislaufsystem[21] – ein Vorteil, der häufig unterschätzt wird.

Schon seit langem steht die Atmung, insbesondere die Nasenatmung, im Yoga und in zahlreichen Sportarten im Fokus. Sie bietet jedoch noch weitere Vorteile: Die Nasenatmung fördert die Belüftung der Drüsen[22] im Kopf, wie der Hypophyse (Hirnanhangsdrüse) und der Epiphyse (Zirbeldrüse). Die Hypophyse, die als „Steuerzentrale" des Körpers gilt, reguliert zentrale Prozesse. Die Zirbeldrüse, die für Schlaf und Wohlbefinden eine Schlüsselrolle spielt, profitiert ebenfalls von der besseren Belüftung durch die Nasenatmung. So wird der gesamte Organismus auf natürliche Weise unterstützt und gestärkt.

---

21 McKeown, Patrick. *The Oxygen Advantage: Simple, Scientifically Proven Breathing Techniques to Help You Become Healthier, Slimmer, Faster, and Fitter.* William Morrow, 2015. Kapitel zu den Effekten der Nasenatmung auf das Zwerchfelltraining und die Kreislaufentlastung finden sich insbesondere auf den Seiten 25–30 und 41–45

22 Nestor, James. *Breath: The New Science of a Lost Art.* Riverhead Books, 2020. Die Wirkung der Nasenatmung auf das Drüsensystem sowie die Unterstützung der Hypophyse und Zirbeldrüse werden auf den Seiten 92–97 und 131–136 behandelt.

## DAS NERVENSYSTEM
deine innere Kommunikationszentrale

### *ZWISCHEN REIZ UND REAKTION: DIE SPRACHE DEINES NERVENSYSTEMS*

**Die 6. Tiefe, das Urfeuer ist Träger der DNA.**
**Es reflektiert das Licht der 7. Tiefe.**

Das Nervensystem arbeitet „elektrisch" und ist das Kommunikationssystem für den Körper. Es besteht aus dem Zentralnervensystem (Gehirn und Rückenmark) und dem peripheren Nervensystem (alle Nerven außerhalb des Zentralen Nervensystems). Die Nerven des peripheren Nervensystem haben eine Hülle aus Bindegewebe.

Das Zentralnervensystem (ZNS) wird von Knochen geschützt. Die Nervenzellen (Neuronen) kommunizieren über elektrische Signale, die extrem schnell weitergeleitet werden. Sie transportieren Informationen vom Gehirn zu Muskeln und Organen und bringen umgekehrt Sinneseindrücke aus der Umwelt und dem Körperinneren zurück zum Gehirn. Diese rasche Kommunikation ist entscheidend für kontrollierte Bewegungen, bewusste Gedanken und automatische Reaktionen wie Reflexe.

**Zentrales Nervensystem**

- **Rückenmark**
  Nerven zwischen dem Gehirn und dem peripheren Nervensystem
- **Gehirn**
  Unterteilt in drei Hauptteile: den unteren Teil des Hinterhirns, das Mittelhirn und das Vorderhirn

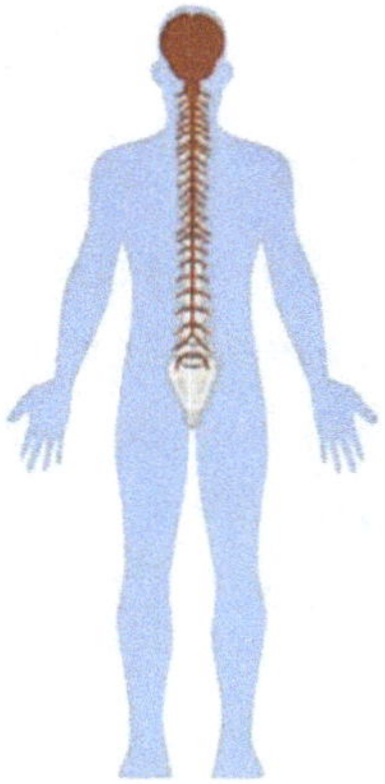

Viele Funktionen des Nervensystems und der Muskeln werden von Gehirn und Rückenmark gesteuert. Dafür verantwortlich ist das Zentralnervensystem (ZNS).

Durch regelmäßige Selbstanwendung des Hauptzentralstroms kannst du dein Nervensystem auf sanfte Weise unterstützen. Diese Strömsequenz bringt das sogenannte Feuerelement – also Lebensenergie – ins Gleichgewicht und hilft dir, dich zu zentrieren, zu beruhigen und innerlich klarer zu werden.

## SELBSTANWENDUNG DES HAUPTZENTRALSTROMS (KURZFORM)

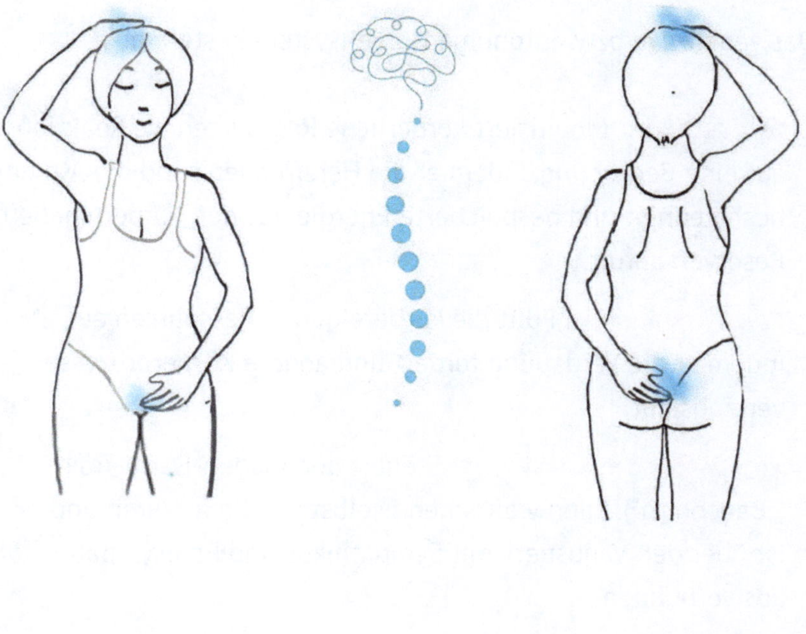

## FUNKTIONEN DES NERVENSYSTEMS

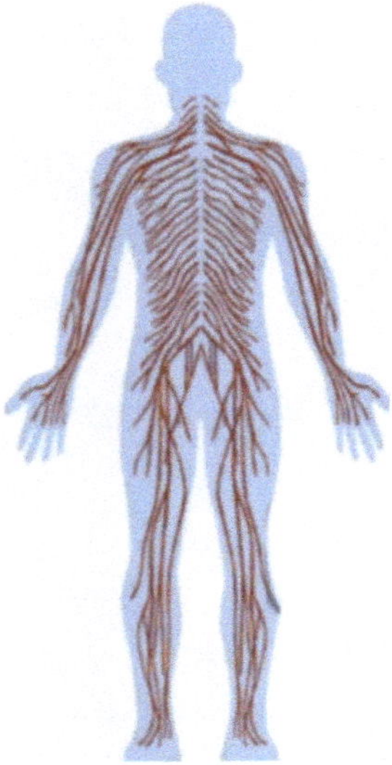

Das Nervensystem kann auch nach seinen Funktionen unterteilt werden.

- Das **somatische Nervensystem** ist für die Wahrnehmung von äußeren Reizen und die bewusste Steuerung der Bewegung zuständig.
- Das **vegetative Nervensystem**, das aus Sympathikus, Parasympathikus und dem enterischen Nervensystem besteht, steuert hingegen unbewusste Körperfunktionen, wie Verdauung und Herzschlag.

Das vegetative bzw. autonome Nervensystem besteht aus:

- **Sympathikus:** Mobilisiert körperliche Ressourcen als Reaktion auf eine Bedrohung, indem er die Herzfrequenz und die Atmung beschleunigt und gespeicherte Energie aus den körpereigenen Reserven abruft.
- **Parasympathikus:** Füllt die körpereigenen Ressourcen auf, indem er die Verdauung fördert und andere Körperprozesse verlangsamt.
- **Enterisches Nervensystem:** Steuert den Magen-Darm-Trakt („Bauchhirn"). Kann weitgehend selbstständig arbeiten und ist über den Vagusnerv mit Sympathikus und Parasympathikus verbunden.

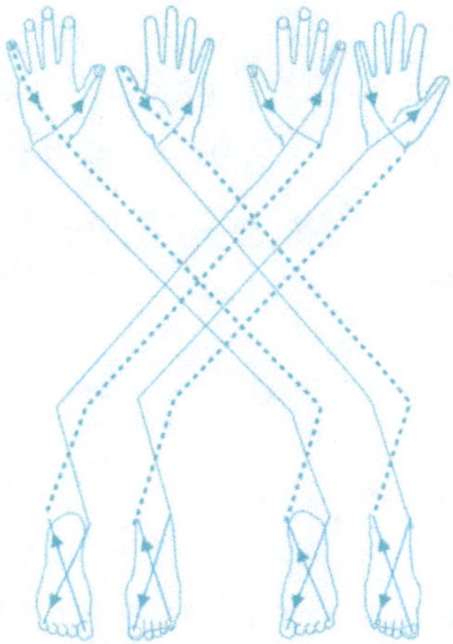

Einfache Anwendungen wie etwa der **Finger-Zehen-Strom** – beim 4. Schwangerschaftsmonat (Seite 201) ausführlich beschrieben – wirken direkt auf das periphere Nervensystem und fördern Entspannung und Verbindung – nicht nur zu dir selbst, sondern auch für dein Baby.

Ein harmonisiertes Nervensystem stärkt deine Selbstwahrnehmung und schenkt dir mehr innere Ruhe, Vertrauen und Gelassenheit – eine kraftvolle Basis für deine Schwangerschaft und die Geburt.

## ENDOKRINES SYSTEM, CHEMISCH (4. TIEFE)

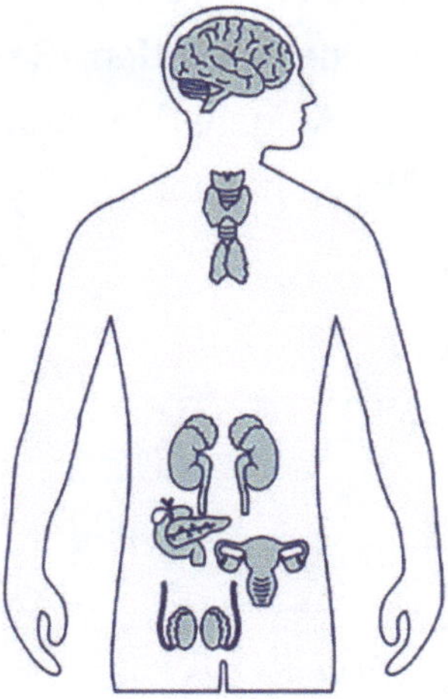

Das endokrine System arbeitet mit chemischen Botenstoffen, den Hormonen, die über das Blut transportiert werden. Es ist wesentlich langsamer als das Nervensystem, da Hormone Zeit brauchen, um durch den Körper zu reisen und ihre Zielzellen zu erreichen. Dieses System reguliert längerfristige Prozesse wie Wachstum, Stoffwechsel, Reproduktion und die Aufrechterhaltung des inneren Gleichgewichts (Homöostase).

Zusammen bilden das Nervensystem und das endokrine System eine perfekt abgestimmte Einheit, die sowohl schnelle als auch langfristige Steuerungsvorgänge im Körper übernimmt.

Der Hauptzentralstrom als tägliche Routine unterstützt diese Funktionen. Eine ausführliche Beschreibung findest du auf Seite 196.

## TIPPS FÜR DEINEN ARBEITSALLTAG

Wenn du beruflich viel sitzt, wähle am besten einen Stuhl, der Bewegung ermöglicht. Alternativ kannst du regelmäßige Pausen machen, um dich aktiv zu bewegen. Denke immer daran, dass du nicht nur für dich, sondern auch für dein Baby entscheidest.

### *RHYTHMEN BEEINFLUSSEN UNSER TÄGLICHES LEBEN*

Diese Methode des Zeitmanagements teilt die Arbeit in 25-Minuten-Abschnitte, sogenannte Pomodori, mit fünf Minuten Pause dazwischen. Nach vier Arbeitsblöcken folgt eine längere Pause von 15 bis 20 Minuten. Wenn ein Pomodoro abgeschlossen ist, markierst du diesen Abschnitt als „erledigt", was dir ein gutes Gefühl gibt.

**Fokuszeiten bringen dir gute Erfolge:**
Konzentriert arbeiten – Pause – Konzentriert arbeiten – Pause

Die Pomodoro-Technik kann dir dabei helfen. Bevor du beginnst, formuliere deine Aufgabe klar und schriftlich, um ein eindeutiges Ziel zu haben.

Beispiel:

| Fokuszeit | Pause | Fokuszeit | Pause | Fokuszeit |
|---|---|---|---|---|
| 10.00 bis 10.25 | 5 Minuten | 10.30 bis 10.55 | 5 Minuten | 11.00 bis 11.25 |

| Pause | Fokuszeit | Pause | Fokuszeit | |
|---|---|---|---|---|
| 5 Minuten | 11.30 bis 11.55 | 15-20 Minuten | 12.10 bis 12.35 | usw. |

Der Name der Technik stammt von einer Eieruhr in Tomatenform, die der Erfinder Francesco Cirillo[23] verwendet hat.

23 Cirillo, F. (2006). *The Pomodoro Technique.* FC Garage

***ÜBUNG IM SITZEN ODER STEHEN – DAUER 1-3 MINUTEN***

- Richte dein Becken auf.
  Die Wirbelsäule ist aufgerichtet und gerade.
  Gib dein Gewicht dem Stuhl oder dem Boden ab.
  Mit jedem Ausatmen etwas mehr.
- Stell dir vor, wie beim Einatmen gereinigte Energie an deiner Körperrückseite aufsteigt und dich mit allem versorgt, was du in diesem Moment brauchst. Dieser Einatem strömt bis an den obersten Punkt deines Kopfes – und wie ein feiner, unsichtbarer Faden richtet sich dein Kopf noch ein wenig mehr nach oben, in Richtung Himmel.
  Das Kinn darf sich dabei etwas in Richtung Brust senken.
  Spüre die sanfte Dehnung in deiner Halswirbelsäule.
- Nun stell dir vor, wie dein Ausatem an der Vorderseite deines Körpers hinunterströmt.
  Spüre den angewärmten Atem.
  Spüre dein Herz, den Brustkorb mit allen Organen und deinen Bauch.
  Genieße die Wärme deines Atems.
- Lass gehen, was vorbei und verbraucht ist, und erlaube dir ein Lächeln auf deinen Gesicht.
- Genieße die Atempause und warte, bis der neue Einatem dich füllt.
- Mache mindestens einen bewussten Atemzug.

### *WARUM DIESE TECHNIK DEIN LEBEN VERÄNDERT?*

Unser Gehirn ist nur auf eine begrenzte Zeit auf Höchstleistung ausgelegt.

Es gibt viele Forschungen über Rhythmen von Wachsein und Schlaf oder Zyklen der Gehirnaktivität während des Schlafs. Eines der Beispiele ist der Basic Rest-Activity Cycle (BRAC) von Kleitman, der die kurzfristige Periodizität in der Funktionsweise des Nervensystems untersucht. In der Schlafforschung wurden zyklische Veränderungen der Rapid-Eye-Movement beobachtet. Sie zeigen aktive Gehirnprozesse und Veränderungen während der Schlafzeit. Die Forschung belegt, dass diese Zyklen auch vorhanden sind, wenn wir wach sind. Sie sind zwischen 80 bis 100 Minuten lang und wirken sich zum Beispiel auf die Wachsamkeit und Leistung aus. Es wurde beobachtet, dass abwechselnd Perioden mit hochfrequenter Hirnaktivität von circa 90 Minuten gefolgt wurden von niederfrequenter Hirnaktivität, von circa 20 Minuten. Dies wird als der „ultradiane Leistungsrhythmus" bezeichnet.

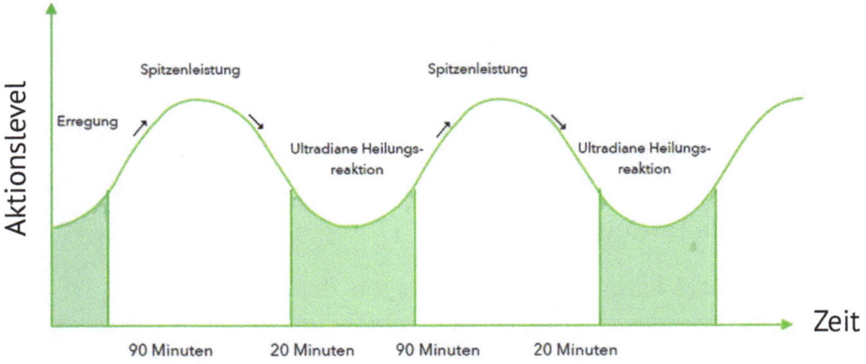


Quelle: The Power of Full Engagement, Jim Löhr und Tony Schwartz[24]

---

24 KosmoTime. (n.d.). *Ultradian rhythm: The secret to managing your energy, not your time.* Abgerufen am 27. November 2024, von https://www.kosmotime.com/ultradian-rhythm/

Das Gehirn verbraucht mehr als 20 Prozent der verfügbaren Energie. Die Energie wird verwendet, um Nervenzellen zum Feuern zu bringen bzw. auch alte Zellen zu erhalten. Hohe Konzentration und Aufmerksamkeit erfordern viel Energie um hohe Gehirnwellenzustände zu ermöglichen. Nach etwa 90 Minuten der Höchstleistung schaltet das Gehirn auf die niedrige Gehirnwellenfrequenz, um sich zu erholen. Es ist wahrzunehmen als eine allgemeine Nebelbildung, Müdigkeit oder Konzentrationsunfähigkeit. Nach einer Pause kann sich das Gehirn regenerieren und ist wieder fähig volle Leistung zu bringen.

Werden die Rhythmen ignoriert oder übertrieben, durch die Annahme mehr erledigen zu können, schaltet das Gehirn auf den Überlebensmodus, die sog. Kampf- oder Flucht Reaktion um. Es ist mittlerweile erforscht, dass bei Stress alle Energie für den Kampf oder die Flucht bereitgestellt wird. Eine erhebliche Verminderung der Konzentration, des logischen Denkens oder der Fähigkeit, Entscheidungen zu treffen wirkt sich allgemein negativ auf die Arbeit aus, von Freude an der Arbeit ganz zu schweigen.

Ohne diese Pausen kann man seine inneren Ressourcen überbeanspruchen und Erschöpfung oder ein Burn-out erleben.

Der erste Schritt zum Aufbau von Belastbarkeit ist die Entwicklung eines Gefühls der inneren Ruhe. Dazu müssen wir lernen, den Pausenschalter zu drücken – sei es für eine kurze oder eine längere Zeit. Eine kurze Zeiteinheit kann schon mit 30 Sekunden beginnen, z. B. eine Atemübung, die in den Arbeitsalltag als Mikropause integriert wird.

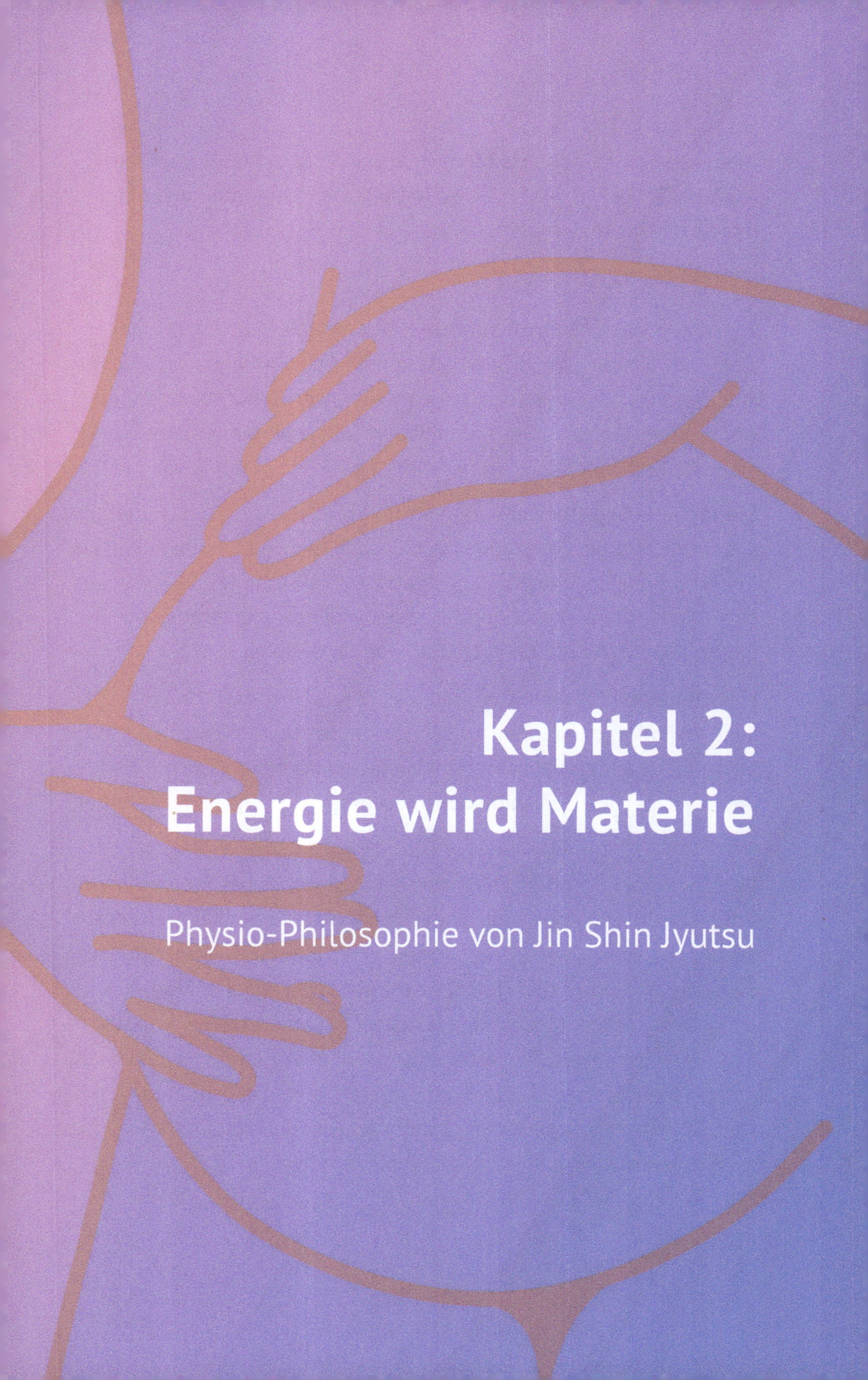

# Kapitel 2: Energie wird Materie

Physio-Philosophie von Jin Shin Jyutsu

## Lebensenergie mit den Händen wecken – Jin Shin Jyutsu im Alltag – „NOW KNOW (HELP) MYSELF" – dich selbst kennenlernen und dabei lernen, dir selbst zu helfen

Wir tragen von Geburt an eine tiefe innere Kraft in uns und leben im Einklang mit der Natur. Doch alltägliche Gewohnheiten, Stress, Verletzungen und äußere Einflüsse können unser Gleichgewicht stören. Schon früh prägt uns unsere Umgebung, und jeder Mensch entwickelt individuelle Muster und Sichtweisen.

Die tägliche Selbstanwendung von Jin Shin Jyutsu hilft, das Energiesystem des Körpers auszugleichen, Gesundheit und Wohlbefinden zu fördern sowie die Selbstheilungskraft zu stärken. Sanfte Berührungen wirken positiv auf Körper und Geist und ergänzen herkömmliche Heilmethoden durch tiefe Entspannung und Stressabbau.

Mary Burmeister prägte den Satz „NOW KNOW (HELP) MYSELF", der dazu ermutigt, nach innen zu blicken, unbewusste Muster zu erkennen und gezielt an deren Harmonisierung zu arbeiten. Unsere Hände dienen dabei als „Starthilfekabel", die uns in jedem Moment unterstützen können.

Jin Shin Jyutsu erfordert keine Vorkenntnisse oder besondere Ausrüstung. Durch einfache Berührungen bestimmter Energiebereiche am Körper aktivieren wir unser inneres Gleichgewicht, stärken die Lebensenergie und fördern die Selbstheilung. Die regelmäßige Anwendung dieser Praxis schenkt uns Selbstvertrauen und das Bewusstsein eigener Wirksamkeit. Sie befreit uns von dem Gefühl der Hilflosigkeit, das entsteht, wenn wir allein auf äußere Unterstützung angewiesen sind. Statt passiv abzuwarten, können wir jeden Tag aktiv etwas für unsere Gesundheit und unser Wohlbefinden tun.

Jin Shin Jyutsu vermittelt das Wissen, wie wir unsere Lebensenergie mit unseren Händen unterstützen können. Es ist keine Technik sondern eine Lebenskunst.

Durch das Atmen wird der Körper mit Energie versorgt. Diese Energie steht unbegrenzt zur Verfügung, so wie die Sonne immer da ist, auch wenn wir sie gerade nicht sehen. Das Einatmen wird durch die Impulse ausgehend vom Atemzentrum im Gehirn geregelt und funktioniert auch, wenn wir schlafen oder bewusstlos sind. Die Ausatmung erfolgt durch Zu-lassen, Los-lassen (Sein).

## TÄGLICHE ATEMÜBUNG FÜR DEINE ROUTINE

Dein Babybauch wird jetzt jeden Tag größer. Das Zwerchfell, das beim Einatmen nach unten schwingt und die Baucheingeweide verdrängt, hat jetzt nicht mehr den gewohnten Raum. Darum kann es schon manchmal zu Kurzatmigkeit oder sogar Atemnot kommen. Der Atem wirkt ganzheitlich auf Körper, Geist und Seele.

**Praktiziere deine tägliche Routine** und genieße die positive Wirkung auf Atem, dem Kreislauf- und Lymphsystem und Verdauung. Auch bei der Geburt wird dir dieses Training zugutekommen.

**ATEMMEDITATION: 36 BEWUSSTE ATEMZÜGE**

Zentrieren, Energetisieren, Entgiften

- Setze dich bequem auf einen Stuhl und spüre* deine Füße. Lege deine Hände unter deine Achseln, die Fingerspitzen berühren die Außenseiten deiner Schulterblätter und die Daumen liegen ganz entspannt auf der Brust.
- Lass die Schultern fallen und lächle (das verändert die Chemie im Gehirn). Nimm 36 bewusste Atemzüge, lasse los und lasse dich von innen erneuern.

* Nimm dir dafür genügend Zeit, werde dir der Sinne bewusst und lasse dich ein, andernfalls bleibt die Übungen nur eine intellektuelle Aktivität und dadurch begrenzt, was wir mit den Augen sehen können. Wenn wir alle Sinne zur Hilfe nehmen, erhalten wir eine holistische Wahrnehmung der Welt, sodass Berührung, Geschmack, Gehör und Sehen uns nicht länger von der direkten Erfahrung abschneiden, sondern wir eins mit unserer Wahrnehmung werden.

Hier ist eine Alternative, falls dir die Haltung der großen Umarmung nicht möglich oder unangenehm ist.

***EBENFALLS FÜR 36 ATEMZÜGE:***

- Halte mit deiner rechten Hand den linken Oberarm und mit der linken Hand die Innenseite des rechten Oberschenkels.
- R linke Oberarm
- L rechte Innenseite Oberschenkels, etwas über dem Knie

Hilft der Atmung, dem Herzen und macht den Kopf frei.

***EINFACHES ATEM-MUDRA****

mit großer Wirkung für deine Atmung

- Mache einen Ring mit Daumen über Ringfingernagel auf beiden Seiten.

Es gibt keine feste Zeitvorgabe – passe es einfach an deine eigenen Bedürfnisse an.

Dieses Mudra ist besonders praktisch, weil du es auch unterwegs anwenden kannst – zum Beispiel, wenn du eine Tasche trägst oder bergauf gehst. Du kannst es auf beiden Seiten ausführen, und falls du nur eine Hand frei hast, nutze einfach die freie Hand

*Ein Mudra ist eine symbolische Hand- oder Fingerhaltung, die bei Yoga, Meditation und der spirituellen Praxis verwendet wird. Es wird angenommen, dass Mudras den Energiefluss im Körper beeinflussen, das Bewusstsein erweitern und bestimmte körperliche oder geistige Zustände fördern können.

## WAS IST ENERGIE?

Alles ist Energie und alles Lebendige ist Bewegung und somit ist das Leben Energie in Bewegung. Der Physiker Albert Einstein hat Energie als Masse beschrieben, die sich sehr schnell bewegt. Die Formel dafür lautet: $E = m c^2$

Energie ist Masse. Jedoch bewegt sich die Masse sehr schnell. Die Konstante „c“ steht für Lichtgeschwindigkeit und entspricht etwa 300.000 km pro Sekunde. Energie können wir nicht sehen, aber wir können Energie spüren.

Der physische Körper, so beschreibt es Dr. Joe Dispenza, besteht aus organisierten Mustern von Energie und Information – und ist untrennbar mit dem Quantenfeld verbunden.

### *WAS IST VOR DER FORM?*

Energie kann man auch als Schwingung beschreiben.

Schwingung kann man auch als Frequenz bezeichnen.

Frequenzen kann man als Nummern ausdrücken.

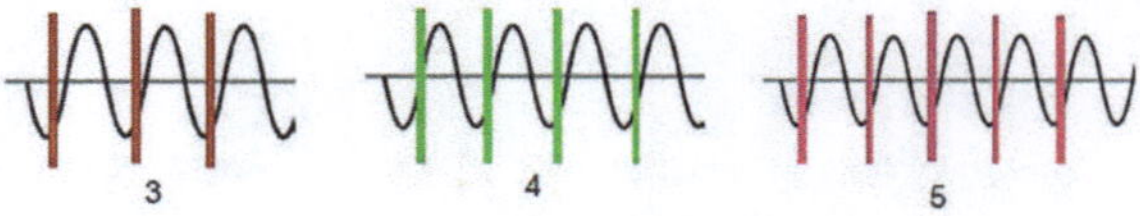


Nummern können sich zu Formen und Mustern organisieren.

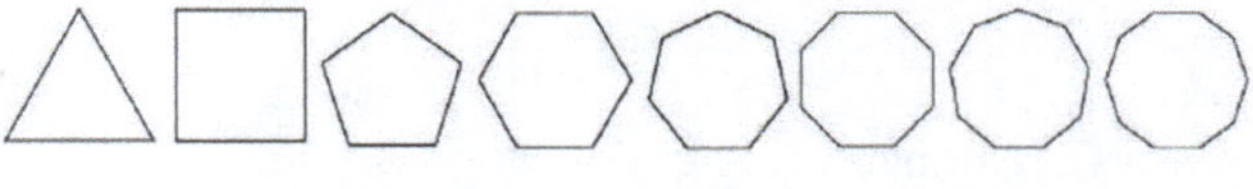

## WAS SIND DIE TIEFEN?

Die Tiefen sind Schwingungs- und Bewusstseinsebenen. Alles, was geschieht, lässt sich in die Tiefen einordnen. Wenn wir einen Gegenstand beschreiben, dann haben wir zum Beispiel die Höhe, die Tiefe, die Länge, den Umfang, die Fläche, die Farbe, das Material, etc. Wenn wir über Energie sprechen, haben wir keine Worte. Wie können wir die Beziehungen und Verbindungen am besten ausdrücken? Mary Burmeister[25], die Jin Shin Jyutsu aus Japan in den Westen brachte, kreierte das Wort Tiefe.

Jede Tiefe hat ihren eigenen Zugang zum Bewusstsein, jeweils über verschiedene Prinzipien.

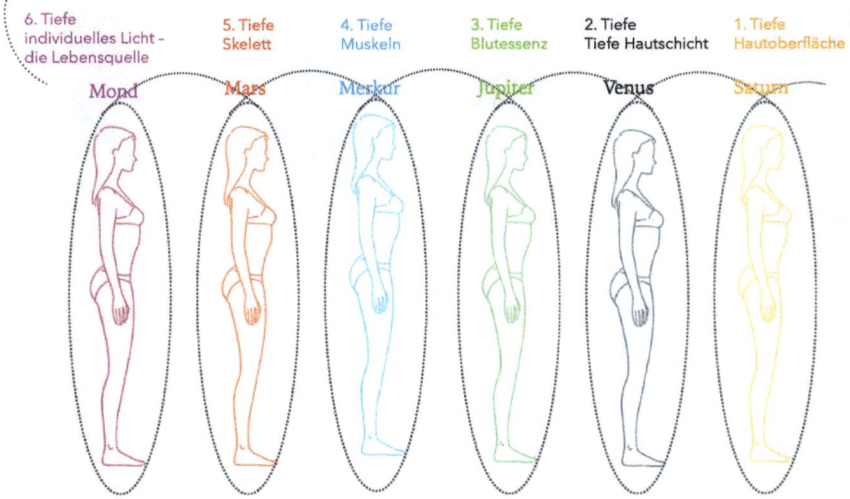


Diese Abbildung zeigt, wie sich der Plan, die Blaupause der 6. Tiefe für den künftigen Körper manifestiert.

---

25 https://jsjinc.net/

## STARTHILFE FÜR DEN KÖRPER

Berührungsbasierte Übungen nutzen die Energie deiner Hände wie ein Starthilfekabel zur Überbrückung von Energie für dein Wohlbefinden.

Es ist etwas ganz Natürliches und seit Langem bekannt: Menschen berühren sich, um sich zu beruhigen oder Schmerzen zu lindern – ein Phänomen, das durch zahlreiche Studien belegt ist. Wie bereits im Artikel *Die Macht der sanften Berührung* der Universität Leipzig[26] beschrieben, können wir Berührungsreize nicht einfach ignorieren. Dazu sagt auch der Psychologe Martin Grunwald: „Einfach nur durch Berührungsreize verändert sich die Biochemie unseres Gehirns auf dramatische und positive Art und Weise." [27]

Du kannst die Entwicklung des Kindes im Mutterleib in einer harmonischen Weise begleiten. Deine Hände dienen dabei als Starthilfe zur Überbrückung von Energie. Ist unser physischer Körper im Flow, hat er genug Energie und entfaltet die Fähigkeit zur Heilung und Entwicklung von ganz allein – ohne Nebenwirkungen.

**Die Berührung mit den Händen kann durch einen Impuls stagnierte Energie wieder in Bewegung bringen und den natürlichen Fluss der Energie im Körper anregen.**

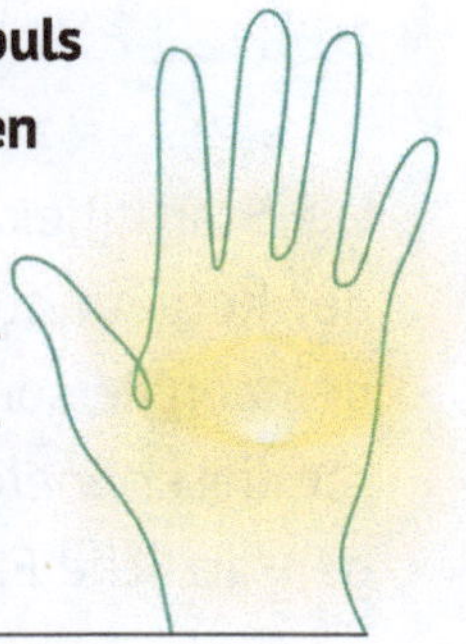

Lege deine Handfläche oder Finger mit gutem Kontakt auf die gewünschte Körperstelle über die Kleidung. Es ist unnötig zu drücken, zu massieren oder zu

26 Universität Leipzig. (2021, 3. März). *Die Macht der sanften Berührung*. Universität Leipzig. https://www.uni-leipzig.de/newsdetail/artikel/die-macht-der-sanften-beruehrung-2021-03-03

27 Paul-Flechsig-Institut – Zentrum für Neuropathologie und Hirnforschung. (2021). Hirnforschung AG Grunwald: Haptik-Forschung. Abgerufen am 11. November 2024, von https://www.uniklinikum-leipzig.de/einrichtungen/pfi

reiben. Die Berührung allein reicht aus. Dabei fließt die Energie von der Hautoberfläche in die Tiefe bis zu den Knochen und wieder zur Hautoberfläche. Dieses Fließen von Energie kann als Pulsieren, Wärme, Kälte, Kribbeln oder Vibrieren, wahrgenommen werden. Die Abbildung zeigt, die Energie in deinen Händen, die aus einer unendlichen Quelle strömt.

Das Auflegen der Hände wird auch als „Strömen" bezeichnet. Dieser Begriff trifft sehr gut, wie die Energie wahrgenommen wird. Lasse dich auf die Bereiche unter deinen Händen ein und spüre den Fluss der Energie. Ströme so lange, wie es dir gut tut. Bei der Selbstanwendung gibt es keine zeitliche Begrenzung zu beachten. Du wirst es selbst spüren, wenn es reicht. Die Anwendung bei jemand anderen ist auf maximal eine Stunde begrenzt. Bei Kindern oder älteren Menschen reicht manchmal schon eine halbe Stunde. Die Wirkung ändert sich noch in den folgenden acht Stunden. Daher ist es zu empfehlen dem Körper zur Verarbeitung diese acht Stunden Zeit zu lassen, bevor man erneut strömt. Eine Ausnahme ist der Finger-Zehen-Strom (siehe 4. Monat, Seite 201).

## DEINE HÄNDE DIENEN ALS STARTHILFEKABEL

Die Starthilfekabel-Energie ist universelle Energie – sie lädt sich in der Körpermitte auf und fließt von dort durch die Hände der behandelnden Person, ohne von ihr selbst zu stammen. Das Strömungsmuster dieser Energie folgt auf jeder Seite einer diagonalen Acht. Die gegensätzliche Fließrichtung in den Händen der behandelnden Person erzeugt – ähnlich dem Flaschenzugprinzip – Bewegung. Detaillierte Informationen findest du in den weiterführenden Kursen.

Halte jede Position für ein paar Minuten. Manchmal spürst du zum Beispiel Wärme, Kälte, Kribbeln oder ein rhythmisches Pulsieren – die Wirkung tritt jedoch unabhängig davon ein.

### *R RECHTE HAND – RECHTER ARM UND LINKES BEIN RECHTE HAND:*

Die Energie fließt im rechten Handrücken nach oben zu den Fingerspitzen, dann über die Fingerspitzen hinweg und die Handfläche und die Vorderseite des rechten Armes hinunter bis zum Nabel, kreuzt am Nabel nach hinten und zur linken Seite und fließt hinten am Bein hinunter – über die Fußsohle und vorne am linken Bein hinauf bis zum Nabel und kreuzt wieder nach hinten an der Rückseite des Armes und dem Handrücken und beginnt wieder, wie anfangs beschrieben.

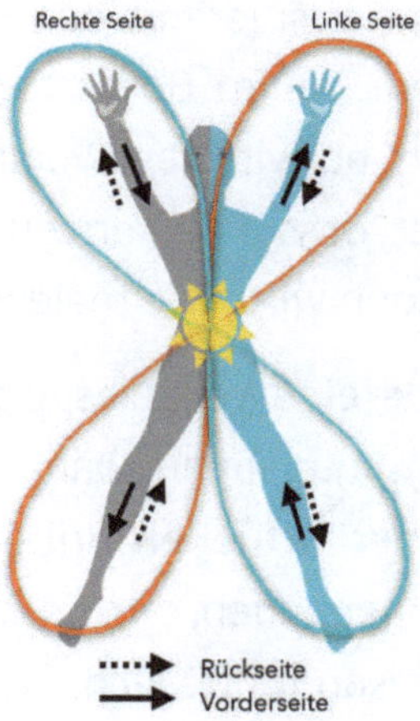


### *L LINKE HAND – LINKER ARM UND RECHTES BEIN LINKE HAND:*

Die Energie fließt von der linken Handfläche hinauf zu den Fingerspitzen, dann über die Fingerspitzen hinweg auf den Handrücken. Von dort wandert sie entlang der Rückseite des linken Arms hinab bis zum unteren Bereich des Brustkorbs am Rücken. Anschließend kreuzt sie nach vorne zum Nabel und weiter zur rechten Körperseite.

Von dort fließt die Energie an der Vorderseite des rechten Beins hinunter, über die Fußsohle und auf der Rückseite des rechten Beins wieder nach oben. Schließlich kreuzt sie erneut nach vorne zur Brust und steigt an der Vorderseite des linken Arms bis zur Handfläche auf, wo der Kreislauf von Neuem beginnt.

## MEDITATION IST NICHT GLEICH MEDITATION
und Loslassen ist eine Kunst

Bei Meditation, Achtsamkeit und ähnlichen Methoden, die eine zentrierende Wirkung haben, ist es grundlegend, sich darauf einzulassen und präsent zu sein. Daher kann Meditation nicht wie eine Technik betrieben werden. Gelingt es jedoch, die Kontrolle abzugeben, ist es möglich mit diesem meditativen Vorgang zu verschmelzen. Dies ist die Kunst des Loslassens.

Unsere Vorstellungskraft ist faszinierend, denn allein durch die Imagination werden in unserem Gehirn Botenstoffe aktiviert, die Netzwerke bilden – genauso, als ob wir diese Vorstellung tatsächlich erleben würden. Das bedeutet, dass eine Vorstellung in gleicher Weise auf unseren Körper übertragen wird, wie reale Erlebnisse.

In einem Experiment wurde eine Versuchsperson einem bildgebenden Verfahren (Gehirnscan) unterzogen, während sie als Figur in einem Volleyballspiel mit einer virtuellen Brille agierte. Anfangs war die Figur aktiv ins Spiel eingebunden, doch dann wurde ihr kein Ball mehr zugespielt und die Person fühlte sich ausgeschlossen. Die Messung zeigten, dass die Versuchsperson emotionale Schmerzen empfand, und diese im Gehirn ähnlich verarbeitet wurden wie körperliche Schmerzen. Ein wesentliches Grundbedürfnis, nämlich sich einer Gruppe zugehörig zu fühlen, war bei dem Versuch nicht gegeben und das löste seelische Schmerzen aus, die sich messbar körperlich zeigten: Die Person hatte weiche Knie, Herzrasen, Übelkeit. Obwohl es sich nur um eine Simulation handelte, waren die Reaktionen körperlich spürbar und messbar.

## ENTSPRECHUNGEN DER EBENEN IM KÖRPER

Jiro Murai, der in Japan lebte, entdeckte die Physio-Philosophie von Jin Shin Jyutsu. Er wollte den Menschen die Einfachheit dieser Kunst vermitteln. Er sprach von der Kunst des Glücklichseins oder der Kunst der Langlebigkeit, da er diese Phänomene bei sich selbst und seinen Klient*innen beobachten konnte. Die Anwendung der Kunst ist sehr einfach und erfordert weder Anstrengung noch Mühe – nur die Präsenz. Aufgrund unserer Glaubensmuster und Prägungen können wir allerdings machmal diese Einfachheit nicht zulassen. Energie ist nicht manifestiert und unterliegt nicht den linearen Vorstellungen, wie wir sie täglich erleben. Daher gibt es keine Wertung und keine Empfehlungen, welche Strömungssequenzen besser oder effizienter sind.

Entsprechungen betreffen den ganzen Körper, die Hände, die Füße, den Kopf, aber auch das einzelne Bein, den Arm sowie die einzelnen Finger und Zehen.

Wenn du nur einen Finger hältst,
hilfst du Brustebene, Taillenebene und Hüftebene.

- Wenn du die Fingerspitzen strömst, hilfst du der Brustebene.
- Wenn du den mittleren Bereich der Finger strömst, hilfst du der Taillenebene.
- Wenn du den unteren Teil der Finger strömst, hilfst du der Hüftebene.

Selbstbestimmung bedeutet, dass es keine festen Vorgaben gibt. Du selbst weißt am besten, was du brauchst. Erlaube dir, dich auszuprobieren und deinen eigenen Weg zu finden.

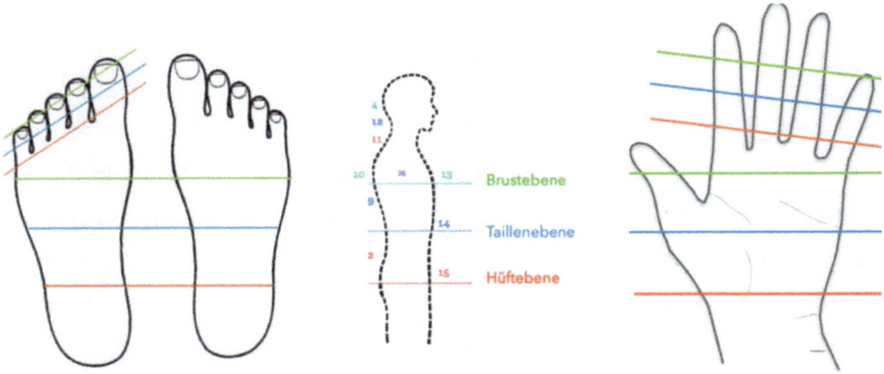


Brustebene
Taillenebene
Hüftebene

Schulter
Ellbogen
Handgelenk

Hüftgelenke
Knie
Knöchel

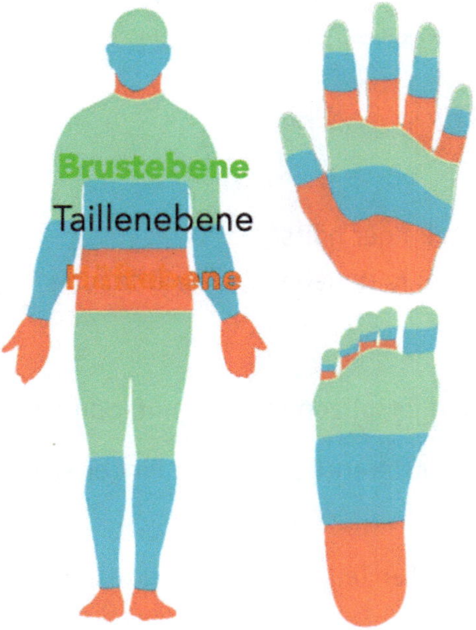


Wie in der Abbildung zu ersehen, wirkt sich eine Berührung aufgrund dieser Entsprechungen auf alle Ebenen des Körpers aus. Analog ist dieses Phänomen beim Zahnrad. Sind mehrere Zahnräder beteiligt, entgleitet uns die Übersicht und wir können es uns nicht mehr vorstellen. In der Regel fühlen sich meine Klient*innen nach dem „Strömen“ sehr gut. Oft können sie es kaum glauben, dass sich ihr Schmerz oder ihre Stimmung so stark zum Positiven verändert haben. Dies zeigt, dass sie sich gut auf die Behandlung einlassen und entspannen konnten, was letztlich zu diesem Ergebnis führte. Mal gelingt es besser, mal weniger gut. Das Ziel bei der Behandlung – sei es bei uns selbst oder bei anderen – ist nicht, dass etwas „weg muss“. Der Fokus ist unser Atem und die Präsenz unter den Händen.

## DIE SPRACHE DES KÖRPERS VERSTEHEN
Ursachen und Kreisläufe

Die Ursache liegt immer im unsichtbaren Körper – in der feinstofflichen, energetischen Ebene. Der Körper ist das Ergebnis unserer energetischen Zirkulationen.

Jede Disharmonie, jeder Schmerz oder jede Krankheit entsteht aus einem Ungleichgewicht: Entweder wird nicht vollständig ausgeatmet oder nicht genug eingeatmet. Das hinterlässt Spuren im Energiefeld, lange bevor es körperlich sichtbar wird. Die Energie fließt vorne vom Kopf hinunter zu den Füßen und hinten von den Füßen wieder hinauf zum Kopf – ein unendlicher Kreislauf des Aufnehmens und Abgebens, des Ein- und Ausatmens, des Empfangens und Loslassen. „Mit allem, was wir nicht loslassen, müssen wir leben.“

## DER ATEM ALS SPIEGEL
wo Energie ins Stocken gerät

Die folgenden Abbildungen beschreiben die Auswirkungen, unserer Atmung auf körperlicher Ebene.

Die Beschwerden sind unterhalb oder überhalb der Taillenebene sowie hinten oder vorne.

## ENERGETISCHE URSACHE „ICH KANN NICHT GUT AUSATMEN"

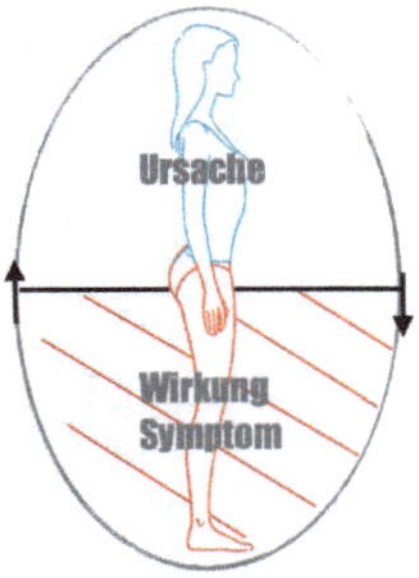


**Tipp zur Harmonisierung**

Symptom **unterhalb** der Taillenebene, wie z. B. Schmerzen, Stauungen an den Beinen oder Füßen.

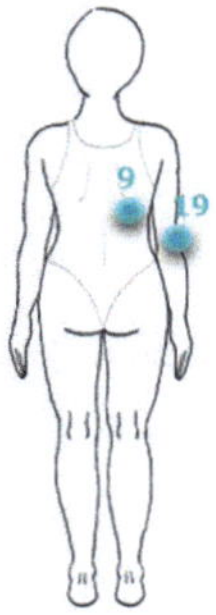


Ursache befindet sich **überhalb** der Taillenebene → das Energiezentrum „9" befindet sich überhalb der Taillenebene und hilft den Füßen

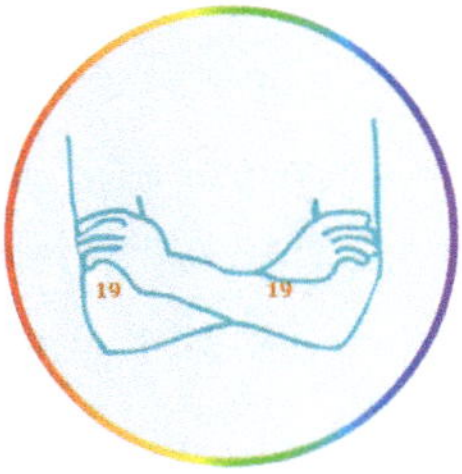


Stellvertretend für das Energiezentrum „9" an der Rückseite des Körpers, kannst du die „19" am Ellbogen strömen.

- Halte beide 19 (Ellbogen)

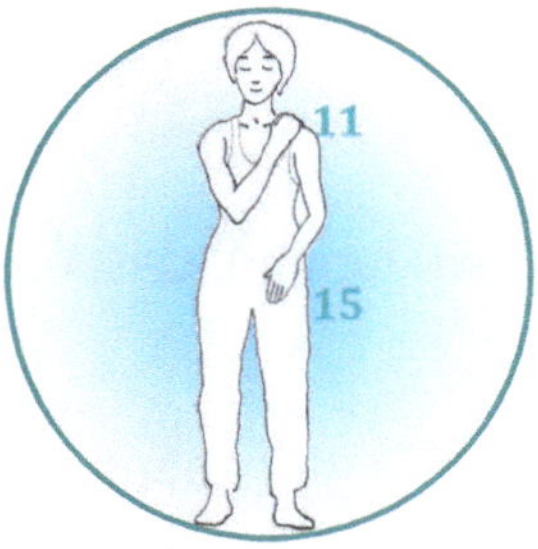


„15" ist der Schlüssel für die hinten aufsteigende Energie.

- Halte 11/15 um den Stau im Rücken lösen

***ENERGETISCHE URSACHE***
***„ICH KANN NICHT GUT EINATMEN – BEKOMME SCHLECHT LUFT“***

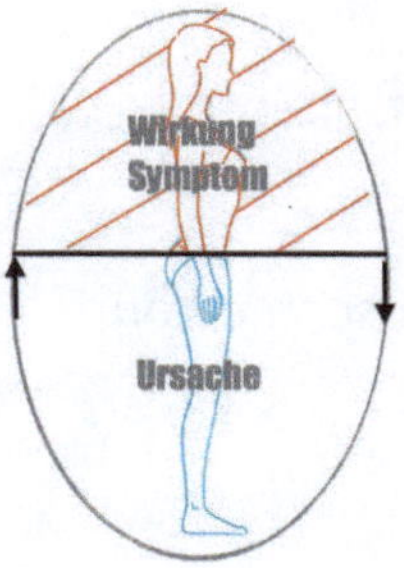


**Tipp zur Harmonisierung**

Symptom **überhalb** der Taillenebene, wie z.B. Kopfschmerzen, Nackenschmerzen, Rückenschmerzen.

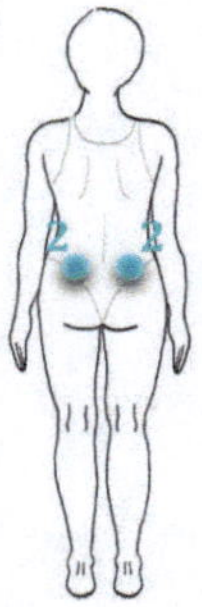


Ursache befindet sich unterhalb der Taillenebene → das Energiezentrum „2“ befindet sich unterhalb der Taillenebene und hilft dem Rücken, Kopf, Schultern, Nacken

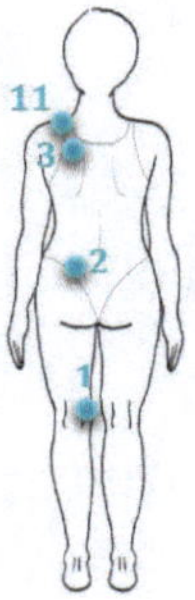


Kombination zum Öffnen der „2“

1. R linke 1
   L linke 2
2. L linke 2 bleibt
   R linke 3/11

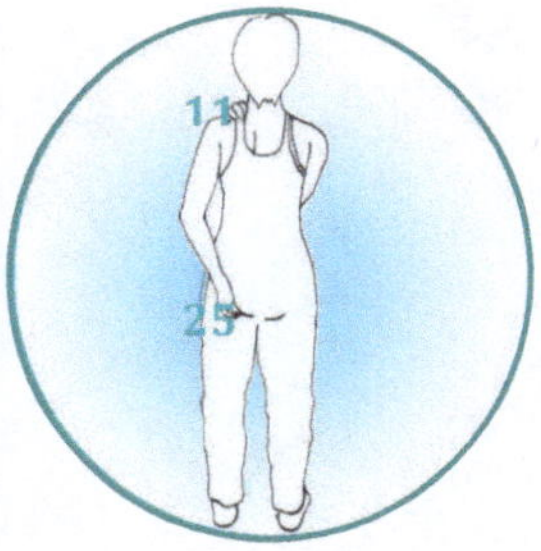


“25“ ist der Schlüssel für die vorne absteigende Energie

- Halte 11/25 um den Stau vorne zu lösen

### *ENERGETISCHE URSACHE „ZU WENIG AUSGEATMET“*

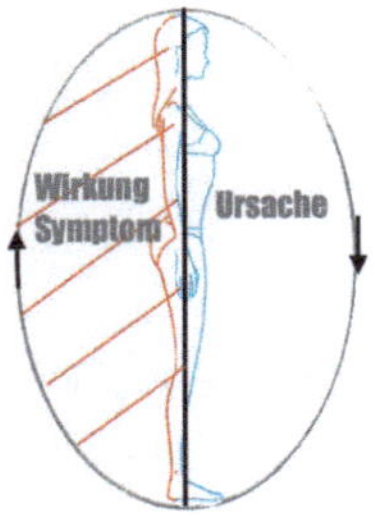


Loslassen fällt mir schwer, meine Schultern tun weh

Symptom hinten – Rückenschmerzen

Ursache ist vorne

- Halte 11/15

### *ENERGETISCHE URSACHE „ZU WENIG EINGEATMET“*

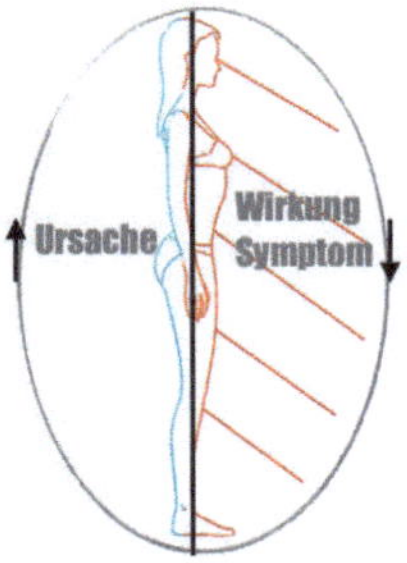


Ich habe oft Atemnot, ich kann nicht so gut verdauen

Symptom vorne – Bauchschmerzen

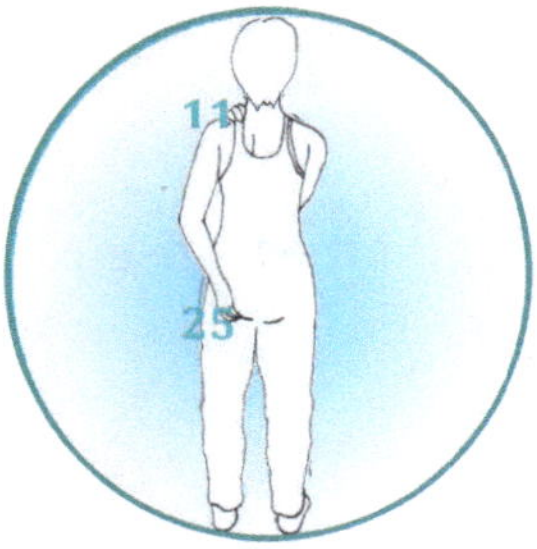


Ursache ist hinten

- Halte 11/25

## ATMEN – EIN NATÜRLICHER KREISLAUF

Der Einatem wird vom Atemzentrum im Gehirn gesteuert – zuverlässig, selbst im Schlaf. Sauerstoff strömt ganz von allein ein, weil außen mehr vorhanden ist als innen. Der Körper folgt dabei dem natürlichen Gesetz des Ausgleichs. Du musst dich also nicht bewusst auf den Einatem konzentrieren – er geschieht von allein.

Anders ist es mit dem Ausatem. Wenn die Ausatmung zurückgehalten wird oder unvollständig bleibt, verbleibt verbrauchte Luft in Form von Gasen im Körper – es fehlt der Raum für frische Energie. Erst durch vollständiges Loslassen entsteht Platz für Neues.

### *KURZE ATEMÜBUNG ZUR HARMONISIERUNG – MANGEL AN AUSATEM:*

Wenn du das Gefühl hast, nicht ganz ausatmen zu können, halte inne. Spüre deinen Körper. Lege beide Hände sanft auf deinen Unterbauch unterhalb des Bauchnabels oder ströme die angegebenen Sequenzen, je nach deinen Symptomen oder Beschwerden. Erlaube einige bewusste Atemzüge und konzentriere dich ganz auf das Ausatmen.

- Lasse mit jedem Ausatmen los –
  Vorstellungen, Erwartungen, Anspannung.
- Ein leises „Fffffff“-Geräusch beim Ausatmen kann helfen,
  den Atemstrom zu verlängern.
- Stelle dir vor, du gibst etwas in die Erde ab,
  das du nicht mehr brauchst.

So schaffst du Raum für Neues – für Vertrauen, für Leben.

### *ALLES UNSICHTBARE IST EWIG – ALLES SICHTBARE IST ZEITLICH*

Zahlen sind mit Frequenzen und Schwingungen verbunden – ein Konzept, das in der Numerologie, Quantenphysik und sogar in der Musik eine Rolle spielt. Jede Zahl hat eine energetische Signatur, die sich auf unser Leben und die Natur auswirken kann. Ihre Qualitäten, Namen,

Farben, Schwingungsassoziationen spiegeln sich in unseren Lebensprozessen wider und haben auch Beziehungen zu Planeten oder astrologischen Zeichen.

### *RAUM ALLER MÖGLICHKEITEN – URSPRUNG UND NEUBEGINN*

Jede Schöpfungsgeschichte von Beginn der Zeit an besagt „Am Anfang war das Nichts", Dunkelheit, Weite. Ausgehend vom Nichts, dem Vakuum, der Leere, dem puren Potenzial, dort wo alle Möglichkeiten existieren, beginnt die Reise von der nicht manifestierten Welt in die sichtbare Welt. Wie in einem Kokon verschmilzt die Masse. Es existiert keine Form, nur Dunkelheit. Nach jedem Ausatem ist eine Pause und wir tauchen kurz in das „Nichts" der 9. Tiefe ein[28]. Mary Burmeister bezeichnete die 9. Tiefe als „No-Thing" – kein Ding, um diesen nicht manifesten Zustand zu beschreiben. Wann immer sich in unserem Leben etwas ändert, wirkt diese 9. Tiefe – so zum Beispiel bei der Geburt sowie bei allen Übergängen von einer Lebensphase in die nächste oder dem Ende einer Beziehung oder einer Arbeitsstelle. Die Jahreszeit, die der Schwingung der Zahl Neun entspricht, ist der Herbst. Ein natürlicher Prozess lässt die Natur loslassen – in dem Wissen, dass der neue Same bereits vorhanden ist. Nur durch das Loslassen, durch den Raum des „Nichts", kann etwas „Neues" entstehen.

### *FLOW UND FREQUENZ – WENN DAS LEBEN SICH FÜGT*

Stress → Be in the flow

Flow beschreibt einen Zustand, in dem sich alles natürlich zusammenfügt. Bei Flow handelt es sich um den Punkt, an dem die Dinge mühelos, leicht und ohne zwanghaftes Kontrollieren geschehen. Im weiteren Verlauf des Buches findest du Selbstanwendungen und Übungen, um den „Flow" aufrechtzuerhalten oder wieder in ihn hineinzukommen.

---

28 Lebens-Oase. (n.d.). Leseprobe Bd. 3 für HP. Abgerufen am 26. November 2024, von https://www.lebens-oase.ch/media/files/leseprobe-bd-3-fuer-hp.pdf

## IN WELCHER VERFASSUNG BEFINDET SICH DEIN NERVENSYSTEM?

Ganz gleich, ob es sich um psychische, emotionale oder körperliche Beschwerden handelt – am Ende führt der Weg immer wieder zu einem gemeinsamen Nenner: Stress. Die zentrale Frage lautet also nicht nur, was uns belastet, sondern ob wir in der Lage sind, uns selbst zu beruhigen.

Um im Körper einen Zustand der Ruhe und Regulation zu ermöglichen, müssen bestimmte Bereiche im Gehirn aktiv sein – insbesondere jene, die für Selbstwahrnehmung und Gelassenheit zuständig sind. „Runter vom Gas" bedeutet nicht nur langsamer zu werden, sondern innerlich aus dem Stressmodus auszusteigen.

Denn selbst wenn äußerlich Ruhe herrscht: Solange dein Unbewusstes die Situation als bedrohlich einstuft, bleibt der Körper im Alarmzustand. Wahre Entspannung beginnt also nicht im Kopf – sondern in der Tiefe deines Nervensystems.

### *WARUM REDEN NICHT GENÜGT – GEHIRN UND KÖRPER BILDEN EINE UNTRENNBARE EINHEIT*

„Der Körper ist nicht nur eine Fleischansammlung unterhalb des „Gurgelknopfs", sondern der Körper ist massiv beteiligt an Informationsverarbeitung, Wahrnehmung, und Handlungsbereitschaft.[29]

Wie bereits im Kapitel über Embodiment erwähnt: Etwas mit dem Verstand zu erfassen, bedeutet nicht zwangsläufig, dass wir auch in der Lage sind, danach zu handeln. Dafür braucht es u.a. den Körper, der es (er-)leben muss und zwar am besten unmittelbar. Gehirn und Körper bilden eine untrennbare Einheit. Über Nervenbahnen gelangen

---

29 Storch, M. (2023). *Warum Embodiment? Wissenschaftliche Grundlage.* Lifesessions.de. Abgerufen am 11. November 2024, von https://www.youtube.com/watch?v=r4QPD6nVtUc

Signale vom Gehirn in den Körper und lösen Reaktionen aus. Gleichzeitig sendet unser Körper über die ablaufenden Prozesse Signale ans Gehirn und verändert dort bestimmte Abläufe. Die Idee, dass unser Gehirn lediglich ein „Denkorgan“ sei, das losgelöst vom Körper funktioniert, gilt damit als überholt. Vielmehr berührt das Thema die uralte, philosophische Frage nach dem Zusammenhang von Körper, Geist und Seele. Um wirklich zufrieden zu sein, müssen wir empfinden, nicht nur rational handeln. Professor Dr. Gerald Hüther betont die Notwendigkeit, die Einheit von Denken, Fühlen und Handeln wiederzufinden, um uns nicht selbst zu verlieren.

Eine bewusste Körperhaltung beeinflusst unbewusst die mentalen Konzepte und Vorstellungen, nach denen gehandelt wird. Zum Beispiel sorgt eine aufrechte Haltung für mehr Selbstvertrauen und ein Lächeln macht uns fröhlicher. Sogar die Selbstheilungskräfte können durch Embodiment angeregt werden.

Die praktische Anwendung der unterschiedlichen Ströme und das Praktizieren der Mudras wirken harmonisierend und entspannend auf den Körper. Ein gesundes Körpergefühl ist die Basis für unser Wohlbefinden.

Die zentrale Schlüsselkomponente für psychische und körperliche Gesundheit ist Gelassenheit. In dieser Verfassung sind der Selbstzugang sowie Spontanität und Kreativität möglich.[30] Die Ursache von jeglicher Disharmonie ist Stress.

---

30 Kuhl, J. (2020). PSI-Theorie – Selbstkompetenz der Selbstberuhigung [Video]. YouTube. Abgerufen am 11. November 2024, von https://www.psi-theorie.com

***REFLEXION: ERINNERE DICH***

Wir spüren eine enorme Freude, wenn es uns gelingt, eine Herausforderung zu meistern. Dabei werden Stoffe und Hormone im Körper freigesetzt, die uns Glücksgefühle und Wachstum bescheren. Bestimmt hattest du mindestens einen prägenden Moment, durch eine gelöste und bewältigte Herausforderung. Vielleicht ist es ein Moment in deiner Kindheit oder es ist aktuell geschehen.

Was war dieser Moment? Gibt es mehrere?

Kannst du dich noch daran erinnern, wie du dich gefühlt hast?

Beschreibe den Zustand im Detail.

..............................................................................

..............................................................................

..............................................................................

..............................................................................

..............................................................................

..............................................................................

..............................................................................

..............................................................................

..............................................................................

..............................................................................

## *KEINE ANGST VOR NEGATIVEN EMOTIONEN WARUM ES WICHTIG IST, STÄRKEN ZU STÄRKEN*

Angst zu haben ist ein ganz natürlicher Zustand. Die automatischen, unbewussten Abläufe sind seit Urzeiten bei Mensch und Tier angelegt, um zu überleben. Das hat uns in der Entwicklung bis hierher gebracht. Wenn Ängste oder Unsicherheiten aufkommen, können wir durch die Vorstellung positiver Bilder unsere Emotionen regulieren. Wir legen bewusst positive Bilder über die beängstigenden Szenarien in unserem Kopf. Ein bekanntes Beispiel ist, sich eine Person, vor der man Angst hat, in Unterwäsche vorzustellen, oder wie Prof. Dr. Gerald Hüther in dem YouTube-Video beschreibt, etwas Spielerisches einzubauen, wenn man Angst hat. Diese Imagination hilft dabei, die eigene Souveränität zu bewahren. In Angstsituationen aktiviert sich ein Überlebensmechanismus, der uns die bewusste Entscheidung erschwert. Oft wissen wir im Nachhinein alles besser und wundern uns, warum wir nicht anders gehandelt haben, als wir es getan haben.

Das wiederholte Durchspielen negativer Bilder, Vorstellungen oder Szenarien verstärkt das dazugehörige neuronale Netzwerk. Aber Veränderung erfordert die Ausbildung neuer Nervenverbindungen. Solange jedoch immer wieder die alten Bilder aktiviert werden, bleibt der Zustand unverändert.

## DEN FOKUS ZU ÄNDERN WIRKT SICH AUS AUF ALLE LEBENSBEREICHE

Leider sprechen wir oft über das, was uns belastet. Diese Geschichten rufen in unserem Gehirn automatisch die alten Bilder hervor und reaktivieren längst vergangene Erlebnisse. Um Fortschritte zu machen, ist es wichtig, die Vergangenheit loszulassen und den Fokus zu ändern.

„Schon ab dem Kindesalter wird unser Blick für Defizite und Mängel geschult. Das, worin wir gut sind, fällt uns hingegen gar nicht wirklich auf. Doch wer Stärken kennt, nutzt und ausbaut, die eigenen und die anderer, arbeitet und lebt motivierter, stressärmer, effizienter, ja: glücklicher!“

Dieser Satz stammt aus einem Artikel in der *Neue Narrative*[31], einem Magazin für Neue Arbeit, das Menschen mit Stories und Tools dazu befähigt möchte, eine wünschenswerte Zukunft der Arbeit zu gestalten – und das betont, wie wichtig es ist, Stärken zu stärken. Befragungen des Stärkenforschers Alex Linley haben ergeben, dass rund zwei Drittel der Menschen von uns ihre eigenen Stärken nicht kennen. Und die, die sie kennen, haben meist ein falsches Bild: Stärken sind nämlich nicht nur Dinge, die uns leicht fallen, sondern vor allem Handlungen, Denkweisen und Arten des Empfindens, die mit unserem „echten Selbst“ verbunden sind. Linley definiert sie in seinem *Strengths Profile Book*[32] als Muster an Handlungen, Gedanken, Emotionen, die

- eine gute Performance ermöglichen,
- mehr Energie geben als rauben, weil sie zu unserer Identität gehören,
- regelmäßig und häufig genutzt werden.

---

31 Neue Narrative. (n.d.). *Warum es wichtig ist, Starken zu stärken: Ein Ratgeber. Neue Narrative.* https://www.neuenarrative.de/magazin/warum-es-wichtig-ist-starken-zu-starken-ein-ratgeber/

32 Linley, A., & Bateman, T. (2018). *StrengthsBook* (ISBN 978-1906366100). Strengths Profile. Retrieved from https://www.strengthsprofile.com/products/product/strengthsbook

**Was ist dein positives Bild?**

Finde ein positives Bild, das dich stärkt!
Lasse dich inspirieren; hier nur einige Beispiele:

„Das tut mir irgendwie gut"
→ Welches Bild würde das auslösen?

„Das Bild lässt mich lächeln"
→ Erinnere dich daran, wobei musstest du lächeln?

„Das Bild will einfach zu mir"
→ Welches Bild möchte zu dir?

„Mir wird ganz warm ums Herz"
→ Beschreibe das Bild, warum wärmt es dich?

### *DAS POSITIVE BILD, STELLT EINE RESSOURCE DAR*

Bilder werden vom Verstand erfasst und in körperliche Empfindungen übersetzt.

Verwende häufig Bilder, die dich entspannen! Dadurch entsteht ein neues Netzwerk in deinem Gehirn.

Wie sieht das Bild aus? Beschreibe es so genau, wie möglich.

Oft wissen wir genau was wir nicht wollen. Daher vermeide bei der Formulierung das Wort „nicht" und konzentriere dich auf die Vorstellung, wie das Ergebnis sein soll.

***WAS IST DEIN POSITIVES BILD?***

Ich fühle mich in meiner Schwangerschaft, wie

..................................................................................................

..................................................................................................

..................................................................................................

..................................................................................................

Ich möchte mich bei der Geburt fühlen können, wie

..................................................................................................

..................................................................................................

..................................................................................................

..................................................................................................

Mein persönliches Ressourcenbild:

..................................................................................................

..................................................................................................

..................................................................................................

..................................................................................................

## *WAS HAT DAS ALLES MIT FUSSBALL ZU TUN?*

Beschreibe mental detailliert und lebendig, was du gerne erreichen möchtest. Male gedanklich jeden Schritt aus. Wo spürst du es körperlich? Fühle, als wäre diese Situation tatsächlich schon eingetreten. Hat es der Körper einmal gespürt, kann er dieses Gefühl wieder abrufen. Fußballspieler*innen trainieren ihre Routinen so intensiv, dass sie diese im Schlaf abrufen könnten. Während eines Spiels gibt es zahlreiche unvorhersehbare Ereignisse, sogenannte Trigger, die automatisch den Stressmodus aktivieren. Um sich darauf vorzubereiten und unkontrollierten emotionalen Reaktionen entgegenzuwirken, üben sie diese Routinen ein.

In dem Buch *Die Macht der Gewohnheit* beschreibt Charles Duhigg[33] wie der Chefcoach Tony Dungy es schaffte, das Team der Tampa Bay Buccaneers – damals eine der schlechtesten Mannschaften der NFL – zum Erfolg zu führen. Dabei ging es ihm nicht darum, den Spielern neue Gewohnheiten zu vermitteln, sondern ihre bereits vorhandenen gezielt zu verändern. Dungy wollte die Spieler dazu bringen, während des Spiels weniger Entscheidungen bewusst zu treffen. Stattdessen sollten sie automatisch reagieren – ohne lange nachzudenken. Das Ziel war es, den Spielern durch das Einüben der richtigen Gewohnheiten eine höhere Erfolgswahrscheinlichkeit zu ermöglichen. Dungy betonte, dass der Schlüssel zum Sieg darin lag, den Spielern diese automatisierten Reaktionen beizubringen. Ein weiterer wichtiger Aspekt war das gezielte Training von positiven mentalen Bildern. Diese Bilder halfen den Spielern, in unerwarteten Situationen schnell und effizient zu reagieren. Durch wiederholtes Üben wurden diese Reaktionen so stark in den Gehirnstrukturen verankert, dass sie instinktiv und ohne nachzudenken abliefen. Das Team konnte dadurch schneller reagieren als der Gegner – was einen entscheidenden Wettbewerbs-

---

33 Duhigg, C. (2022). *Die Macht der Gewohnheit* (S. 91). München: Piper Verlag GmbH. ISBN 978-3492304078

vorteil verschaffte. Diese Technik wird übrigens auch in vielen anderen Sportarten angewendet.

## MENTALES TRAINING

Mentales Üben, auch mentales Rehearsal[34] genannt, ist eine kognitive Technik, bei der Athleten oder auch andere Menschen bestimmte Handlungen oder Szenarien in ihrem Kopf immer wieder durchspielen, um ihre Leistung zu verbessern. Bei dieser kognitiven Technik stellt man sich eine gewünschte Handlung oder ein Ergebnis vor, ohne sie physisch auszuführen. Durch das mentale Erleben eines Ereignisses kann sich der Einzelne vorbereiten und seine Leistung in verschiedenen Bereichen steigern. Beginne jeden Tag mit der positiven Erwartung, was du erreichen wirst.

### *WARUM ES SICH LOHNT, MENTAL ZU ÜBEN*

**Verbesserung deiner Fähigkeiten**

Mentales Üben wirkt sich positiv auf deine motorischen und kognitiven Fähigkeiten aus und steigert deine Gesamtleistung in vielen Bereichen. Wenn du eine Aufgabe mental durchspielst, kannst du deine Koordination, Präzision und dein Können verbessern.

**Stärkung deines Selbstvertrauens**

Mentales Training hilft dir, dein Selbstvertrauen zu stärken, indem es deinen Glauben an deine eigenen Fähigkeiten festigt. Wenn du dir vorstellst, wie du erfolgreich bist und positive Erfahrungen machst, wächst deine optimistische Einstellung. Das steigert nicht nur deine Leistung, sondern nimmt dir auch die Angst vor dem Versagen.

---

34 Psychology Tips. (n.d.). *Mental rehearsal.* Abgerufen am 11. November 2024, von https://psychology.tips/mental-rehearsal/

### Stress und Ängste abbauen

Mit Techniken wie geführten Bildern und Visualisierungen kannst du lernen, Stress und Ängste vor wichtigen Ereignissen oder Herausforderungen zu reduzieren. Die mentale Vorbereitung und das Einüben von Strategien geben dir mehr Ruhe und Gelassenheit – so fühlst du dich bereit und entspannt.

### Klare Ziele setzen und fokussiert bleiben

Mentales Üben unterstützt dich dabei, deine Ziele klar vor Augen zu haben und innerlich darauf vorbereitet zu sein. Indem du dir das gewünschte Ergebnis bildlich vorstellst, bleibst du konzentriert und motiviert – und steigerst damit deine Chancen, deine Ziele wirklich zu erreichen.

### Dein Gehirn trainieren

Regelmäßiges mentales Üben trainiert dein Gehirn, Aufgaben effektiver und leichter zu bewältigen. Denn dein Gehirn verarbeitet innere Bilder fast so, als würdest du die Handlung wirklich ausführen. Das macht dich leistungsfähiger – sowohl geistig als auch körperlich.

### Du bist stark. Du bist fähig.<br>Du bist genau dort, wo du sein sollst.

Vielleicht fühlst du dich gerade unsicher oder enttäuscht, weil deine Schwangerschaft oder die Geburt deines Kindes nicht so verläuft, wie du es dir erträumt hast. Vielleicht gibt es Umstände, die du nicht beeinflussen kannst – und du fragst dich, wie du trotzdem in deine eigene Kraft und in das Wunder des Lebens vertrauen kannst.

Lass mich dir eine Geschichte erzählen, die zeigt, wie stark auch du wirklich bist: Eine junge Frau aus unserer Jin Shin Jyutsu-Community erwartete ihr drittes Kind. Als erfahrene Mutter vertraute sie ganz auf ihren Körper und hatte sich bewusst für eine Geburt im Geburtshaus entschieden – ein Ort, der für sie Ruhe, Geborgenheit und Selbstbestimmung bedeutete. In der 35. Schwangerschaftswoche kam es zu einem vorzeitigen Blasensprung.

Mit einem Schlag zerplatzte ihr Traum. Statt ins Geburtshaus musste sie in die nächstgelegene Klinik – und dort hieß es erst einmal: liegen, so viel wie möglich. Die Ärzte erklärten ihr, man wolle abwarten, möglichst bis zur 37. Woche. Falls in dieser Zeit keine Wehen einsetzten, sollte die Geburt künstlich eingeleitet werden.

Sie war enttäuscht und traurig – der Wunsch nach einer natürlichen Geburt war vorerst nicht mehr greifbar.

Mit der liebevollen Unterstützung ihrer Familie und Teilnehmer*innen aus der Jin Shin Jyutsu-Community begann sie, ihre Sichtweise langsam zu verändern. Stück für Stück fand sie wieder zu ihrer Stärke. In Gedanken verwandelte sie das Klinikzimmer in einen geschützten, warmen Ort – so, wie sie es sich im Geburtshaus erträumt hatte und fühlte sich sicher, wo sie war.

Jemand erzählte ihr von einem Video, in dem eine Walkuh ihr Kalb gebar – umgeben von anderen Walen, die still ihre Kreise zogen und für Schutz sorgten. Dieses Bild ließ sie spüren, dass auch sie nicht allein war. Diese innere Vorstellung wurde zu einer Quelle der Kraft.

Als der Zeitpunkt näher rückte, bereiteten die Ärzte sie auf eine mögliche Einleitung der Entbindung vor. Das setzte sie unter enormen Stress. Doch sie wusste, dass ihre innere Haltung ihr Fühlen beeinflusst – und dass Stress genau das war, was sie jetzt nicht brauchte. Denn die Hormone, die die Geburt unterstützen – besonders Oxytocin – können nur in einem Zustand von Vertrauen und Entspannung fließen.

Also stand sie auf, schaute aus dem Fenster und ließ die Natur auf sich wirken. Sie erhielt liebevolle Nachrichten von ihrer Familie, die ihr Mut machten. Sie wandte verschiedene Strömtechniken an, um sich weiter zu entspannen. Und dann spürte sie es: das Vertrauen in ihren Körper, das Wissen, dass die Natur unglaublich ist – und dass sie es verdient hatte, auf sich selbst zu hören.

Die Einleitung war für Montag angesetzt, doch am Sonntag um 23.50 Uhr brachte sie ihre Tochter ganz natürlich zur Welt. Alle waren überglücklich und stolz.

Was diese Geschichte zeigt: Die äußeren Bedingungen mögen nicht immer perfekt sein – aber deine innere Einstellung hat eine enorme Kraft. Dein Körper, dein Baby – sie wissen, was zu tun ist. Vertraue darauf. Visualisiere, wie du dein Baby in Liebe empfängst. Sprich mit ihm. Atme tief. Und erinnere dich immer daran: **Du bist stark. Du bist fähig. Du bist genau dort, wo du sein sollst.**

## DREIEINIGKEIT

### *DREI STRÖME DER 6. TIEFE – DREIEINIGKEITSENERGIE IST GRUNDLAGE FÜR DIE ENERGIEVERSORGUNG.*

„Der Körper ist ein Gefäß, in welches Energie fließt
und keine Energiequelle oder Machtquelle“
(Mary Burmeister).

Die drei **universelle Harmonisierungsenergie**[35] halten uns in einem Zustand vollständiger Harmonie im Rhythmus mit dem Universum. Es ist der natürliche Zustand. Wie die Schwerkraft ist diese Energie immer da, auch wenn wir sie nicht sehen können. Sie fließen an der Vorderseite des Körpers nach unten und an der Rückseite nach oben und sind vitale Lebensquelle, für die „individualisierte“ Körperfunktionsenergie.

Im weiteren Verlauf wird beschrieben, wie die Energie dichter wird. Die universelle Dreieinigkeitsenergie bekommt einen persönlichen, individuellen Ausdruck, gefärbt durch deine Einzigartigkeit und geprägt von deinem Denken sowie deinem Umfeld.

---

35 Einzahl – es ist ein Strom – eine Energie

### 1. Hauptzentrale vertikale universelle Harmonisierungsenergie (Hauptzentralstrom)

Sie ist die Verbindung zur kosmischen Quelle und von zentraler Bedeutung – sie steht an erster Stelle.

### 2. Linke und rechte Betreuer Funktionsenergie (Betreuerstrom)

Die linke und rechte hauptvertikale universelle Harmonisierungsenergie, auch „Betreuerstrom" genannt, verläuft entlang der Mitte der linken und rechten Körperhälfte: Sie fließt auf der Vorderseite jeweils nach unten und auf der Rückseite wieder nach oben. Jeder Betreuerstrom sorgt dafür, dass die Energien der jeweiligen Körperhälfte harmonisiert und die individuellen Körperfunktionen ausgeglichen werden.

### 3. Linke und rechte Vermittler Funktionsenergie (Vermittlerstrom)

Die linke und rechte diagonale universelle Harmonisierungsenergie (Vermittlerstrom) fließt an der Körpervorderseite herunter und an der Körperrückseite hinauf, und zwar von links nach rechts und umgekehrt. Der Vermittlerstrom verbindet und harmonisiert die linke und rechte „Betreuerstrom"-Energie mit der hauptzentralen vertikalen universellen Harmonisierungsenergie.

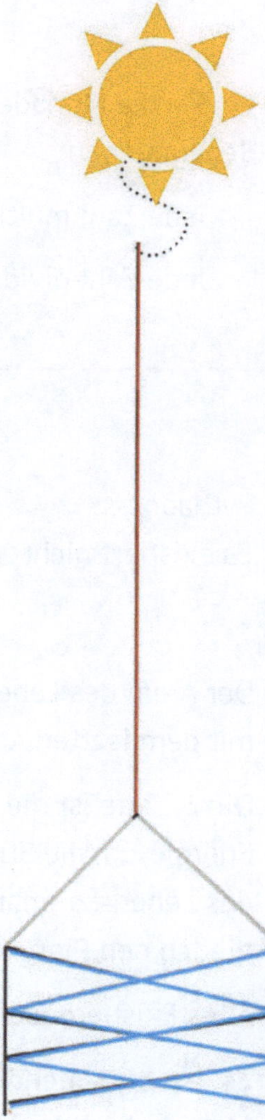

**1. VERTIKALE UNIVERSELLE HARMONISIERUNGSENERGIE**
Hauptzentrale

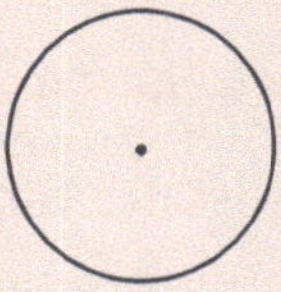

(6. Tiefe, Zentralstrom, unsere Lebensquelle)

Spirit, Feuer – alles enthalten

**EINS** – die Monade (unteilbare Einheit) behält die Identität all ihrer Begegnungen:

- Jede Zahl multipliziert mit 1 bleibt dieselbe Zahl.
- Jede Zahl dividiert mit 1 bleibt dieselbe Zahl.

Pythagoras:
„Es existiert nichts ohne ein Zentrum, um das sich alles bewegt".

Der Atem des Lebens beginnt im Moment der Empfängnis und endet mit dem letzten Atemzug.

Die 6. Tiefe ist die Atemessenz und beinhaltet die Blaupause und die Energie, um die Struktur des Körpers als einen einzigartigen Ausdruck des Lebens zu manifestieren. Es gibt noch kein physisches Organ, lediglich den Plan.

Alles Existierende beginnt mit einer Idee – mit einem Plan.

**Es ist ein unendlicher Kreislauf, in dem Energie (unsichtbar) zu Materie (sichtbar) wird und umgekehrt.**

Der Zentralstrom ist das primäre Feuer – die Quelle des Lebens für den manifestierten Körper.

Dieses Strömungsmuster, das Oval ist unser Lebensatem und bringt uns immer wieder zur Quelle (Mitte) und in die Verbindung zum Licht, zu schöpferischen Fähigkeiten und Potenzial zurück. Es ist ein endloser Kreislauf und Energie wird zu Materie und die Materie wieder zu Energie transformiert.

Es gibt zwei Prinzipien:
Die Fließrichtung der Energie ist an der Körpermitte.

1. Ausatem: vorne hinunter vom Kopf bis zu den Zehen.
2. Einatem: hinten hoch von den Zehen bis zum Kopf.

Das Strömungsmuster unterstützt das zentrale und periphere Nervensystem (schnelle Kommunikation) sowie alle Hormondrüsen (langsame Kommunikation).

Die Energie fließt nicht linear sondern spiralförmig vom höchsten Punkt am Kopf an der Körpermitte vorne nach unten (Ausatmung) und hinten von unten nach oben (Einatmung) und gibt dadurch Orientierung.

Auch für die Lage des Babys im Mutterleib hat der Zentralstrom eine wichtige Funktion.

Der manifestierte Ausdruck des „Ovals – vorne runter und hinten hoch" ist die Wirbelsäule.

Während unseres gesamten Lebens spiegeln wir mit jedem Atemzug die perfekte Blaupause wider. Wenn uns das nicht gelingt, können wir einfach tief atmen und uns bewusst mit der Quelle verbinden. Dieses Wissen ist in unseren Genen enthalten. Solange wir atmen, ist jedem Menschen diese Möglichkeit gegeben. Der Atem ist der ultimative Heiler. Die Ströme und Fingerpositionen aktivieren die Bewegung des Atems und helfen dadurch der Energie, frei zu fließen.

## FÜR DIE TÄGLICHE SELBSTANWENDUNG: ZENTRALSTROM

(ca. 20 Minuten)

Hilft bei Erschöpfung, die Batterie mit kosmischer Energie aufzutanken und unterstützt die Wirbelsäule, Wirbel, Knochen, Knochenmark, Gelenke und bringt den Energiefluss in die richtige Richtung.

Kann in sitzender oder in liegender Position angewendet werden.

Halte jeden Schritt für wenigstens zwei bis drei Minuten. Die rechte Hand liegt während des ganzen Stroms auf dem Kopf. Die linke Hand wandert von der Stirn → zur Nasenspitze → unterhalb der Kehle → zum Brustbein → zum Schambein. Lege nun die rechte Hand auf das Steißbein.

### *DIE EINZELNEN SCHRITTE UNTERSTÜTZEN FOLGENDE DRÜSEN:*

1 **Stirn:** für geistige Klarheit, die Epiphyse produziert Melanin (Hautpigmente) und Melatonin (Tag- Nacht-Rhythmus). Die Hypophyse steuert alle wichtigen Abläufe im Körper.

2 **Nasenspitze:** reguliert die Fortpflanzungsorgane und die Nierenfunktionsenergie.

3 **Kehle:** harmonisiert Schilddrüse (reguliert Stoffwechsel) und Thymusdrüse (Abwehrsystem).

4 **Ende Brustbein:** Sonnengeflecht (Milzdrüse), energetisiert den Körper.

5 **Schambein:** harmonisiert die Fortpflanzungsorgane. Energetisiert die Beine und erdet.

6 **Steißbein:** reguliert die Geschlechtsdrüsen, harmonisiert die ganze Wirbelsäule und entlastet Beine und Füße.

Anmerkung: Du kannst die einzelnen Schritte auf deine Bedürfnisse anpassen. Ist es dir unbequem, die rechte Hand auf den Kopf zu legen, kannst du sie unter die Kehle, dort wo das Brustbein beginnt oder einfach auf das Brustbein legen. Hast du einen Schritt, der dir besonders gut tut, kannst du diesen Schritt auch als Kurzversion für den Zentralstrom anwenden. Du bist die Künstler*in.

Die rechte Hand liegt auf dem Kopf: Grundsätzlich drückt (push-Effekt) die rechte Hand die Energie, während die linke Hand sie anzieht (pull-Effekt). Durch dieses Flaschenzugprinzip entsteht Bewegung. Dieses Prinzip gilt bei jedem angegebenen Strom – daher kann der erste Schritt einer Strömungsanleitung stets auch als Kurzform genutzt werden.

## ALTERNATIV ZUM SECHS-SCHRITTE-HAUPTZENTRALSTROM

***MACHE TÄGLICH MINDESTENS 36 ATEMZÜGE – GANZ BEWUSST.***

Ohne Atem können wir nicht leben. Er ist immer da und wird oft nicht beachtet. Unser Körper braucht Sauerstoff und die darin enthaltene Essenz. Wir laden auf und lassen verbrauchte Energie los. Wie bereits besprochen ist die Atemessenz in der 6. Tiefe enthalten und bringt die Energie in die Materie. „Erwachsene atmen ca. 20.000 Mal am Tag, Babys ungefähr doppelt so oft.[36]“

Der Atem (Prana, Chi) ist deine Lebensenergie, die dich am Leben erhält. Deine Emotionen sind mit dem Atem verbunden. Nur wenige Minuten bewusstes Atmen helfen dir deinen Kopf frei zu machen.

## MEDITATION

(ca. 20 Minuten)

Finde eine Haltung, in der du entspannen kannst.

Sei wie eine Beobachterin und lasse los, was vorbei und verbraucht ist und empfange die gereinigte, kosmische Energie. Du musst nirgendwo sein oder irgendetwas tun. Sei einfach! Lass alle Anstrengung los während du ausatmest.

---

36 Gürtler, P. (2023). *Tief durchatmen: Wie oft atmet ein Mensch am Tag?* Familie.de. Abgerufen am 11. November 2024, von https://www.familie.de/artikel/tief-luft-holen-wie-oft-atmet-ein-mensch-am-tag--frm3hpr54p

## 2. LINKER UND RECHTER BETREUERSTROM

Gedanken – Luft – beide Pole ♀/♂

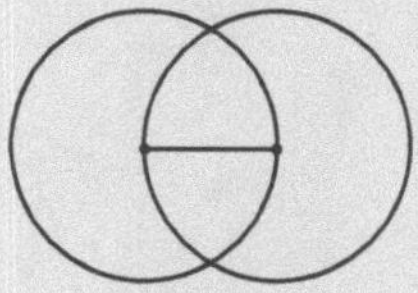

Prinzip Zweiheit, Anderssein ≙ Illusion

**Polarität** – Paradoxon: Während sich die Dyade (altgriechisch: Zweiheit) von der Einheit trennt, erinnern sich die Gegenpole an ihren Ursprung und ziehen einander an, um zu verschmelzen und den Zustand der Einheit zu erlangen. Trennt und vereint, stößt ab und zieht an, sondert sich ab und kehrt zurück.

Erste Zellteilung: Es ist die Einheit, aus der sich jede Form transformiert. Aus einer Zelle werden innerhalb von 24 Stunden zwei Zellen.

### *WAS PASSIERT BEI DER ERSTEN ZELLTEILUNG AUF ENERGETISCHER EBENE?*

Die hauptzentrale vertikale universelle Harmonisierungsenergie (Hauptzentralstrom (1.) verdichtet sich und teilt sich in der Nabelgegend in den linken und rechten Betreuerstrom (2.) (die erste Zellteilung). Er ist Teil der Dreieinigkeitsenergie und fließt in der Mitte der jeweiligen Körperseite ↓ vorne hinunter und ↑ hinten hoch. Geist und Materie sind auf immer und ewig miteinander verbunden. Die linke und rechte Seite des Körpers haben jeweils eine bestimmte Aufgabe und eine bestimmte Funktion.

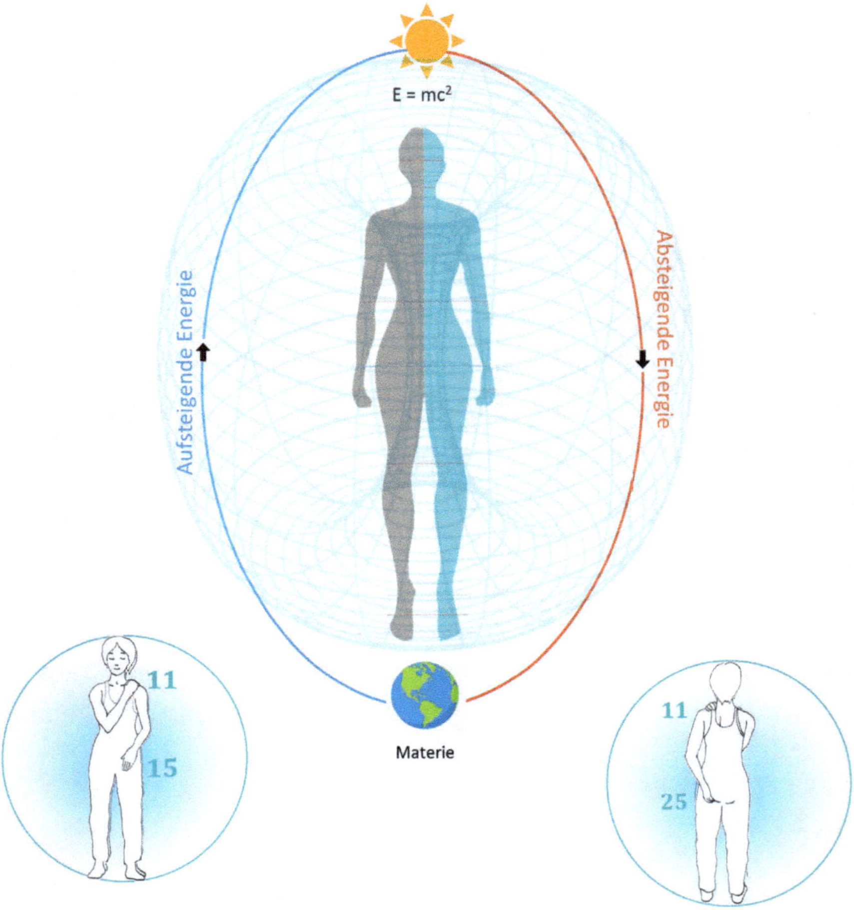


Rechts

EINATEM – Gegenwart

Materie → Energie

Aufsteigende Energie hilft den Körper zu reinigen

- nicht logisch
- emotional
- linke Gehirnhälfte
- Yin
- weiblich
- alle Energiezentren hinten

Links

AUSATEM – Vergangenheit

Energie → Materie

Absteigende Energie hilft den Körper zu formen, zu bauen

- logisch
- mental
- rechte Gehirnhälfte
- Yang
- männlich
- alle Energiezentren vorne

Die Energierichtung ist vorne hinunter und hinten hoch und der Betreuerstrom erzeugt bei jeder Umrundung eine Tiefe.

Der Betreuerstrom wird unterhalb der Nabelgegend geboren und beginnt die Reise der fünf Umrundungen mit dem Energiezentrum „1". Es befindet sich an der Innenseite des Knies, jeweils auf der linken und der rechten Körperseite. Das linke Strömungsmuster „betreut" alle linken Körperenergiefunktionen. Das rechte Strömungsmuster „betreut" alle rechten Körperenergiefunktionen. Dreiundzwanzig Energiezentren liegen auf dem Strömungsmuster der Betreuerenergie und drei auf dem Strömungsmuster der Vermittlerenergie.

Die Zirkulation der fünf Runden ist nicht beliebig sondern geordnet und Grundlage für die Gewebsschichten für den materiellen Körper.

Fünf Runden des Betreuers auf der linken und der rechten Seite. Jede Runde kreiert eine Tiefe mit den entsprechenden Energiezentren:

Die Tiefen sind in den jeweiligen Farben dargestellt. Jede Tiefe wird vertreten durch Energiezentren (#):

| |
|---|
| 1. Runde: #1-4 1. Tiefe<br>Hautoberfläche |
| 2. Runde : #5-15 2. Tiefe<br>tiefe Haut, Bindegewebe |
| 3. Runde: #16-22 3. Tiefe<br>Blut |
| 4. Runde: #23 4. Tiefe<br>Muskeln |
| 5. Runde: #24-26 5. Tiefe<br>Knochen |

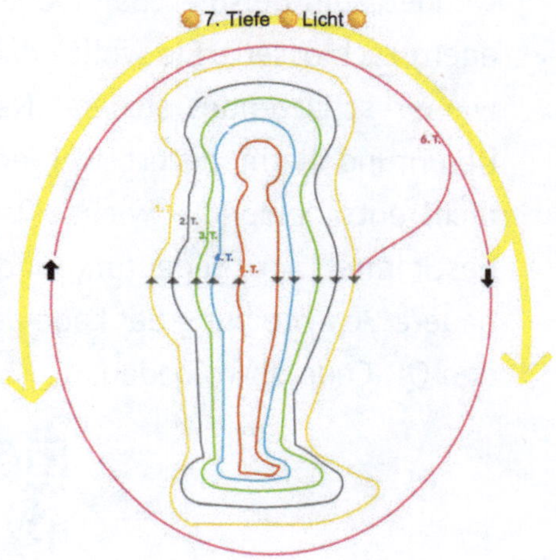

Die Energiezentren sind sensible Bereiche mit einer individuellen Frequenz, Farbe und sind Planeten und Tönen zugeordnet. Der Durchmesser dieser Zentren ist etwa handtellergroß.

Jedes der 26 Energiezentren befindet sich an der Stelle auf dem Körper entsprechend seiner jeweiligen Bedeutung und seinem Zweck.

26 hat die Bedeutung „vollständig".

Alle Energiezentren vorne am Körper oder an der Innenseite (Großzehenseite/Daumenseite) unterstützen die Energie abzusteigen und auszuatmen.

Alle Energiezentren hinten am Körper oder an der Außenseite (Kleinzehenseite/Kleinefingerseite) unterstützen die Energie aufzusteigen und einzuatmen.

Die folgende Übersicht beschreibt ihre Bedeutung.

Um bestimmte Konzepte verständlich zu machen, erfand Mary Burmeister eigene Begriffe – diese existieren so nicht in der englischen Sprache und enthalten oft Wortspiele, die nur auf Englisch Sinn machen. In der gängigen Literatur werden diese Begriffe weiterhin verwendet, zum Beispiel „Safetyenergylocks" (übersetzt als „Sicherheitsenergieschlösser"). Sie wollte damit ausdrücken, dass diese Bereiche wie ein schützendes, sicheres Netz für den Körper wirken und durch Berührung harmonisiert werden können. Die Namen sind jedoch nicht entscheidend – wichtig ist nur, dass die Energiezentren eine bestimmte Lage, Bedeutung und Aufgabe im Körper haben. Eine genauere Beschreibung der Lage der Energiezentren kannst du dir über den QR-Code downloaden.

https://sgo34m.eu-2.quentn-site.com/energiezentren-genaue-lage

## ENERGIEZENTREN UND IHRE BEDEUTUNG

| | |
|---|---|
| 0 – Nichts, Leere, „Kein Ding" | |
| 1 – Leben, Atem | 14 – Gleichgewicht, Nahrung |
| 2 – Weisheit | 15 – Lachen |
| 3 – Verständnis, Tür | 16 – Aufbrechen, transformieren |
| 4 – Ordnung | 17 – Verwandlung, Transformation |
| 5 – Erneuerung, | 18 – Körperbewusstsein |
| 6 – Gleichgewicht | 19 – Autorität |
| 7 – Sieg | 20 – Unsterblichkeit |
| 8 – Magie, Rhythmus | 21 – Sicherheit |
| 9 – Erfüllung | 22 – Vollständig |
| 10 – Fülle | 23 – Blut |
| 11 – Gerechtigkeit | 24 – Harmonisierung |
| 12 – Dein Wille | 25 – Regeneration |
| 13 – Fruchtbarkeit | 26 – Perfekt |

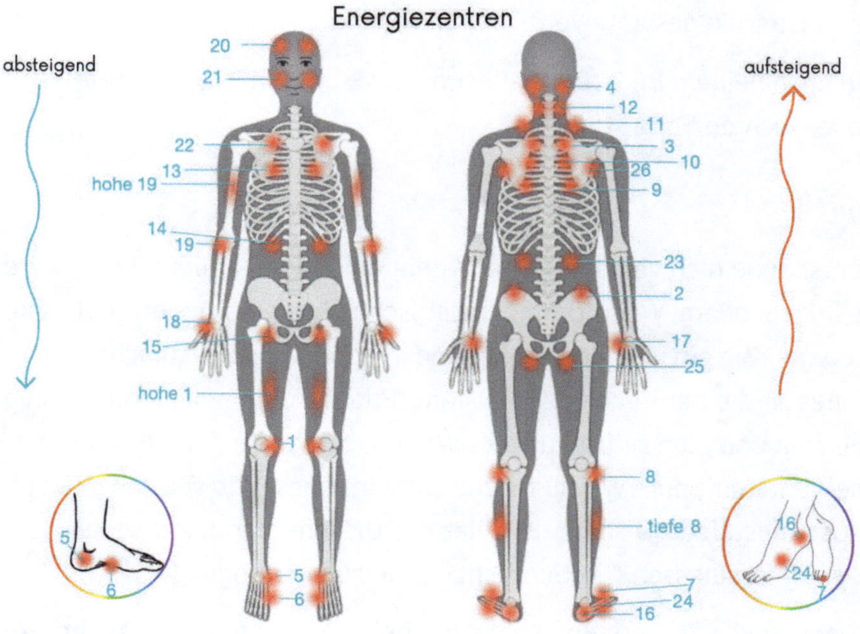


Große Übersicht siehe Seite 294

## FÜR DIE TÄGLICHE SELBSTANWENDUNG: BETREUERSTROM

(ca. 20 Minuten)

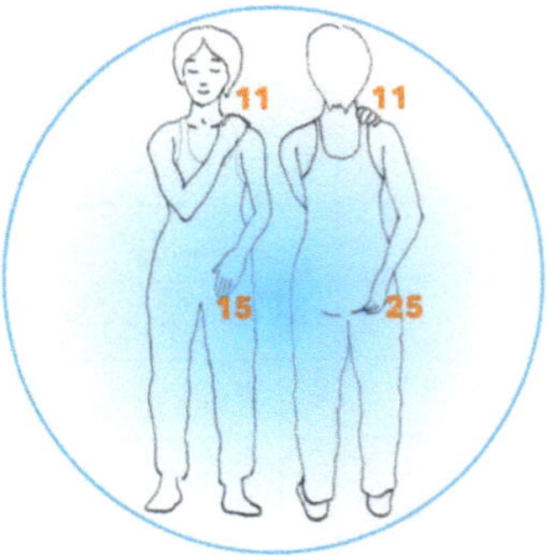


Die Kombination 11/15 hilft der Energie, hinten aufzusteigen, harmonisiert alle aufsteigenden Energiezentren und entlastet den Rücken. Analog ist die Kombination 11/25 der Schlüssel für die vorne absteigende Energie, harmonisiert alle absteigenden Energiezentren und entlastet die gesamte Vorderseite.

Je nach deinem Bedürfnis kannst du das Strömungsmuster der linken oder rechten Seite stärken.

### *KOMBINATION FÜR BETREUERSTROM:*

Entspanne dich vom Alltag und nimm dir einige Minuten Zeit. Mache es dir bequem. Wenn du möchtest, schließe deine Augen und atme regelmäßig ein und aus und komme im Jetzt an. Du hast nichts zu tun – dies ist der natürliche Seinszustand. Erlaube dir einen Moment ruhig zu sein und dich selbst zu spüren. Spüre zu deinen Schultern und lasse sie fallen. Spüre wie du frische Luft einatmest und verbrauchte Luft ausatmest. Jede Disharmonie hat die Ursache darin, entweder nicht genug loszulassen (↓) oder nicht genug zu empfangen (↑).

Wenn es die Zeit erlaubt, kannst du beide Seiten strömen. Ansonsten wähle die verspanntere Seite.

Wir kommen als Individuum in einem Körper auf die Welt, umgeben von der Hautoberfläche (1.Tiefe), als ein zwei bis drei Kilogramm schweres Wesen, das unaufhörlich wächst und sich bewegt. Das Leben ist ein fortwährender Prozess des Wandels. Der Vermittlerstrom setzt diesen Prozess in Gang und ist das Prinzip der Aktivität. Er nutzt die Brücke der 3. Tiefe, um den Lebensatem zur Erde, konkret zur Lunge als Organ zu bringen.

## 3. VERMITTLERSTROM – DAS AKTIVITÄTSPRINZIP

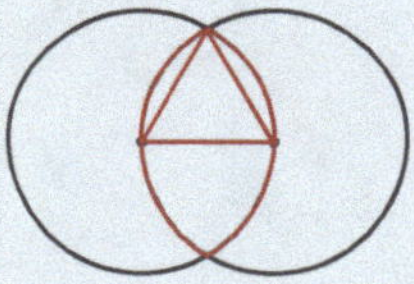

Wasser –
verbindet links mit rechts und rechts mit links –
schlägt die Brücke zwischen Bewegung („motion"),
Gefühlen und „E-motionen"

Triade, das Symbol für die Drei
Eins + Zwei = Drei

Im Tao Te King heißt es: „Das Tao erzeugte Eins, Eins erzeugte Zwei, Zwei erzeugte Drei und die Drei erzeugte die zehntausend Dinge." [37]

Das Dreieck ist Ausdruck für Beziehung und Ausgeglichenheit. Da die Zentren der Dyade sich abstoßen und anziehen, braucht es einen dritten Punkt genau über dem Ort, an dem sich die beiden Kreise schneiden.

37 Banzhaf, H. (2006). *Symbolik und Bedeutung der Zahlen* (S. 39). Arkana. ISBN 978-3442337606

In der dritten Runde des Betreuerstroms beim Energiezentrum 3: Die „3“ bedeutet Tür oder Atemspezialist. Von der „3“ aus startet der Vermittlerstrom (3.) und die Energie fließt in den Arm. Er bildet auf dem Strömungsmuster am Arm die Energiezentren „17, 18, 19“.

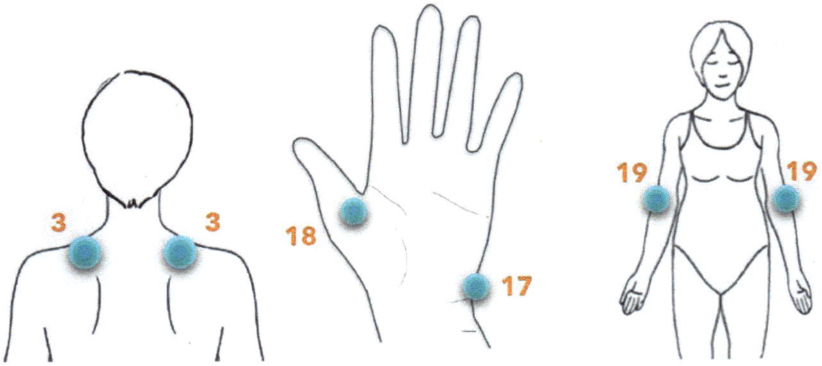


### *DER VERMITTLERSTROM – BRÜCKE ZUR INNEREN MITTE*

Im weiteren Stromverlauf durchquert er alle Ebenen des Körpers – von der linken zur rechten und von der rechten zur linken Körperhälfte. Er stellt sicher, dass jede Körperhälfte mit der hauptzentralen, vertikalen, universellen Harmonisierungsenergie im Einklang ist und gewährleistet somit die Gesamtenergiezufuhr für den Körper.

Anmerkung: Der Stromverlauf des Vermittlerstroms ist auf jeder Körperseite separat und kreuzt ständig von einer Seite zur anderen. Ein Teil fließt dabei entgegen dem grundsätzlichen Energiefluss und macht dadurch den Weg frei.

Der Vermittlerstrom ist zutiefst mit deinem Denken, Fühlen und deinem alltäglichen Lebensstil verbunden. Sind Sorgen, Ängste, Wut, Trauer oder zu viel Anstrengung zur Gewohnheit geworden, behindern sie das freie Fließen des Vermittlers – und die Energie gerät ins Stocken. Wir sind dann sprichwörtlich nicht mehr in unserer Mitte. Das ist der Beginn einer Disharmonie im Energiefeld – auf energetischer, emotionaler und später auch auf körperlicher Ebene.

Es gibt kein einziges Symptom, keine körperliche Auswirkung wie Schmerzen, Krankheiten oder ein Gefühl von Unglücklichsein, das nicht mit einer Stagnation der Energie – also einer Störung im Ein- oder Ausatmen – in Verbindung steht.

Was immer deinen Atem wieder ins Fließen bringt, hilft dir, aus der inneren Stagnation herauszufinden – zurück in den natürlichen Lebensfluss. Der Atem ist unser Schlüssel – er verbindet uns mit dem, was ursprünglich, lebendig und echt ist.

Der Vermittlerstrom unterstützt dich genau dabei. Seine regelmäßige Anwendung bringt festgefahrene Muster in Bewegung. Das Zirkulationsmuster beginnt am Energiezentrum „3", das wir als den Atemspezialisten kennen – er arbeitet also Hand in Hand mit dem Atem. Dadurch unterstützt er dich, das Gefühl von Kraft und Selbstbestimmung im Leben zurückzugewinnen.

Es gibt kaum etwas Mächtigeres, als zu erkennen: Ich kann mir selbst helfen – allein durch meinen Atem. Diese Botschaft ist einfach, aber tiefgreifend. Sie gibt den Menschen die Möglichkeit, ihre innere Autorität wiederzufinden und sich sicher in sich selbst zu fühlen.

Alternativ kann auch das Fingerhalten dazu beitragen, die innere Einstellung zu harmonisieren. Du kannst entweder alle Finger nacheinander halten oder – wenn du eine spezifische Einstellung ausgleichen möchtest – unter „Finger und Einstellungen" weitere Informationen finden.

## FÜR DIE TÄGLICHE SELBSTANWENDUNG: VERMITTLERSTROM

(ca. 20 Minuten)

R linke Schulter (3/11)

L linker Daumen über Ringfingernagel

Beide Knie berühren sich beim Energiezentrum 1

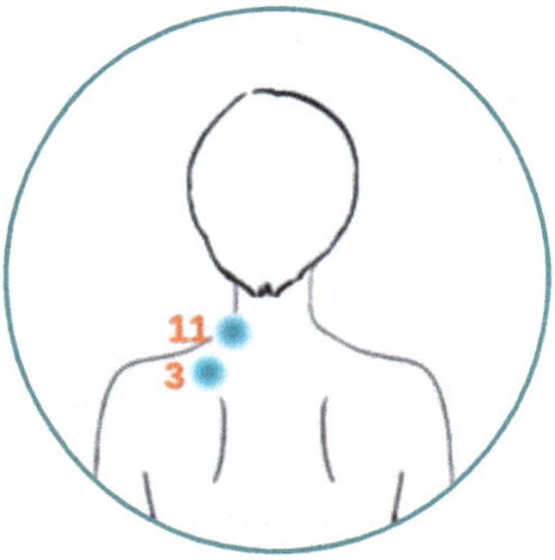

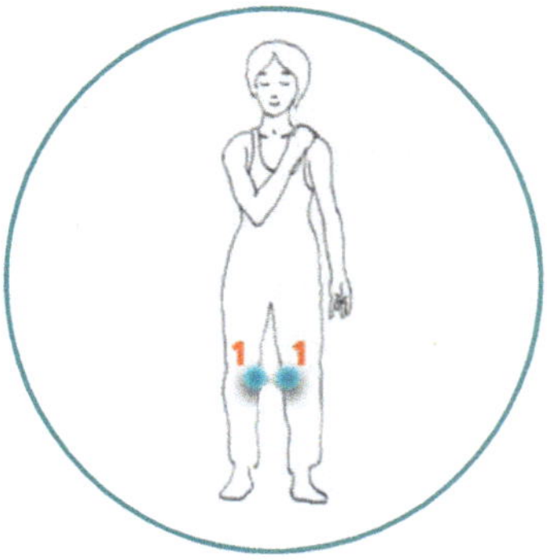

## EINSTELLUNGEN UND BEZIEHUNG ZU DEN FINGERN

Wenn wir unsere Finger gezielt bewegen, wird das Gehirn genauso gut durchblutet, als wäre der ganze Rumpf aktiv. Was wir mit den Fingern nicht alles anstellen können, zumindest rein metaphorisch. Wir können Menschen um den Finger wickeln, bei Bedarf jede Art von Geschichte aus ihnen saugen, sie in Wunden legen oder aber gar nicht erst rühren.

Die Menschen haben schon früh erkannt, dass eine enge Verbindung zwischen ihren Händen und dem Gehirn besteht.

Alle gewohnten Bewegungen laufen automatisch ab. Das Gewohnte und Vertraute bietet die nötige Sicherheit in der Bewegung, aber das Gehirn bekommt keine Stimulanz mehr. Darum ist es so wichtig, immer wieder neue Reize zu setzen. Richtig spannend wird es, wenn die Übungen vor der Körpermitte über Kreuz gehen. Die rechte Hand also auf die linke Seite greift und umgekehrt. Dann bilden sich viele neue Synapsen am Hirnbalken, der Schaltstelle zwischen linker und rechter Gehirnhälfte. Normalerweise steuert die linke, eher rationale Hälfte des Gehirns die rechte Hand, und die linke Hand empfängt ihre Impulse von der rechten Gehirnhälfte, Hort von Gefühl und Kreativität. Kreuzen die Arme nun vor der Brust, verwandelt sich die Landstraße des kleinen Datenverkehrs in einen Highway und die so genannte Synchronisation der Gehirnhälften beginnt[38]. In den Fingern beginnen oder enden Energieströme und sind Einstellungen, Wirbeln und Energiezentren zugeordnet. Halte deine Finger und spüre die einfache und sehr wirkungsvolle Möglichkeit zur Harmonisierung für Körper, Geist und Seele. Ein Zitat aus einer Sprüchesammlung von Mary Burmeister:

„In jedem Finger sind 14.400 Funktionen."

---

38 Rippert-Becker, T. (2010, Mai 22). *Sechs Übungen für Hand & Hirn.* Süddeutsche Zeitung. Abgerufen am 11. November 2024, von https://sz.de/1.224219

***FINGER HALTEN ZUR HARMONISIERUNG DER EINSTELLUNGEN***

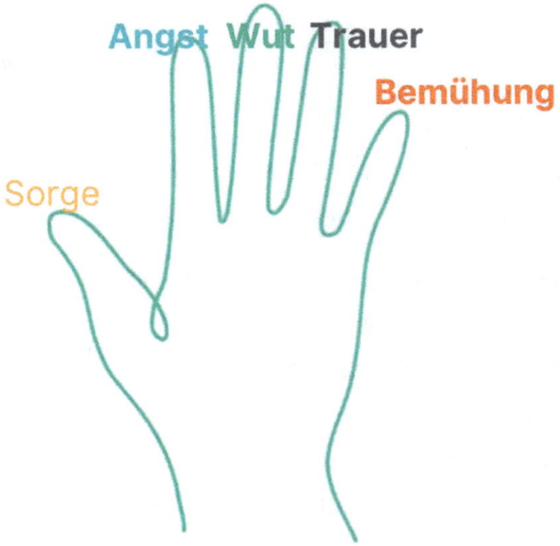


Einstellungen belasten die entsprechende Tiefe und dadurch die nötige Ordnung. Um die Einstellungen loszulassen, halte den entsprechenden Finger für ein paar Minuten oder halte einfach einen Finger nach den anderen.

- Lasse all deine Anspannung los
- Genieße den Einatem

Wenn es die Zeit erlaubt, halte auch die andere Seite, ansonsten ströme die Finger der verspannten bzw. schmerzhaften Körperseite.

***AUF JEDER KÖRPERSEITE BEFINDEN SICH 26 ENERGIEZENTREN***

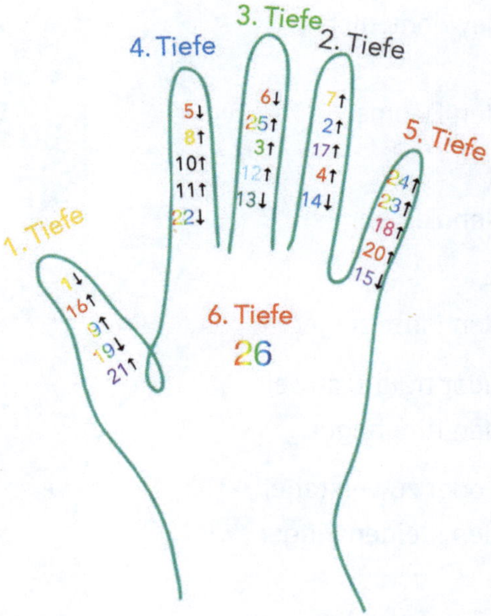


Jedes Energiezentrum wird durch einen Finger vertreten. Wenn du den Daumen hältst, hilfst du Energiezentrum 1, 16, 9, 19, 21, etc.

## BEGINNE DEINE GEWOHNHEITEN ZU ÄNDERN – HALTE DIR DIE FINGER

Hast du dir angewöhnt, dich

- zu sorgen
  → halte dir den Daumen
- zu ängstigen
  → halte dir den Zeigefinger
- zu ärgern
  → halte dir den Mittelfinger
- oft unbegründet traurig zu sein
  → halte dir den Ringfinger
- zu bemühen oder zu verstellen
  → halte dir den kleinen Finger

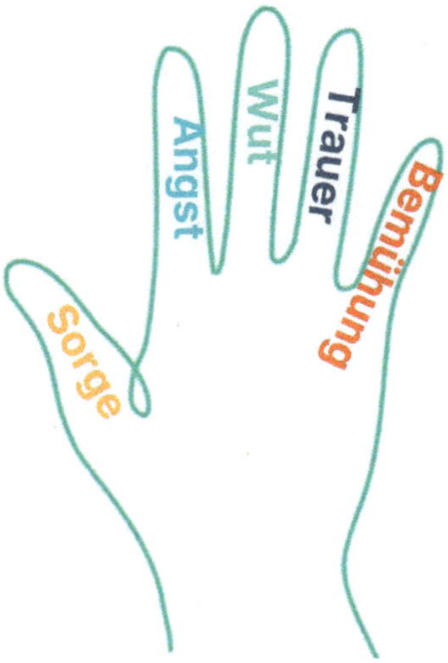


**Sorge loslassen:** Halte deine Daumen – so kann die Energie vom Kopf in die Beine fließen. Du kannst besser verdauen und du fühlst dich kraftvoller.

**Angst loslassen:** Halte deinen Zeigefinger. Das stärkt die Nieren und hilft dir aus dem Stressmodus auszusteigen.

**Wut transformieren:** Halte deinen Mittelfinger. Du unterstützt damit deine Leber – und als „Zentralharmonierer" wirkt diese Haltung auf den ganzen Körper ausgleichend.

**Trauer auflösen:** Halte deinen Ringfinger. Unbegründete Traurigkeit kann dich isolieren und die Lunge belasten – diese Geste bringt wieder Leichtigkeit.

**Herz entlasten – Freude leben:** Halte regelmäßig deinen kleinen Finger. Lasse all deinen Leistungsdruck los, entlaste Herz und Kreislauf. Genieße das Leben und erlaube dir Freude.

| Halte den Finger | Körperhaltung | Einstellung ⊖ | Thema | Einstellung ⊕ |
|---|---|---|---|---|
|  |  | Sorge loslassen | Selbstwert, Einsamkeit, Schüchternheit | Sei der Mensch, der sich über die fünf Sinne erhebt. |
| 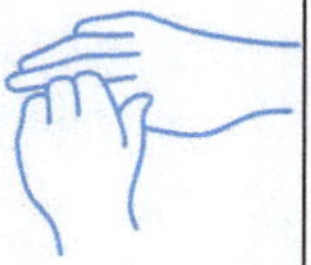 |  | Angst loslassen | Unsicherheit, Mutlosigkeit | Sei im Gleichgewicht, sei dankbar. |
| 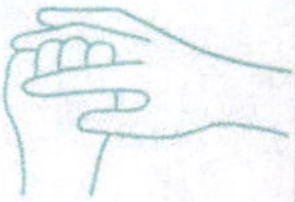 |  | Wut loslassen | Ärger, Wutausbrüche, Genervtsein, Müde | Finde deinen Rhythmus; bringt Gelassenheit. |
|  |  | Trauer loslassen | Trostlosigkeit, Traurigkeit | Mache einen Punkt; Ende eines Zyklus ist gleichzeitig der Beginn von etwas Neuem; macht gute Laune. |
| 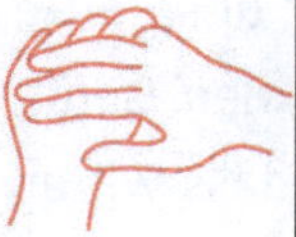 |  | Bemühung loslassen | Stress, Überforderung, Konzentrationsmangel | Sei die perfekte Lebenskraft, Licht; lässt die Sonne scheinen. |

Emotionen beeinflussen unsere physiologischen Prozesse und wirken sich auf das elektromagnetische Feld aus, das unser Herz erzeugt.[39]

39 Dispenza, J. (2012). *Ein neues Ich* (S. 242). Koha Verlag. ISBN 978-3867281966

## WELLEN DES MENSCHLICHEN GEHIRNS

- **BETA-Gehirnwellen:** 13–30 Hz, Tagesbewusstsein
- **ALPHA-Gehirnwellen:** 8–12 Hz, Entspannung, Suggestivzustand
- **THETA-Gehirnwellen:** 4–8 Hz, Meditation, leichter Schlaf, Traumbewusstsein
- **DELTA-Gehirnwellen:** 0,5–3 Hz, Tiefschlaf

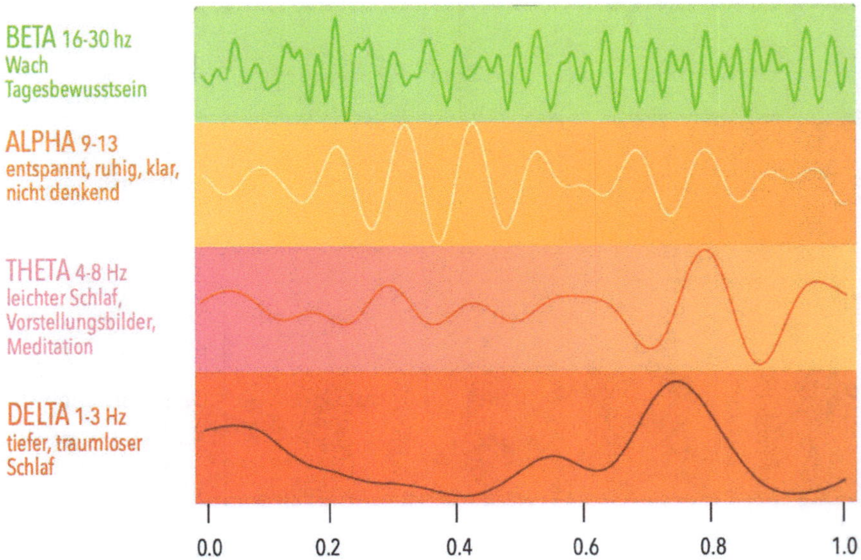


Die Frequenz unseres Denkens ändert sich nur, wenn wir unsere Gedanken[40] ändern. Unser Gehirn belohnt uns mit angenehmen Gefühlen, wenn wir nichts verändern. Dr. Gerald Hüther erklärt, dass wir an unseren Gewohnheiten festhalten, weil unser Gehirn Energie sparen möchte. Routiniertes Verhalten kann das Belohnungssystem im Gehirn

40 Cartsburg, S. J. (2020, April 6). *Alles, was du über die 5 Gehirnwellen wissen musst (Theta-Wellen, Alpha-Wellen, Delta-Wellen…).* Abgerufen am 11. November 2024, von https://www.sarahcartsburg.com/post/alles-was-du-%C3%BCber-die5-gehirnwellen-wissen-musst-theta-wellen-alpha-wellen-delta-wellen

aktivieren, auch wenn es längst nicht mehr die gewünschten Ergebnisse bringt. Wenn wir ein Verhalten wiederholen, das einmal erfolgreich oder angenehm war, schüttet das Gehirn Belohnungshormone wie Dopamin aus, die kurzfristig ein Gefühl von Zufriedenheit oder Sicherheit geben. Dieses hormonelle „Belohnungssignal" motiviert uns, das Verhalten weiterzuführen, selbst wenn es nicht mehr wirklich hilfreich ist.

Das Gehirn bevorzugt Gewohnheiten, weil diese Energie sparen und sofortige Belohnung bieten. Dieser Mechanismus kann jedoch auch dafür sorgen, dass wir in einer Routine feststecken, obwohl wir sie eigentlich ändern möchten. Ohne bewusste Anstrengung zur Veränderung bleibt das Gehirn in den alten Bahnen, da es auf die kurzfristige Belohnung konditioniert ist.

## ZUWENDUNG UND BERÜHRUNG DES KÖRPERS

Durch die praktische Anwendung der unterschiedlichen Ströme und das Halten deiner Finger kannst du Körper und Gehirn in Balance bringen und den Überblick behalten. Durch die Zuwendung oder Berührung des Körpers setzt sich bei Spannungen, Schmerzen, Stress oder psychischen Problemen beim Behandeln einer Person oder bei der Selbstbehandlung ein harmonischer Zustand durch. Das tut spürbar gut und der Körper entspannt sich.

Die Gehirnforschung hat in den letzten Jahren erforscht, was durch Meditation oder Entspannung in unserm Gehirn geschieht. Es gibt bestimmte Hormone, die sich positiv auf unseren Körper auswirken, wenn wir uns durch das Strömen entspannen. Dieser Zustand hat Auswirkungen auf unsere Gesundheit, auf unsere Stimmung und auch auf unser Immunsystem.

Es ist so wichtig, dass die Energie fließt, denn Schmerzen und Spannungen entstehen nur dann, wenn eine Energieblockade den freien Fluss behindert. Unser Atem regelt diese fortwährende Bewegung.

Doch wir Menschen reagieren auf sichtbare und unsichtbare Einflüsse und es gibt viele Gelegenheiten, in denen der Atem blockiert und oft nicht mehr in die ursprüngliche Form zurückfindet.

### *AUCH SELBSTBERÜHRUNG ENTSPANNT*

Die 400 bis 800 Selbstberührungen am Tag, beispielsweise im Gesicht, haben eine wichtige Funktion für unseren gesamten Organismus. Sie wirken stressreduzierend und entspannend. Der Grund: Während oder nach einer psychischen Irritation, ausgelöst beispielsweise durch große Freude oder tiefe Trauer, versucht unser Körper wieder einen Zustand des psychischen Gleichgewichts herzustellen. Eine spontane Selbstberührung bewirkt in unserem Körper offenbar eine neurobiologische Homöostase, verhilft uns also zu einem inneren Gleichgewicht.

### *ÜBERLEBEN SICHERN IST NUR FÜR NOTFÄLLE – KEIN DAUERZUSTAND*

Bei Anspannung, Stress, Unsicherheiten schalten sich die beschriebenen Schutzmechanismen ein, die zum Überleben dienen. Diese Mechanismen haben dafür gesorgt, dass wir bis jetzt überlebt haben und sind absolut brauchbar und wichtig. Es ist eine akute Reaktion auf Gefahr und kein Dauerzustand. Es ist wesentlich, dass du entscheiden kannst, ein Opfer der emotionalen Antriebe zu sein oder das Programm zu ändern.

KAMPF FLUCHT STARRE

### *ANGST IST DIE NOTWENDIGKEIT VON KONTROLLE*

Die Einstellung ist die eigentliche Ursache für die Wirkung im Körper. Angst erzeugt Einstellungen. Einstellungen stören den Fluss der Vermittlerenergie und behindern die energetische Zirkulation im gesamten Körper. Diese Belastung unterbricht die bewusste Tätigkeit des Verstandes und unbewusste, automatische Muster übernehmen die Kontrolle.

| | Einstellung | Belastung | Auswirkung | Hinter jeder Einstellung verbirgt sich Angst |
|---|---|---|---|---|
|  | Sorge | 1. Tiefe | Hauptoberfläche | Furcht vor der Zukunft |
| 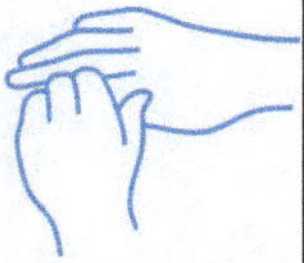 | Angst | 4. Tiefe | Muskeln | Angst, dass mein Leben bedroht ist |
| 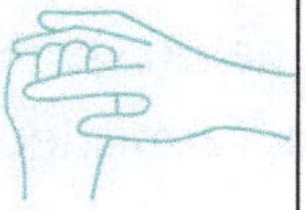 | Wut/Ärger | 3. Tiefe | Blut | Angst, dass andere mich nicht glücklich machen |
|  | Traurigkeit | 2. Tiefe | Tiefe Haut Bindegewebe | Angst, unglücklich zu sein |
| 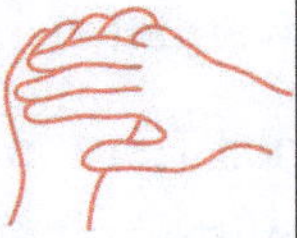 | Verstellung | 5. Tiefe | Knochen | Angst, dass ich nicht sein kann, wer ich sein möchte |

Ist eine Einstellung alltäglich geworden, kannst du folgende Strömungsmuster anwenden und tiefe Disharmonie ausatmen. Es gibt keine Regeln – entscheide selbst, ob du einen Finger strömst oder die längere Sequenz aus der Tabelle wählst. Probiere es aus und finde selbst heraus, was dir gut tut. Beim Strömen deiner Finger unterstützt du die Vermittlerenergie darin, ihre Aufgabe zur erfüllen – nämlich alles wieder in die Mitte zu bringen.

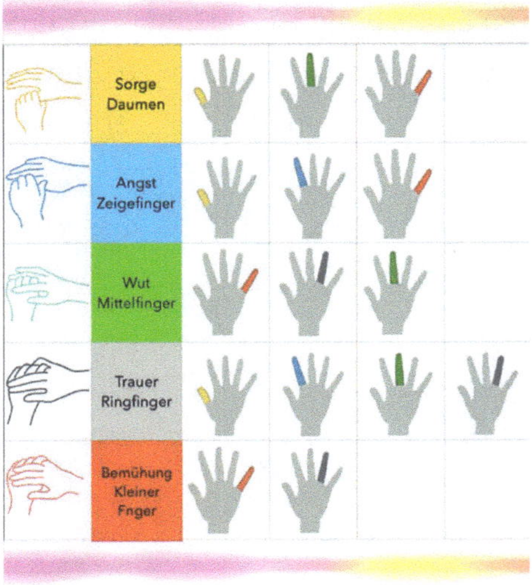


## DIE ENERGIE VERDICHTET SICH WEITER

Die hauptzentrale vertikale universelle Harmonisierungsenergie, 6. Tiefe (unserer Quelle), reflektiert das Licht aus einer höheren Quelle und leitet diese Energie weiter an die Betreuer- und Vermittlerebene. Der Vermittlerstrom vermittelt die Energie über die Brücke der 3. Tiefe zur Erde und startet bei der 2. Tiefe, unserer Atmung.

Aus diesen Strömen (der Dreieinigkeitsenergie) entspringt die zwölf individualisierte Körper- bzw. Organfunktionsenergie. Sie können frei und harmonisch fließen, solange sie nicht durch die fünf Einstellungen – Sorge, Angst, Wut, Trauer und Verstellung – gestört werden.

Bei den Organströmen gibt es jeweils zwei Vertreter einer Tiefe in auf- und absteigender Qualität und werden an der Körpermitte an bestimmten Stellen aufgeladen. Der Mensch ist keine Energiequelle. Der Körper ist ein Gefäß, in das Energie fließt. Energie wird zu → Materie und Materie wird zu → Energie. Das ist die Geschichte des Menschen im vertikalen Hauptzentralstrom, der 6. Tiefe, der Wirbelsäule (an der Vorderseite hinunter und an der Rückseite hinauf), nach den hermetischen[41] Gesetzen: Wie oben, so unten und wie unten, so oben.

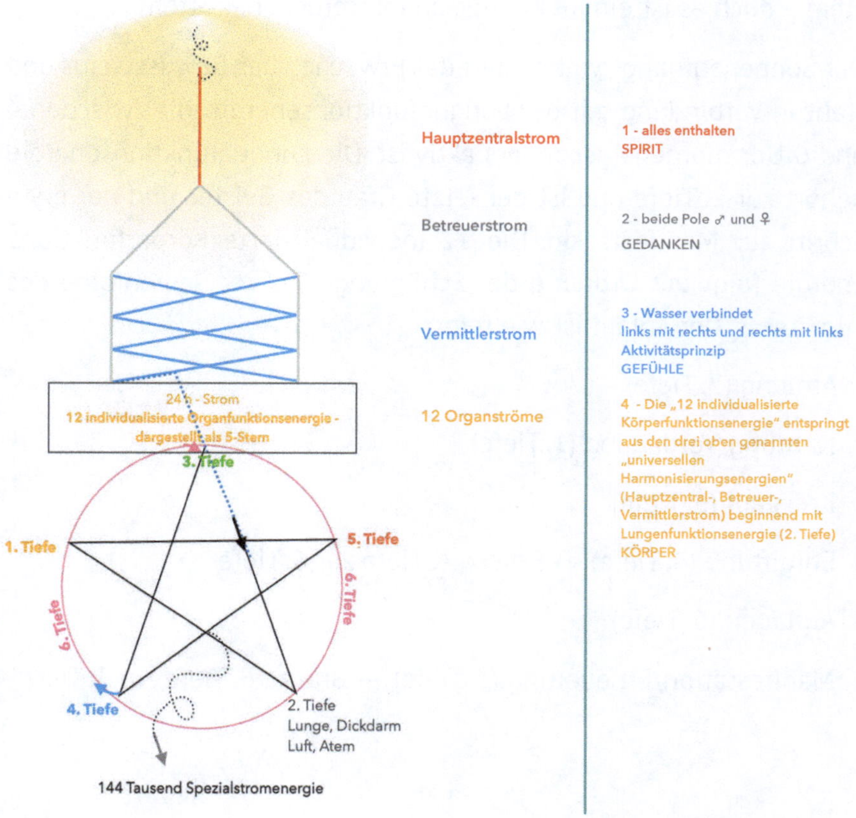


Die 3. Tiefe ist die Quintessenz, die alle Elemente miteinander verbindet.

Die 3. Tiefe bildet die Brücke zur Manifestation und stellt die Verbindung zwischen der unsichtbaren, energetischen Welt (kleiner Lebensatem) und der sichtbaren, physischen Welt (großer Lebensatem) her. Der Vermittlerstrom (siehe gepunktete Linie) vermittelte die Energie

41 Die Drei Eingeweihten. (2011). *Kybalion – Die 7 hermetischen Gesetze: Das Original* (ISBN 978-3937392172). Aurinia Verlag

zum Organ Lunge und ermöglicht den ersten Einatem: „Willkommen in der materiellen Welt und den physikalischen Gesetzmäßigkeiten."

Um den Atem besser zu verstehen, unterteilen wir ihn in Ein- und Ausatem – doch es ist ein fließender, ununterbrochener Strom.

Der Sonnenaufgang symbolisiert das Erwachen des Bewusstseins und steht in Verbindung mit der Lungenfunktionsenergie, die zwischen 4 und 6 Uhr morgens besonders aktiv ist. Die Lungenfunktionsenergie gehört zur 2. Tiefe und ist der letzte Grad des Geistes und der erste Schritt zur Manifestation. Die 12 individualisierte Körperfunktionsenergie folgt der Ordnung der Schöpfung – in der Reihenfolge des Fünfsterns. Der Ablauf ist wie folgt:

1. Atmung (2. Tiefe)
2. Nahrung/Verdauung (1. Tiefe)
3. Kreislauf (5. Tiefe)
4. Entgiftung (4. Tiefe) → Brücke 4. Tiefe zur 6. Tiefe
5. Aufladen (6. Tiefe)
6. Manifestation/Erneuerung (3. Tiefe) → Brücke 6. Tiefe zur 3. Tiefe

## DIE ORDNUNG DER SCHÖPFUNG

Die „12 individualisierte Körperfunktionsenergie" baut, repariert und schützt den Körper.

Alle zwei Stunden ist ein anderer Vertreter der Tiefen (je auf- und absteigend) dieser Funktionsenergie in der Führung. Somit ist der Körper 24 Stunden versorgt.

Der Vermittlerstrom nutzt die 3. Tiefe als Brücke für die Manifestation von der 6. Tiefe über die 3. Tiefe in die 2. Tiefe.

Der Vermittlerstrom übergibt die Energie der 2. Tiefe mit den Vertretern Lungenfunktionsenergie↑ und Dickdarmfunktionsenergie↓ an die Lungen. Der Atem ist das Erste und das Letzte hier auf der physischen Reise.

Der Körper braucht Nahrung und die 2. Tiefe liefert die nötige Energie zur 1. Tiefe mit den Vertretern Magenfunktionsenergie↓ und Milzfunktionsenergie↑.

Die aufgenommene Nahrung wird durch den Kreislauf der 5. Tiefe, Herzfunktionsenergie↑ und Dünndarmfunktionsenergie↓, zu den entsprechenden Zellen transportiert.

Alles, was der Körper nicht braucht, wird ausgeschieden und gereinigt durch die 4. Tiefe, Nierenfunktionsenergie↑ und Blasenfunktionsenergie↓. Die Nierenfunktionsenergie ist die Brücke von der 4. Tiefe in die 6. Tiefe.

Die 6. Tiefe ist Regeneration durch Zwerchfellfunktionsenergie↑ und Nabelfunktionsenergie↓.

Die Energie kommt aus der 6. Tiefe über die Brücke der 3. Tiefe zur Gallenblasenfunktionsenergie↓ und zur Leberfunktionsenergie↑ und der Kreislauf beginnt von Neuem.

### *WARUM IST DIE ORDNUNG DER SCHÖPFUNG FÜR UNS VON INTERESSE?*

Die Ordnung der Schöpfung ist essenziell und die Grundlage aller energetischen Strukturen und Prozesse. Ohne sie würde Chaos herrschen. Alles folgt bestimmten Gesetzmäßigkeiten, die Harmonie und Balance ermöglichen. Energieflüsse bewegen sich in geordneten Bahnen – werden sie gestört, entstehen Blockaden und Disharmonien. Die Schöpfung basiert auf Resonanz und Schwingung: Wer im Einklang mit ihr lebt, erfährt inneres Gleichgewicht, Heilung und spirituelle Entwicklung. Der Mensch als Mikrokosmos spiegelt die kosmische Ordnung wider – sie zu verstehen bedeutet, im Fluss des Lebens zu sein und seine volle Kraft zu entfalten.

Die Jin Shin Jyutsu Physio-Philosophie bietet eine Vielzahl von Strömen zur Harmonisierung sowie unterschiedliche Betrachtungsweisen, um die Ordnung und Harmonie zu unterstützen oder wenn nötig wiederherzustellen.

### *ZEITLICHE BETRACHTUNGSWEISE*

Ab 4 Uhr morgens beginnt die Lungenfunktionsenergie ihren Zyklus, und alle zwei Stunden übernimmt eine andere Organfunktionsenergie die Führung. In dieser Reihenfolge verbinden sich vier Organströme zu einer Keimschicht. Erst äußeres, dann inneres und zuletzt das mittlere Keimblatt.

1. Keimblatt/Ektoderm: 2. Tiefe und 1. Tiefe

2. Keimblatt/Endoderm: 5. Tiefe und 4. Tiefe

3. Keimblatt/Mesoderm: 6. Tiefe und 3. Tiefe

Jede Tiefe ist mit einem einatmenden (↑) und einem ausatmenden (↓) Aspekt des jeweiligen Organstroms vertreten, um den energetische Balance zu gewährleisten. Der Körper ist rund um die Uhr versorgt. Ist ein Aspekt geschwächt oder übermäßig dominant, können wir durch gezielte Harmonisierung der entsprechenden Organfunktion das Gleichgewicht wiederherstellen.

Die „12 – Körperfunktionsenergie“ manifestiert sich in drei Schichten und bildet die drei Keimblätter. Durch die nachfolgend aufgeführte Selbstanwendung der entsprechenden Ströme kannst du Monat für Monat eine harmonische Entwicklung unterstützen.

Die perfekte Blaupause der 6. Tiefe und die drei Keimschichten der Zellen sind bereits bei der Empfängnis vorhanden. Solange wir atmen, begleitet uns diese Blaupause während der gesamten Entwicklung – ein Leben lang. Die Zellen jeder Keimschicht entwickeln sich dabei in unterschiedlichem Gewebe und embryonalen Organen.

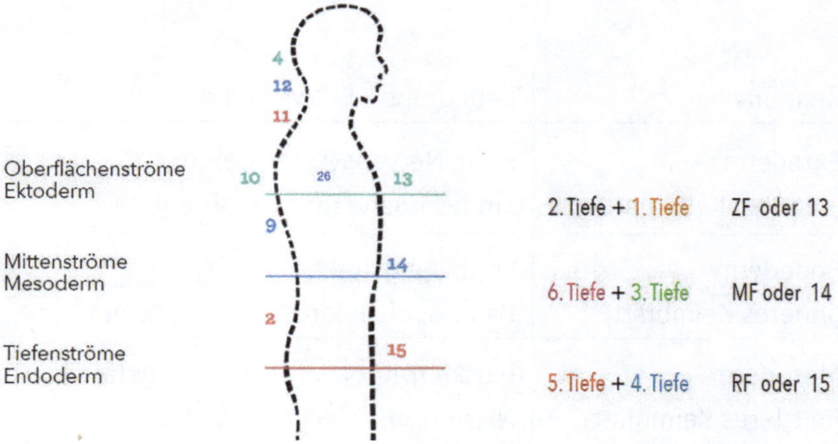


Jede Ebene hat ein übergeordnetes Energiezentrum.

- **Brustebene:** „13“ oder der Zeigefinger
- **Taillenebene:** „14“ oder der Mittelfinger
- **Hüftebene:** „15“ oder der Ringfinger

Es gibt dabei keine festen Regeln oder Vorschriften wie du am besten vorgehen kannst. Höre auf deinen eigenen Impuls und vertraue darauf, dass du die für dich richtige Wahl triffst.

**Die Entwicklung der Zellen in jeder Keimschicht unterscheidet sich in Gewebe und embryonalen Organen.**

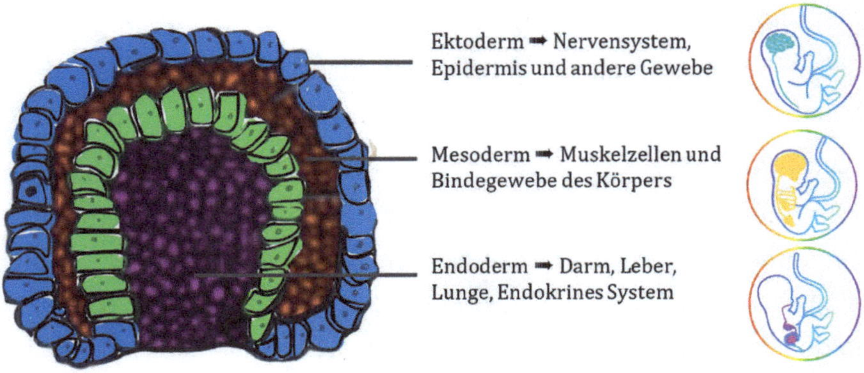


| Keimblatt | Bedeutung / Entwicklung |
|---|---|
| Ektoderm (äußeres Keimblatt) | Haut, Nervensystem, Gehirn, Sinnesorgane (Augen, Ohren) |
| Endoderm (inneres Keimblatt) | Verdauungstrakt, Leber, Bauchspeicheldrüse, Lunge, Schilddrüse |
| Mesoderm (mittleres Keimblatt) | Muskeln, Knochen, Herz, Blutgefäße, Nieren, Geschlechtsorgane |

Du kannst somit mit den jeweiligen Organströmen Ordnung in diese Reihenfolge bringen. Alternativ kannst du über die zugeordneten Energiezentren oder einfach über den entsprechenden Finger arbeiten. Auch der Hauptzentralstrom wirkt auf die verschiedenen Keimblattebenen. In der folgenden Übersicht siehst du, welche Schritte des Hauptzentralstroms auf welche Ebene harmonisierend wirken können. Das unterstreicht seine Bedeutung – und warum er ein wertvoller Teil deiner täglichen Routine sein kann.

## *DIE DREI KEIMSCHICHTEN:*

### 1. Ektoderm – Oberflächenströme

Brustebene: Lunge, Dickdarm (2. Tiefe) und Magen, Milz (1. Tiefe)

Das Ektoderm ist eines der drei Keimblätter, die sich in der frühen Embryonalentwicklung bilden. Es ist das äußerste Keimblatt und entwickelt sich zu Strukturen wie Haut (Haare, Nägel) und Nervensystem (Gehirn, Rückenmark, periphere Nerven). Bei Stress ist es hilfreich, das Nervensystem zu unterstützen, denn es spielt eine zentrale Rolle für unser Wohlbefinden.

Zur Unterstützung des Ektoderms ströme die Organströme der entsprechenden Tiefe (2. Tiefe: Lunge, Dickdarm; 1. Tiefe: Magen, Milz) oder die der jeweiligen Tiefe zugeordneten Energiezentren – für die 2. Tiefe (5–15) und die 1. Tiefe (1–4).

Die Skizze zeigt die Energiezentren der Brustebene (4, 10, 26, 13). All diese Ströme und Energiezentren harmonisieren die Brustebene.

Als Kurzanwendung ströme die „13" oder halte den Zeigefinger.

### 2. Endoderm – Tiefenströme

Hüftebene: Herz, Dünndarm (5. Tiefe) und Blase, Niere (4. Tiefe)

Das Endoderm bildet sich als nächstes aus. Es ist die innerste Schicht.

Ursprünglich besteht der Embryo aus dem Epiblasten. Es sind Zellen, die während der frühen Embryonalentwicklung aus der Zellschicht des Blastozysten hervorgehen. Sie entwickeln sich und wandern durch den Primitivstreifen nach unten und verdrängen die ursprünglichen Zellen. Daraus entstehen später die inneren Organe wie Darm und Lunge.

Zur Unterstützung des Endoderms ströme die Organströme der entsprechenden Tiefe (5. Tiefe: Herz, Dünndarm; 4. Tiefe: Blase, Niere) oder die der jeweiligen Tiefe zugeordneten Energiezentren – für die 5. Tiefe (24–26) und die 4. Tiefe (23).

Die Skizze zeigt die Energiezentren der Hüftebene (11, 2, 15). All diese Ströme und Energiezentren harmonisieren die Hüftebene.

Als Kurzanwendung ströme die „15" oder halte den Ringfinger.

### 3. Mesoderm – Mittenströme

Taillenebene: Zwerchfell, Nabel (6. Tiefe) und Gallenblase, Leber (3. Tiefe)

Weitere Epiblast-Zellen wandern zwischen das Ektoderm und das Endoderm und bilden das Mesoderm, aus dem Muskeln, Knochen, Blutgefäße sowie Organe wie Herz und Nieren entstehen.

Zur Unterstützung des Mesoderms ströme die Organströme der entsprechenden Tiefe (6. Tiefe: Zwerchfell, Nabel; 3. Tiefe: Gallenblase, Leber) oder die der jeweiligen Tiefe zugeordneten Energiezentren – für die 6. Tiefe (0–26) und die 3. Tiefe (16–22).

Die Skizze zeigt die Energiezentren der Taillenebene (12, 9, 14). All diese Ströme und Energiezentren harmonisieren die Taillenebene.

Als Kurzanwendung ströme die „14" oder halte den Mittelfinger.

Anmerkung: Alles ist auf vielschichtige Weise miteinander verwoben. So wie der Atem aus Ein- und Ausatmung besteht und doch eins ist, Sprechen wir von Ebenen, Gewebe und Zellen – und doch ist es der Körper als Ganzes. Bei Beschwerden können wir gezielt harmonisieren, doch manchmal genügt bereits eine einfache Berührung, um die Balance wiederherzustellen.

| Hauptzentralstrom-ebene | Vertikale Mittellinie ohne Anfang und Ende. An der Körpervorderseite runter und an der Rückseite hoch |
|---|---|
| Betreuerebene | Energiezentren 1 bis 26 |
| Vermittlerebene | Energiezentren 17, 18, 19 |
| 12-Organstomebene | 2. Tiefe: ↑Lungenfunktionsenergie, ↓Dickdarmfunktionsenergie<br>1. Tiefe: ↓Magenfunktionsenergie, ↑Milzfunktionsenergie<br>5. Tiefe: ↑Herzfunktionsenergie, ↓Dünndarmfunktionsenergie<br>4. Tiefe: ↓Blasenfunktionsenergie, ↑Nierenfunktionsenergie<br>6. Tiefe: ↑Zwerchfellfunktionsenergie, ↓Nabelfunktionsenergie<br>3. Tiefe: ↓Gallenblasenfunktionsenergie, ↑Leberfunktionsenergie |
| 144.000 Spezialstromebene | 72.000 auf jeder Körperseite |

Alle zwei Stunden ist ein anderer Vertreter der Tiefen (je aufsteigend-Einatem und absteigend-Ausatem) dieser Funktionsenergie in der Führung. Somit ist der Körper 24 Stunden versorgt.

Diese lebenswichtige Energieversorgung begleitet uns ein Leben lang. Als kontinuierlicher 24-Stunden-Strom baut, repariert und reinigt die Organfunktionsenergie den Körper. Mit dem ersten Atemzug bei der Geburt setzt dieser Kreislauf ein – vorbereitet durch die Energie, die bereits während der Schwangerschaft gewirkt hat.

Die Energie der 2. Tiefe (Lungen- und Dickdarmfunktionsenergie) ermöglicht es uns, zu empfangen und loszulassen. Doch das allein genügt nicht, denn nach der Geburt wird das Baby nicht mehr über die Nabelschnur versorgt. Es muss nun selbst Nahrung aufnehmen, diese verarbeiten und verdauen lernen. Diese Fähigkeit wird durch die Energie der 1. Tiefe (Magen- und Milzfunktionsenergie) unterstützt. Am Anfang geht es um die grundlegende Dinge, wie Stillen oder das Fläschchen geben, Verdauen, Bäuerchen machen oder die Windeln wechseln. Die Hebamme kommt in dieser Zeit noch öfters zu dir nach Hause und gibt wertvolle Tipps, um diese Phase sicher und entspannt zu gestalten und damit dein Baby rundum gut versorgt ist. Alles Erlebte und Aufgenommene muss „verdaut" werden – nicht nur im körperlichen, sondern auch im energetischen Sinn.

Wenn das Baby Nahrung aufgenommen hat, muss diese verdaut und so umgewandelt werden, dass die durch Atmung (Sauerstoffaufnahme) und Nahrung (Energieaufnahme) gewonnene Energie zu den Zellen transportiert werden kann. Dafür ist das Kreislaufsystem zuständig, also die 5. Tiefe (Herz- und Dünndarmfunktionsenergie). Diese Energie wird sowohl der physischen Form als auch dem unsichtbaren Bewusstsein zur Verfügung gestellt.

Überschüssige oder verbrauchte Energie wird durch die 4. Tiefe (Blasen- und Nierenfunktionsenergie) entgiftet und ausgeschieden. Diese Tiefe bildet zugleich eine Brücke zur 6. Tiefe.

Die 6. Tiefe ist nicht manifestiert. Daher bekommen die Vertreter der 6. Tiefe (Zwerchfell- und Nabelfunktionsenergie) eine Sonderstellung, wie du beim ersten Schwangerschaftsmonat ausführlich erfahren kannst. Sobald die Energie wieder vollständig mit der Quelle verbunden ist, bündelt die 3. Tiefe (Gallenblasen- und Leberfunktionsenergie) in ihrer Essenz alles aus der Quelle. Erst dann setzt der Kreislauf von Neuem ein, beginnend mit der 2. Tiefe (Lungen- und Dickdarmfunktionsenergie).

Wann immer uns die Herausforderungen des Lebens aus dem Gleichgewicht bringen, können wir durch bewusste Atmung wieder in den natürlichen Flow zurückfinden. Die entscheidende Rolle der Verbindung zum Körper erkläre ich im Kapitel über Embodiment, unterstützt durch wissenschaftliche Erkenntnisse.

Die Strömungsmuster dieser zwölf Ströme können wir nutzen, um die Ordnung der Schöpfung wiederherzustellen.

Die Organfunktionsenergie fließt als Strom mit unterschiedlichen Qualitäten, die nach den Organen benannt sind. Dieses Wissen findet sich auch in den alten medizinischen Lehren wieder, die eine Verbindung zwischen den zwölf Sternzeichen mit den planetarischen Einflüssen und der Organfunktionsenergie aufzeigen.

<table>
<tr><th colspan="3">Oberflächenströme</th></tr>
<tr><td>Lungen-, Dickdarm-, Magen- und Milzfunktionsenergie</td><td>Der 2. Schritt vom Hauptzentralstrom harmonisiert diese vier Organströme</td><td>
</td></tr>
<tr><th colspan="3">Tiefenströme</th></tr>
<tr><td>Herz-, Dünndarm-, Blasen- und Nierenfunktionsenergie</td><td>Der 1. Schritt vom Hauptzentralstrom harmonisiert diese vier Organströme</td><td>
</td></tr>
<tr><th colspan="3">Mittenströme</th></tr>
<tr><td>Zwerchfell-, Nabel-, Gallenblasen- und Leberfunktionsenergie</td><td>Der 4. Schritt vom Hauptzentralstrom harmonisiert diese vier Organströme</td><td>
</td></tr>
</table>

## BETRACHTUNGSWEISE NACH DEM URSPRUNG DES ENTSPRECHENDEN ORGANSTROMS

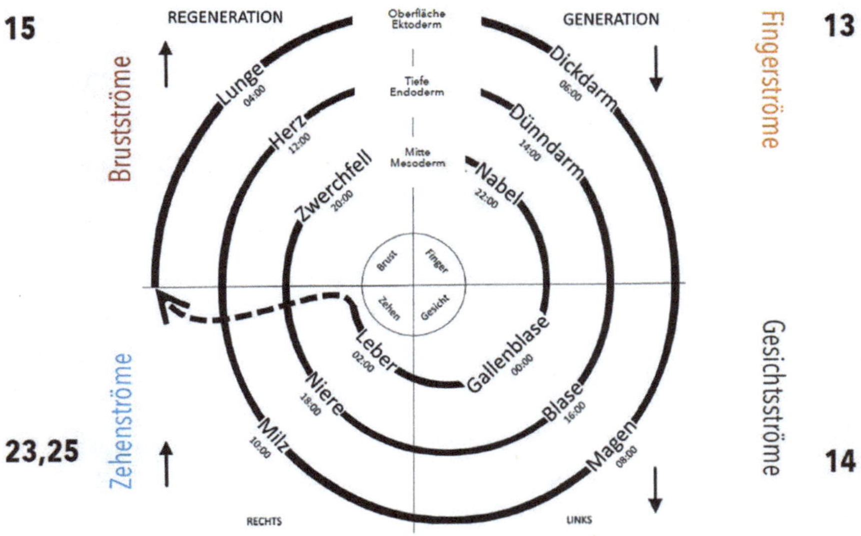


Die „12 Organfunktionsenergie", die den physischen Körper 24 Stunden versorgt, beschützt und ihn repariert kann auch nach der Herkunft eingeteilt werden. Diese Kombinationen von Organströmen sind auch sehr effektiv.

Diese Übersicht zeigt den Ursprung der Ströme. Daher habe sie ihren Namen. Es gibt viele Gemeinsamkeiten, die die Selbstanwendung sehr vereinfachen. Auch hier ist die eigene intuitive Entscheidung ausschlaggebend dafür, welche Kombination Anwendung findet.

| Anfang – Ende | Alternative | Anwendung bei folgenden Themen |
|---|---|---|
| **Fingerströme** fließen von den Fingern zur Brust | 13-Strom | Kindheit, Wachstum, Fortpflanzung, Schwangerschaft, Projekte an Armen, Ellbogen, Handgelenk, Händen und Fingern. |
| **Bruströme** fließen von der Brust in die Finger | 15-Strom | „15“ steht für Vitalität und Freude, unterstützt bei allen Themen mit Atmung, Brust und Herz. |
| **Gesichtsströme** fließen vom Kopf bzw. Gesicht zu den Zehen | 14-Stroms | „14“ klärt Kopf, Gesicht, Brust, Bauch, Becken, hilft der Energie abzusteigen in die Beine und Füße, unterstützt bei allen mentalen, emotionalen Themen. |
| **Zehenströme** fließen von den Zehen zum Kopf bzw. zum Gesicht | 23/25-Strom | Es sind lebensrettende Ströme. Sie helfen der gegenüberliegende Seite der Fortpflanzungsorgane, den Beinen und Füßen sowie der Energie aufzusteigen und dadurch der Einatmung. Anwendung bei kritischen Projekten und zur Entgiftung. |

| Es gibt folgende unterschiedliche Ebenen: | **Ursprung** | **Ektoderm**<br>**Oberflächenstöme**<br>**13-Brustebene** |
|---|---|---|
| **Vitale Energie** | Brust | 4 - 6 h ↑ Lungen-funktionsenergie |
| **Fortpflanzungs-/ erneuernde Energie** | Finger | 6 - 8 h ↓ Dickdarm-funktionsenergie |
| **Mental/ Emotionales Gleichgewicht** | Gesicht | 8 - 10 h<br>↓ Magenfunktionsenergie |
| **Lebenserhaltende Energie** | Zehen | 10 - 12 h<br>↑ Milzfunktionsenergie |
| **Keimschichten als Grundlage für die entsprechende Körperform und das Naturell** | | Empfindungnaturell<br>Haut/Nerven |
| **Selbstanwendung:**<br>**Auswahl**<br>**Kombinationen**<br>**für die jeweilige Keimschicht**<br><br>***HZ= Hauptzentralstrom** | | 13-Brustebene<br>• Zeigefinger<br>• 2. Schritt vom HZ<br><br>• 11 und 22 gleiche Seite<br>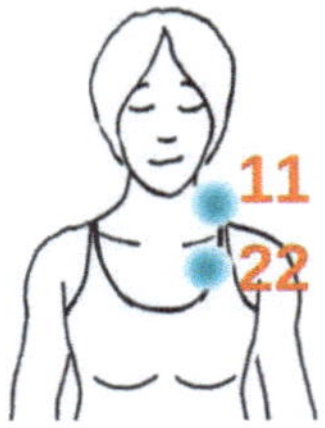 |

| Endoderm<br>Tiefenstöme<br>15-Hüftebene | Mesoderm<br>Mittenströme<br>14-Taillenebene | Selbstanwendung:<br>Kombination<br>für die Ströme<br>gleichen Ursprungs |
|---|---|---|
| 12- 14 h<br>↑ Herzfunktionsenergie | 20-22 h ↑ Zwerchfell-<br>funktionsenergie | 15 |
| 14-16 h ↓ Dünndarm-<br>funktionsenergie | 22-24 h ↓ Nabelfunk-<br>tionsenergie | 13 |
| 16-18 h ↓ Blasen-<br>funktionsenergie | 24- 2 h ↓ Gallenblasen-<br>funktionsenergie | 23 |
| 18-20 h ↑ Nieren-<br>funktionsenergie | 2 - 4 h ↑ Leber-<br>funktionsenergie | 14 |
| Ernährungsnaturell<br>Körperfülle/Rundung | Bewegungsnaturell<br>Knochenbau/Muskeln | |
| 15-Hüftebene<br>• Ringfinger<br>• 1. Schritt vom HZ<br>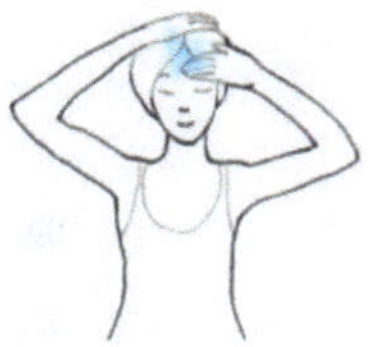<br>• 2 und 15<br>gleiche Seite<br>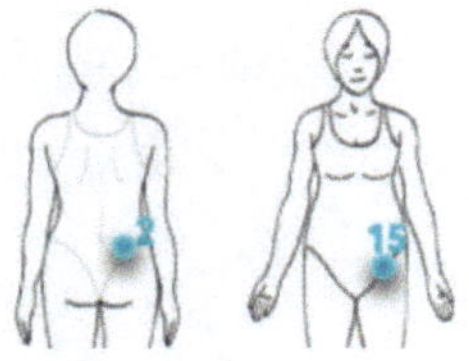 | 14-Taillenebene<br>• Mittelfinger<br>• 4. Schritt vom HZ<br><br>• L Brustbein<br>R Steißbein<br> | |

Das Leben ist voller Fülle und Möglichkeiten, ebenso hier beim energetischen Bauplan. Finde heraus, was dir gut tut. Dabei gibt es keine falsche Entscheidung. Wie in der Tabelle dargestellt, kannst du einen ganzen Strom mit mehreren Schritten, eine Kurzform oder nur einen Finger strömen und dabei nicht nur den Bereich, sondern eine gesamte Ebene zu harmonisieren.

Wie kannst du diese Tabelle nutzen? Beispiel für die Selbstanwendung:

- **Horizontale Ebene:** Zur Harmonisierung der vitalen Energie bzw. der Bruströme kläre die „15-Ebene".
- **Vertikale Ebene:** Ausgleich der Oberflächenströme, z. B. durch den 13-Strom, das Halten des Zeigefingers, der „11 und 22" auf derselben Seite, den zweiten Schritt des Hauptzentralstroms oder andere Ströme, die die Energie in der Brustebene ausgleichen

## EINE WEITERE ALLUMFASSENDE BETRACHTUNGSWEISE IST DIE SELBSTANWENDUNG DES HAUPTZENTRALSTROMS

Durch den Anschluss an die universelle Quelle kann unser Energiekörper den physischen Körper regenerieren. Alles entspringt dieser Quelle.

Die Organfunktionsenergie, die 24 Stunden täglich unseren Körper baut, ihn repariert und schützt, profitiert durch die Anwendung des Hauptzentralstroms.

- **Oberflächenströme:**
  **Lungen-, Dickdarm-, Magen- und Milzfunktionsenergie** ⇒ Vier Ströme kannst du durch den 2. Schritt vom Hauptzentralstrom harmonisieren
- **Tiefenströme:**
  **Herz-, Dünndarm-, Blasen- und Nierenfunktionsenergie** ⇒ Vier Ströme kannst du durch den 1. Schritt vom Hauptzentralstrom harmonisieren

- **Mittenströme:**
  **Zwerchfell-, Nabel-, Gallenblasen- und Leberfunktionsenergie ⇒** Vier Ströme kannst du durch den 4. Schritt vom Hauptzentralstrom harmonisieren

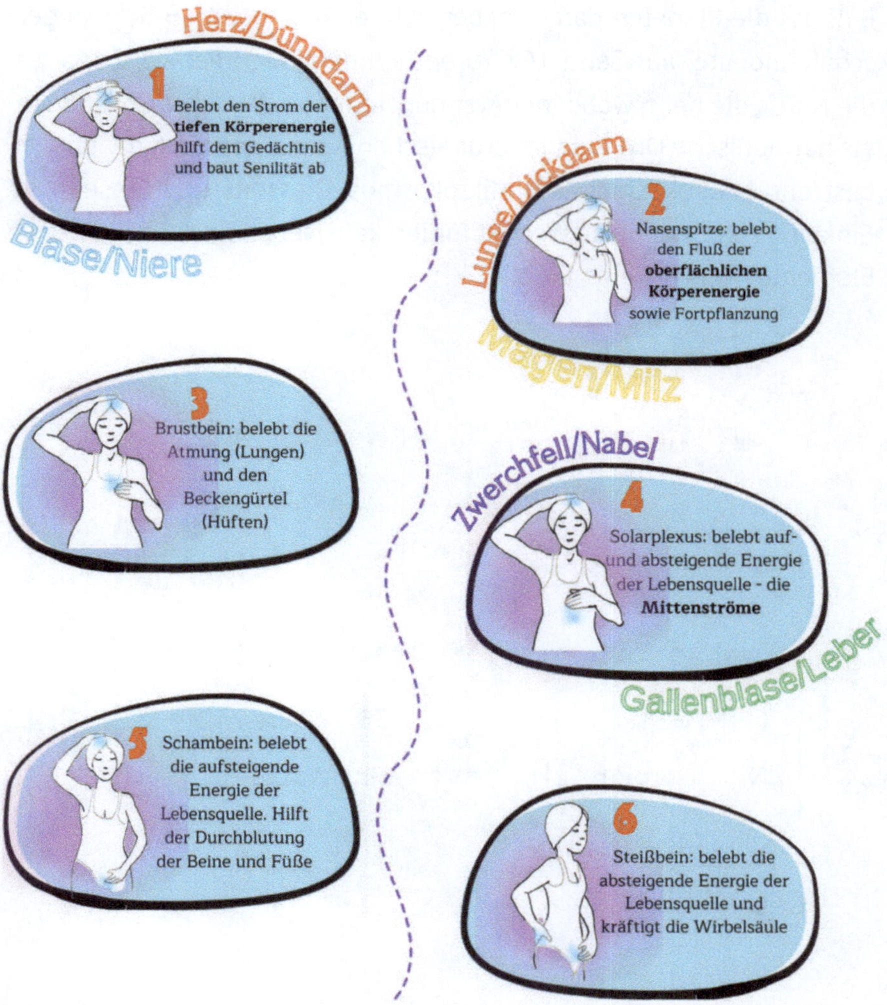

## DIE ORGANFUNKTIONSENERGIE HAT EINE ENTSPRECHUNG ZU DEN STERNZEICHEN

Du kannst den entsprechenden Strom für dein Sonnenzeichen oder bei anderen dominanten oder wenig vorhandenen Zeichen den entsprechenden Organstrom regelmäßig strömen und harmonisieren. Jedes Sternzeichen ist einem der zwölf Organströme zugeordnet. Welchen Einfluss die Planeten darauf haben, ist der Tabelle der „9 Schwangerschaftsmonate" auf Seite 168 zu entnehmen. Nach Paracelsus ist es die Natur, die heilt, wobei der Arzt nur Helfer ist. „Wenn er Gesundheit als harmonische Ordnung im organischen Ablauf definiert, dann ist er bestrebt, Makrokosmos und Mikrokosmos, Diesseits und Jenseits, in Einklang zu bringen. Die Welt ist für ihn kein Nebeneinander isolierter Elemente, sondern eine Einheit."[42]

42 Strosetzki, C. (2022). *Gesundheit und Krankheit vor und nach Paracelsus.* Springer Verlag. https://link.springer.com/book/10.1007/978-3-658-35328-5

# Kapitel 3: Symptome während der Schwangerschaft und Sequenzen zur Harmonisierung

Anwendung der berührungsbasierten Übungen

Finde eine bequeme Position, in der du dich entspannen kannst

Halte jede Position so lange, bis sich die Pulse unter deinen Fingern gleichmäßig anfühlen. Ein Minimum von insgesamt zwanzig Minuten hat sich bewährt.

Wenn eine Position besonders angenehm ist oder du spürst, dass die Energie noch nicht im „Flow“ ist, dann folge deinem Gefühl.

Es reicht, die Hand auf die entsprechende Stelle zu legen, und erfordert keinen Druck oder Reiben bzw. Massage.

Das Strömen von einer Körperseite reicht aus – in der Regel strömst du die „bedürftigere“ Seite.

Manchmal kann es sinnvoll sein, beide Seiten zu behandeln, v.a. wenn du Schmerzen oder ein besonderes Bedürfnis hast.

Alle Schritte können sowohl auf der linken als auch auf der rechten Seite angewendet werden.

Bei der Selbstanwendung ist es wie bei der Einnahme von Medizin: regelmäßige Wiederholung zu bestimmten Zeiten verbessert das Ergebnis.

Bei einigen Kombinationen ist angegeben „sitze rechts oder sitze links“, falls jemand diesen Strom bei dir anwenden möchte.

L bedeutet linke Hand, R bedeutet rechte Hand.

Bei den beschriebenen Strömen kannst du den ersten Schritt als Ankerschritt bzw. Kurzform für die Selbstanwendung strömen.

## DU BIST JETZT IN ANDEREN UMSTÄNDEN – WAS HEIẞT DAS?

Andere Umstände, aber nur übergangsweise. Körper, Geist und Seele stellen sich gerade auf die Transformation ein. Dein Körper arbeitet daran, die bestmöglichen Bedingungen für das Baby zu schaffen. Die Hormone verändern sich fortlaufend und dein Körper muss sich daran gewöhnen.

Die Entwicklung des Babys im Mutterleib ist sehr komplex und an vielen Stellen noch unerforscht. Du kannst dich getrost zurücklehnen und entspannen. Dein Körper hat für alles gesorgt. Der Funke beim Zeitpunkt der Befruchtung hat alles Potenzial mitgebracht und ermöglicht eine natürliche Schwangerschaft und Geburt.

Es gibt eine Fülle an unsichtbaren Helfern. Lege deine Hände an bestimmte Stellen an den Körper, wenn du das Verlangen danach hast. Ansonsten habe einfach Spaß!

Solltest du unter unangenehmen Symptomen leiden, die während der Schwangerschaft auftreten können, findest du hier eine Auswahl an körperbasierten Methoden die du selbstständig anwenden kannst. Du brauchst kein Hintergrundwissen und kannst einfach starten. Es gibt keine Nebenwirkungen.

Du kannst dich Schritt für Schritt an die Veränderungen anpassen.

Schwangerschaft bedeutet für dich und deine Familie eine enorme Veränderung und das kann automatisch Ängste auslösen. Doch du kannst etwas für dich tun. Wähle aus dem Angebot deinen Lieblingskombination aus und bleibe im Flow.

## ANLEITUNG ZUR SELBSTANWENDUNG VON STRÖMEN BEI BESCHWERDEN

Alle angegebenen Sequenzen kannst du während der gesamten Schwangerschaft anwenden.

Folge deinem Gefühl, es gibt keine Regeln und kein „Falsch".

### ÜBELKEIT

Alles muss verdaut werden! Das Leben ändert sich mit der Schwangerschaft für immer und jede so intensive Veränderung muss verdaut werden. Dazu kommt die Hormonumstellung. Magenstrom hilft dir zu verdauen und dich auf die Situation einzustellen. Milzstrom harmonisiert dein Nervensystem und passt dich der Situation an

#### *KURZGRIFFE BEI ÜBELKEIT*

- Halte jeden Finger nacheinander für circa 2–3 Minuten oder halte die Rückseite des Handgelenks (auch bei Reiseübelkeit)

## HORMONUMSTELLUNG

Dein Körper möchte die beste Bedingung für das Baby schaffen und Hormone ändern sich.

### *FÜR DIE HORMONUMSTELLUNG*

Kombination 4, 12, 11, 3 und jeweils alle Finger

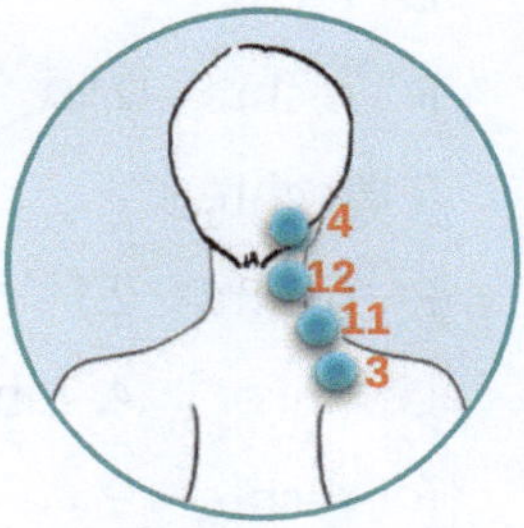


- Rechte Hand: Halte die folgenden Energiebereiche nacheinander von oben nach unten. Eine Hand bleibt jeweils ruhig auf einem Energiebereich (zuerst auf 4).
- Linke Hand: Mit der anderen Hand formst du nacheinander einen Ring aus Daumen und jeweils einem Finger:

1. Daumen + Ringfinger
2. Daumen + Mittelfinger
3. Daumen + Zeigefinger
4. Daumen + kleiner Finger

- Danach wechselst du zum nächsten Energiebereich (12, dann 11, dann 3) und wiederholst jedes Mal dieselbe Abfolge der Fingerpositionen.
- Am Ende hast du alle vier Energiebereiche (4, 12, 11, 3) und alle Fingerpositionen einbezogen.
- Bleibe bei jedem Schritt 3-5 Minuten.
- Wenn es die Zeit erlaubt, ströme auch die andere Seite. Ansonsten ströme die verspannter Seite.
- Kurzstrom: „3“ und alle Finger nacheinander halten!

**ZUR ENTGIFTUNG UND BALANCE DER KÖRPERCHEMIE**
helfen Ströme der 4. Tiefe, wie z. B.

- 23-/25-Strom, Energieboost für die Nieren, Blasenstrom, 13-Strom

**23-/25-Strom reinigt Blut und Lymphe und verhindert Ablagerungen und Tumore**

| | | |
|---|---|---|
| L | rechte | 5 |
| R | rechte | 25 |
| R | rechte | 2 |
| R | rechte | 23 |
| L | linker | 4. Zeh |
| R | rechte | 9 |
| L | rechter | Ringfinger |

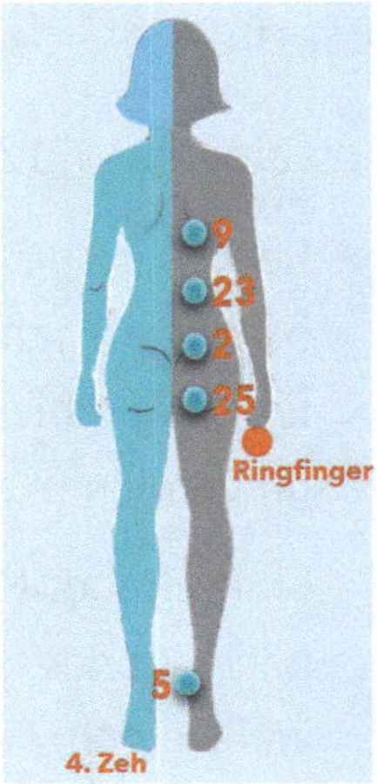


**Energieboost für die Nieren**

Dieser Strom hilft Becken, Nieren, Beinen, (Vorbeugung) Krampfadern, Kreislauf

| | | |
|---|---|---|
| R | rechte | 15 |
| L | rechte | 2 |
| L | linke | 2 |

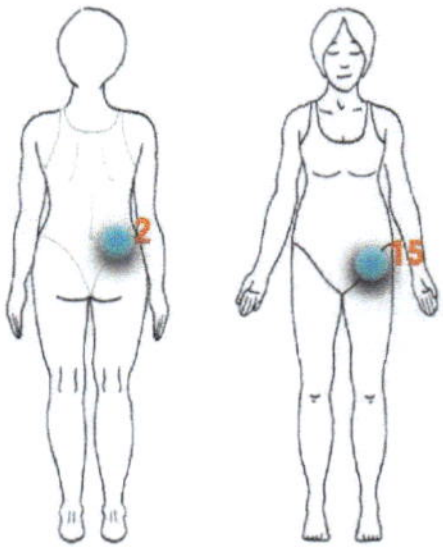


| | | |
|---|---|---|
| L | linke | 15 |
| R | linke | 2 |
| R | rechte | 2 |

Die Anwendung für den Blasenstrom (Seite 188) und 13-Strom (Seite 196) ist ausführlich beim dritten Schwangerschaftsmonat beschrieben.

## EIN DUMPFES GEFÜHL IN DER MAGENGEGEND

**Übelkeit mit Erbrechen**

Bei Schwangeren sind Magenschmerzen häufig. Sie können nach dem Essen, einem Lagewechsel oder ohne erkennbaren Auslöser auftreten. Ursache ist meinst die hormonelle Umstellung.

Der Anstieg von Progesteron in der Frühschwangerschaft verlangsamt die Muskulatur des Magen-Darm-Trakts, was zu Verstopfung, Blähungen und Magenschmerzen führen kann. Auch Sodbrennen kann durch die erschlaffte Muskulatur verstärkt werden.

**Tipps zur Linderung:**

- viel trinken
- kleine, ballaststoffreiche Mahlzeiten
- Meiden von scharfem, fettigem und stark gewürztem Essen
- regelmäßige Bewegung

## KURZANWENDUNG BEI ÜBELKEIT, MÜDIGKEIT, SCHLAPPHEIT, SCHWINDEL

- „4“ und gegenüberliegende „21, 22“

Rechte Seite

| | | |
|---|---|---|
| L | linke | 4 |
| R | rechte | 21 |
| R | rechte | 22 |

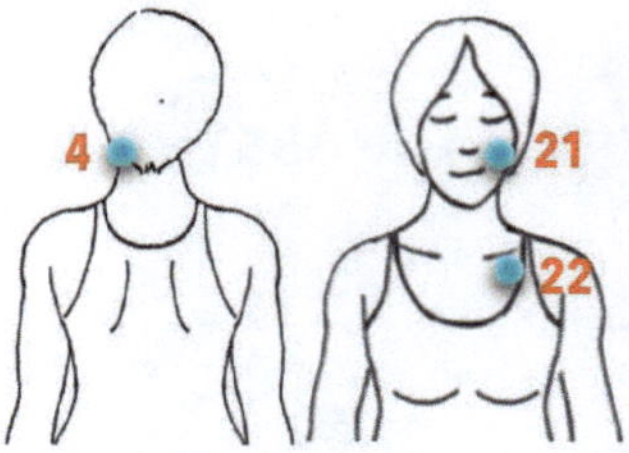


Linke Seite

| | | |
|---|---|---|
| R | rechte | 4 |
| L | linke | 21 |
| L | linke | 22 |

Schritt für Schritt durch die Schwangerschaftsmonate wird dein Körper alles bereitstellen, was das Baby braucht. Deine unterschiedlichen Speicher werden dabei sehr beansprucht. Aus diesem Grund ist es sehr wichtig, dass du gut für dich sorgst. Besprich es mit deiner Hebamme oder der behandelnden Ärztin bzw. dem behandelnden Arzt.

## SCHULTER-NACKEN SPANNUNGEN

Angespannte Schultern, Kopf und Nacken blockieren den freien Fluss der Energie. Um den Nacken frei zu halten ströme Nieren-, Blasenfunktionsenergie und Umkehr- und Zunahme der. 4. Tiefe (siehe sechster und siebter Schwangerschaftsmonat). Hier eine kurze Kombination zum Entspannen.

**Hilft bei Erkältung, bei allen Atemprojekten**

(Schleim in Lunge, Nase, Nebenhöhlen, bei Husten und Übersäuerung und hilft bei Problemen an Nacken, Oberarmen, Ellbogen)

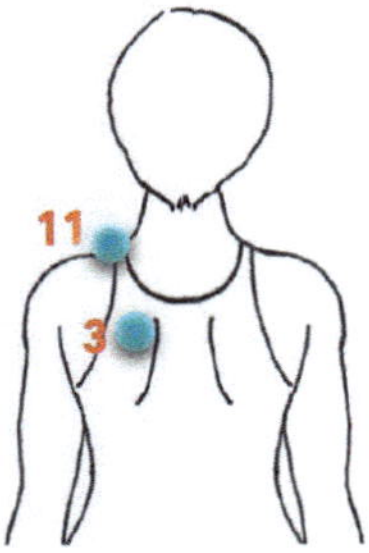


R linke 11/3
L linke 18,
indem du eine leichte Faust machst.

Die Fingerspitzen berühren den Daumenballen.

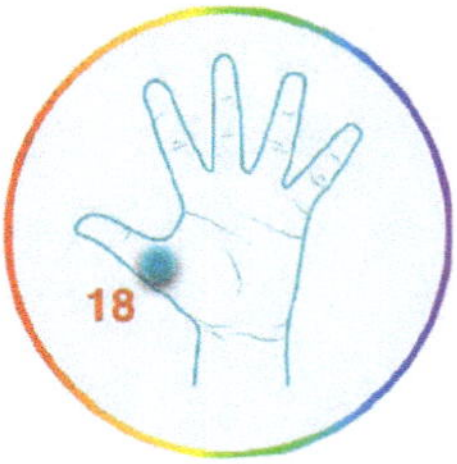


## BEI ALLGEMEINEN ERKÄLTUNGSSYMPTOMEN UND FIEBER

**Stärkt das Immunsystem**

1. R linke 11/3
2. R linke 11/3
3. L linke 15

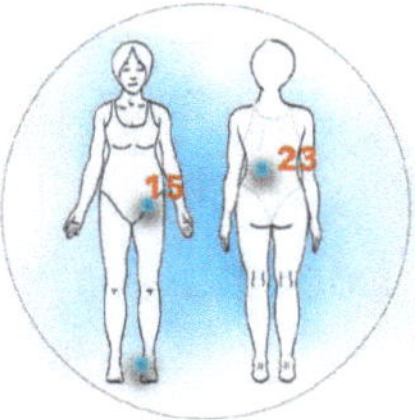


L linke 23
L linke 15
R linke 6

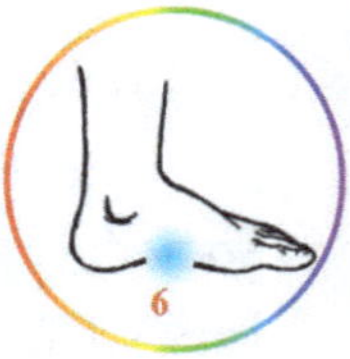

oder

**Kläre linke oder rechte „3" – Atemspezialist und natürliches Antibiotikum**

L rechte 11/3
R bringe den rechten Daumen zum Zeigefinger, dann zum Mittelfinger, Ringfinger und kleinen Finger

oder

**Kurzanwendung bei beginnender Erkältung.**

Lege deinen Arm auf die gegenüberliegende Schulter und den anderen Arm an den Haaransatz an der Schädelbasis

Linke Seite
L linke 3
R linke 4

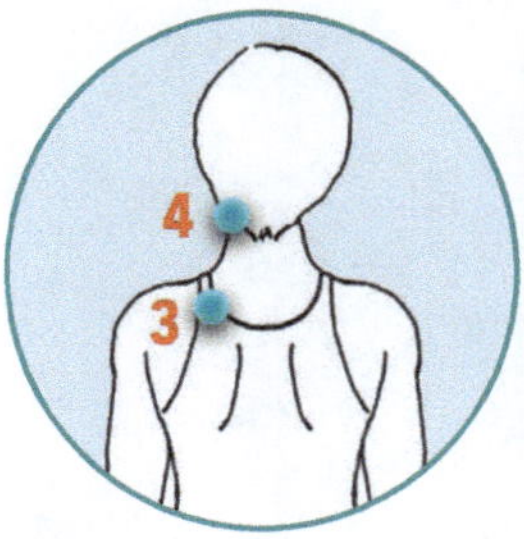


Rechte Seite
R rechte 3
L rechte 4

## UNTERSTÜTZT BEI ALLERGIEN

Anpassung an die jeweilige Situation

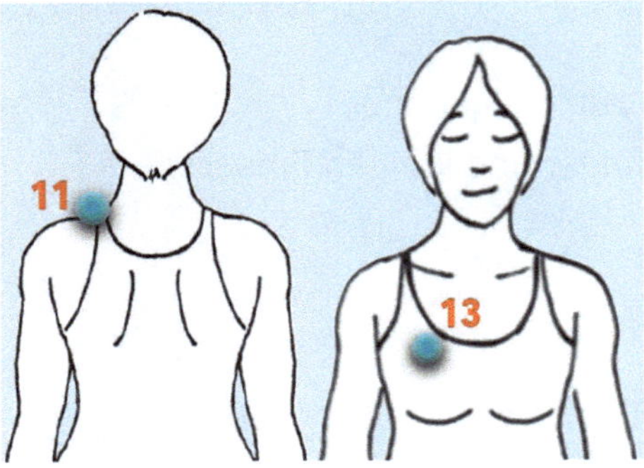


| | | |
|---|---|---|
| R | linke | 11 |
| L | rechte | 13 |

## UNTERSTÜTZT BEI ATEMNOT, ASTHMA

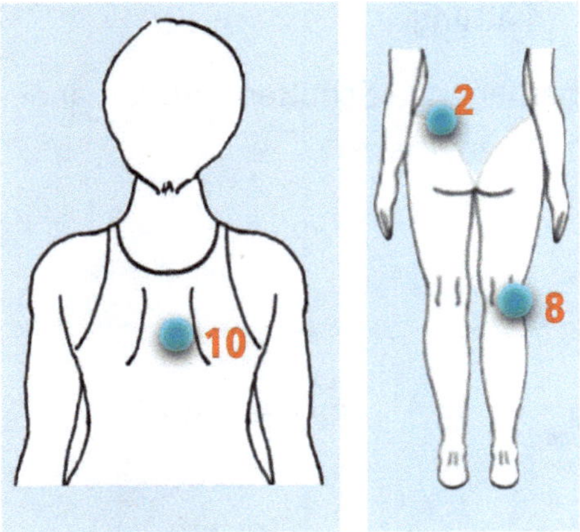


1. L rechte 10 oder Oberarm
   R rechte 8
2. R bleibt bei der 8
   L linke 2

## DIE VORLIEBEN UND GELÜSTE WÄHREND DER SCHWANGERSCHAFT

zeigen dir, was dein Körper gerade braucht. Folge diesen natürlichen Impulsen, sei es ein starkes Verlangen oder eine klare Abneigung. Indem du auf diese Bedürfnisse eingehst, unterstützt du die Balance der entsprechenden Tiefe, wie im Folgenden beschrieben. Zusätzlich können die Ströme dieser Tiefen helfen, den Ausgleich zu fördern.

- 1. Tiefe: süß
- 2. Tiefe: herb, säuerlich, (grüner Apfel)
- 3. Tiefe: sauer, (wie Essiggurken, Zitrone)
- 4. Tiefe: salzig, (die Nieren benötigen Zuwendung)
- 5. Tiefe: bitter

### KOMBINATION BEI INFEKTIONEN, MAGENBESCHWERDEN, TRAUMATISCHE ERFAHRUNGEN ODER SCHOCKS

1. L linke 11 (Nacken)
   R linke 22 (Schlüsselbein)

2. L Nacken (Mitte der Wirbelsäule)
   R Steißbein (Ende der Wirbelsäule)

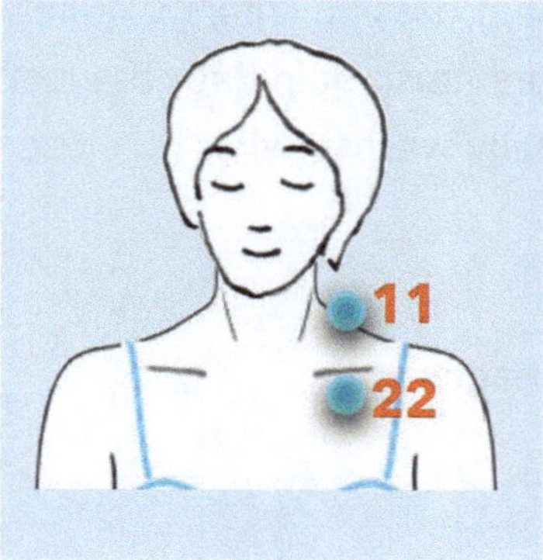


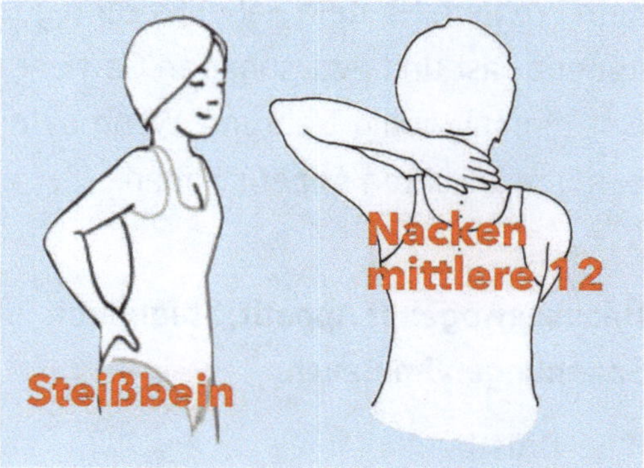

## UNTERSTÜTZT ALLE THEMEN MIT DEM BECKEN, SCHMERZEN IM ILIOSAKRALGELENK, RÜCKENSCHMERZEN, MUSKELKRÄMPFEN, HÄMORRHOIDEN, GESCHWOLLENE BEINE

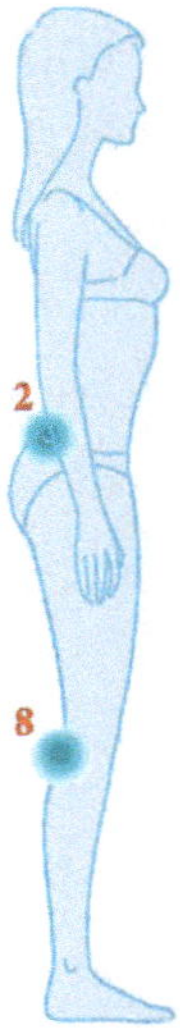


**Auswahl an Strömen:**

- Blasenstrom (siehe dritter Monat)
- kurze Version vom Blasenstrom:
  - Halte die Rückseite der Kniekehle
  - Halte dir großflächig die Waden
- „8" klärt das Becken von unten
- „2" klärt das Becken von oben
- Leberstrom (siehe fünfter Monat)

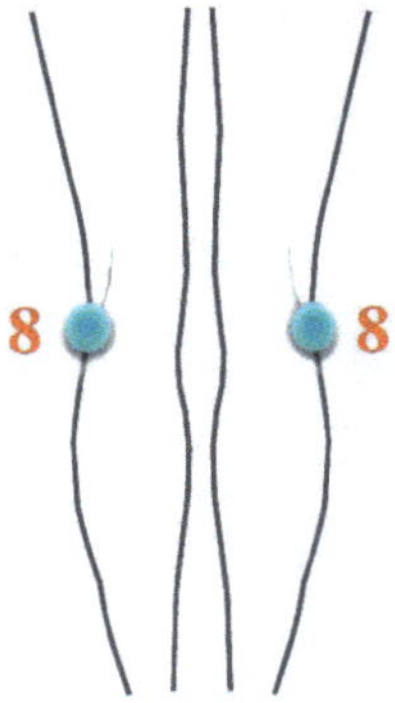


## APPETITLOSIGKEIT

Kein Problem für dein Baby! Es kann gut sein, dass du anfangs keinen Appetit hast und evtl. sogar an Gewicht abnimmst. Dein Baby braucht erst einmal wenig Nahrung. Wenn dein Baby wächst, wirst du sicher den gewünschten Appetit haben.

**Unausgewogener Appetit, Stagnieren im Magen und Spannungen im Bauch**

- L Brustbein
- R Kreuzbein den ganzen Bereich bis zur Lendenwirbelsäule

**Hunger, aber kein Appetit: Nierenstrom**

- R linker kleinen Zeh
- L Schambein

*13-STROM – WEITERE INFORMATIONEN SIEHE AB SEITE 194*

- Übelkeit, unausgewogener Appetit, Themen mit den Fortpflanzungsorganen
- Fruchtbarkeit (physisch, geistig, seelisch)
- für jedes Wachstum und Entwicklung
- hilft bei jeglicher Transformation
- „13" bringt die Zuversicht, dass alles noch so Schlimme sich wieder wandeln kann
- Jungbrunnen
- stark regenerieren nach Krankheit oder Traumata
- alle Verletzungen (inneres Kind)
- unendliche kosmische Kraft
- hormonelle Themen wie monatlicher Zyklus, Menopause
- Strom zur Begleitung während der Schwangerschaft und nach der Geburt, beim Stillen, zur Rückbildung
- Lage der „13" ist am Herzen und ist sehr schöpferisch
- Balance für den Appetit

## DIE GEBÄRMUTTER – EINE EXPERTIN

Die Plazenta hat eine wichtige Rolle. Sie ist nicht nur ein Zellenhäufchen, sondern wird zu einem magischen Garten, der die besondere Frucht beherbergt, die in ihm wächst. In den frühen Stadien der Schwangerschaft siedelt sich die Plazenta im weichen Gewebe der Gebärmutter an und bildet so etwas wie kleine Wurzeln, die dem Körper des Babys helfen zu wachsen.

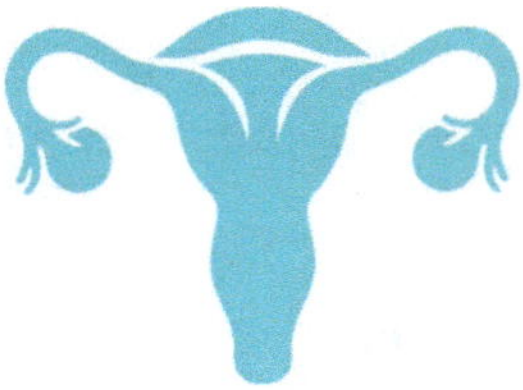

## DIE PLAZENTA – DAS WUNDERWERK DER NATUR

Ein sicherer, konkreter Platz für Dein Baby

Während der Schwangerschaft, aber auch generell im Leben, verändern sich die Anwesenheit und der Spiegel der Hormone ständig. Bis heute ist dieses Thema jedoch nicht vollständig erforscht. Im letzten Trimester der Schwangerschaft wird durch das ausgeschüttete Hormon Relaxin die Symphyse beweglicher. Diese Flexibilität erleichtert dem Kind den Durchtritt durch das knöcherne Becken während der Geburt.

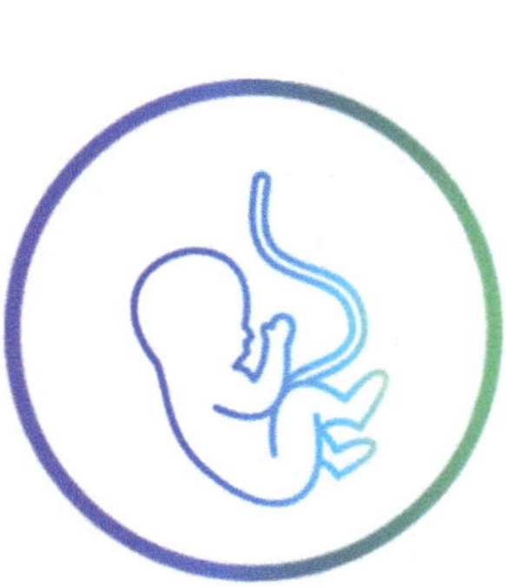

Etwa zur gleichen Zeit steigt dein Östrogenspiegel an. Jede schwangere Frau entwickelt dadurch ein schönes, weiches Aussehen, und in vielen Kulturen wurden schwangere Frauen seit jeher als Göttinnen verehrt.

Betrachte dich im Spiegel und mache dir Komplimente. Vielleicht buchst du eine Fotografin oder einen Fotografen, um diese Ausstrahlung festzuhalten. Mach dir bewusst, dass du in jeder Phase der Schwangerschaft wunderschön bist und auf ganz besondere Weise strahlst.

### *PROSTAGLANDIN*

Prostaglandin-Rezeptoren befinden sich im Gebärmutterhals. Sie helfen, den Gebärmutterhals (Cervix) weicher und dehnbarer zu machen. Dies ist wichtig, damit er sich während der Geburt öffnen kann. Ohne diese Weichmachung des Gebärmutterhalses kann sich der Geburtskanal nicht richtig öffnen, was den Geburtsprozess erschwert.

Außerdem fördern sie die Kontraktionen der Gebärmutter, was die Wehentätigkeit verstärkt und dazu beiträgt, die Geburt voranzutreiben.

Bei Erstgebärenden ist der Gebärmutterhals zu vergleichen mit der Spitze der Nase. Für Frauen, die schon eine Geburt hatten, fühlt er sich wie leicht geöffnete Lippen an.

Du kannst den Gebärmutterhals für deine Geburt gut vorbereiten, indem du – außer es gibt Komplikationen – weiterhin Sex mit deinem Partner hast. In den Spermien befindet sich natürliches Prostaglandin. Durch das Sperma ist dein Ei befruchtet worden und nun kann es bei der Geburt helfen. Zusätzlich kannst du die Prostaglandinbildung durch Tees unterstützen, wie z.B. ein bis zwei Tassen Himbeerblättertee. Frage deine Hebamme, sie hat sicherlich viele weitere Empfehlungen.

Deine Gebärmutter ist jetzt sehr groß. Unser moderner Lebensstil, wie z.B. stundenlanges Sitzen am Computer oder im Auto sowie zu weiche Matratzen, wirkt sich ungünstig auf die Lage des Babys aus. Da es nicht mehr viele Ausweichmöglichkeiten hat, kann sich das Baby gegen den Rücken ausrichten. Um dies zu verhindern, frage deine Hebamme nach geeigneten Übungen. Nimm dir genug Zeit für Bewegung und spüre selbst, in welchem Maß es dir gut tut. Unser Körper, mit seinen vielen Gelenken, ist auf Bewegung ausgerichtet, die die Zirkulation und Durchblutung im gesamten Körper fördert.

Mach dir bewusst, dass kein anderer Muskel im menschlichen Körper mit so viel Blut (Hämoglobin, Sauerstoff) und anderen wichtigen Nährstoffen ausgestattet ist wie die Gebärmutter.

Alles, was in die Gebärmutter gelangt, wird gefiltert, um sicherzustellen, dass nur Gutes in das Blut gelangt, das durch die Nabelschnur zum Baby fließt. Doch einige heimtückische Substanzen wie Alkohol können diese Barriere überwinden, was eine stark schädigende Wirkung auf den Fötus haben kann.

Das Blut fließt einmal durch das Baby und alle Abfälle und das verbrauchte Blut gehen durch die Nabelschnur zurück in den Muskel der Gebärmutter und von dort in den Körper der Mutter. Ein so einfaches, aber erfreuliches System.

Nimm dir einen Moment Zeit und bedenke dieses Wunderwerk, das in dir gerade stattfindet.

Auch du hattest diesen Platz im Bauch deiner Mutter. Der Uterus mit der Plazenta und den kleinen Wurzeln sowie dem Filtersystem erfüllt essenzielle Grundbedürfnisse, wie einen sicheren Platz, Nahrung, Schutz, Unterstützung und Fürsorge. Dein Baby kann unter diesen optimalen Umständen heranwachsen. Jede Zelle ist getränkt von dieser Energie und dein Baby kann sorglos gedeihen und später im Leben diese riesige Ressource nutzen.

Die Plazenta ist zweigeteilt, wobei die mütterliche Seite an der Innenseite der Gebärmutter befestigt ist und die obere Seite dem Baby zugewandt ist. Diese Seite ist mit besonderen Gewebeschichten bedeckt, die die Fruchtblase bilden und in deren Mitte die Nabelschnur verankert ist. Das Baby, das in seiner Blase aus Fruchtwasser schwimmt, ist an der Nabelschnur befestigt.

Ich liebe das Bild von Babys, die so mühelos durch Zeit und Raum schweben. Am Ende der Schwangerschaft ist es etwa ein Liter Fruchtwasser, das sich dann allmählich zurückbildet.

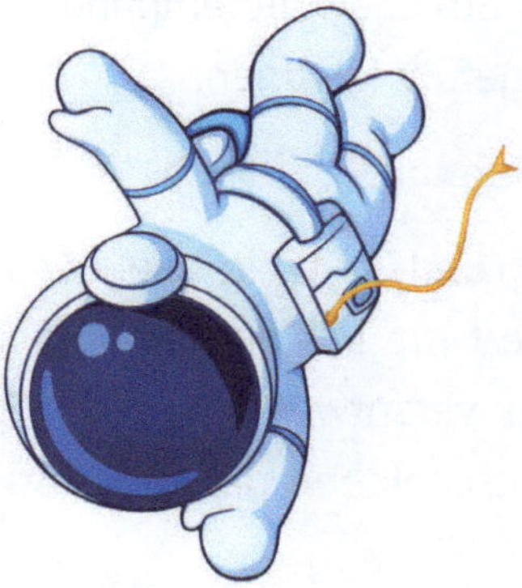

## HORMONE WIRKEN BEI JEDER FRAU INDIVIDUELL

Deine Brüste verändern sich. Nicht alle Frauen erleben Spannungen in der Brust in gleicher Weise oder in demselben Zeitraum. Einige Frauen verspüren bereits in den ersten Wochen ihrer Schwangerschaft ein Spannungsgefühl in den Brüsten, während es bei anderen erst später auftritt. Diese hormonellen Veränderungen sind ein normaler Teil der Schwangerschaft und sollten keine Sorge bereiten. Prophylaktisch kannst du die nachfolgend beschriebene Brustkorbreinigung regelmäßig anwenden. Sie hilft nicht nur, das prämenstruelle Syndrom im normalen hormonellen Zyklus zu minimieren, sondern bereitet dich auch während der Schwangerschaft optimal auf das Stillen vor.

### *VERANTWORTLICH SIND DIE HORMONE*

- **Progesteron** stimuliert das Wachstum der Brustdrüsen und führt zu einer vermehrten Durchblutung in diesem Bereich. Dadurch kann es zu einem Spannungsgefühl in den Brüsten kommen.
- **Östrogen** trägt ebenfalls zur Veränderung der Brüste während der Schwangerschaft bei. Es sorgt dafür, dass die Brustdrüsen wachsen und sich ausdehnen, um Milch produzieren zu können. Dadurch kann das Brustgewebe empfindlicher werden und es zu einem Spannungsgefühl kommen.

**Zwei entscheidende Hormone spielen beim Stillen eine große Rolle.**

Hormone wie Prolaktin und Oxytocin spielen eine zentrale Rolle beim Stillen. Prolaktin fördert die Milchproduktion, während Oxytocin für den Milchspendereflex verantwortlich ist. Ein gutes Zusammenspiel dieser Hormone ist entscheidend, damit das Stillen gut funktioniert.

1. **Oxytocin macht glücklich** und entspannt und wirkt sich auf Körper und Psyche aus. Es braucht bestimmte Reize als Auslöser. Körperkontakt, wie Kuscheln und Sex – insbesondere beim Orgasmus – sind starke Auslöser.

Seine Hauptwirkung entfaltet Oxytocin während des Geburtsprozesses, deshalb heißt es übersetzt auch „schnelle Geburt". Oxytocin löst die Wehen aus und fördert nach der Geburt die Rückbildung der Gebärmutter. Künstlich hergestelltes Oxytocin dient bei der klinischen Geburtshilfe auch als „Wehentropf", in diesem Fall sorgt es für die schnelle Einleitung oder die Steigerung der Geburtswehen.

### *DER MILCHSPENDEREFLEX – WAS IST DAS?*

Oxytocin reguliert den Milchspendereflex[43] und fördert somit den Milchfluss, wenn das Baby an der Brust saugt.

Das ausgeschüttete Hormon verstärkt die emotionale Bindung zwischen dem Säugling und der Mutter.

Der erhöhte Oxytocinspiegel beim Stillen beruhigt die Mutter und senkt das Stresshormon Cortisol. Selbst das Baby schüttet nach dem Stillen das Hormon Oxytocin aus, da es sich anschließend satt, ruhig und zufrieden fühlt. Bereits der Gedanke an das Stillen oder das Schreien eines Babys kann Oxytocin und damit den Milchfluss bei der Mutter auslösen. Dies zeigt, wie stark der psychologische Aspekt des Stillens mit diesem Hormon verbunden ist.

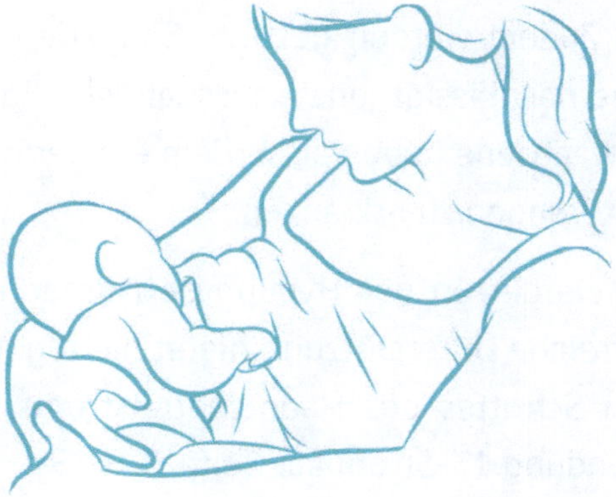

---

43 Team Muttermilch. (n.d.). *Milchspendereflex*. Abgerufen am 27. November 2024, von https://teammuttermilch.de/milchspendereflex/

### *STRÖME DIE „13" ODER HALTE DEN MITTELFINGER*

Die „13" wirkt sich positiv auf die Brust sowie die Milchbildung aus. Der Mittelfinger ist dem Energiezentrum „13" zugeordnet. Über die Beziehung von Wirbeln (3. Brustwirbel) zum Nervenstrom wirkt der Mittelfinger positiv auf die Milch in der Brust.

### *SCHNELLERE RÜCKBILDUNG NACH DER GEBURT*

In den ersten Wochen nach der Geburt wirst du beim Stillen deines Babys möglicherweise ein leichtes Ziehen im Unterleib spüren. Das liegt daran, dass durch das Saugen an der Brust in der Hirnanhangdrüse (Hypophyse) die Freisetzung von Oxytocin angeregt wird. Dieses Hormon bewirkt das Zusammenziehen der Gebärmutter. Auch wenn diese Empfindung kurzfristig unangenehm sein kann, fördert sie langfristig die Rückbildung der Gebärmutter und ist sehr gesund für den Regenerationsprozess nach der Geburt.

2. **Prolaktin wird als das „Mütterlichkeitshormon"** bezeichnet, weil es bei allen Säugetieren und vielen anderen Wirbeltieren das Fürsorgeverhalten der Eltern fördert. Studien zeigen, dass stillende Mütter ein besonders sensibles Reaktionsverhalten gegenüber ihren Säuglingen zeigen. Zudem werden gestillte Säugetiere seltener durch ihre Mütter vernachlässigt oder misshandelt. Ehemals gestillte Kinder und Erwachsene haben außerdem ein geringeres Risiko, an psychischen Störungen zu erkranken.[44]

Beide Hormone werden in der Hypophyse (Hirnanhangsdrüse) produziert. Eine hilfreiche Unterstützung bietet die regelmäßige Anwendung des ersten Schrittes des Hauptzentralstroms, siehe Seite 90 oder Selbstanwendung 13-Strom auf Seite 196/197.

---

44 Still-Lexikon. (n.d.). *Warum Stillen so wichtig ist.* Abgerufen am 27. November 2024, von https://www.still-lexikon.de/warum-stillen-so-wichtig-ist/

## KOMBINATION FÜR DIE BRUSTEBENE

### *EINFACHE VERSION FÜR DIE RECHTE BRUSTKORBSEITE*

zur Vorbereitung für das Stillen und die Reinigung der Brustebene

- R linke hohe 1 (Innenseite Oberschenkel)
  L rechte 19 (Ellenbeuge)
  Die rechte Hand bleibt
- L rechte hohe 19 (Oberarm)
- L rechte 26 (Achselhöhle)
- L rechte 13 (oberhalb der Brust)

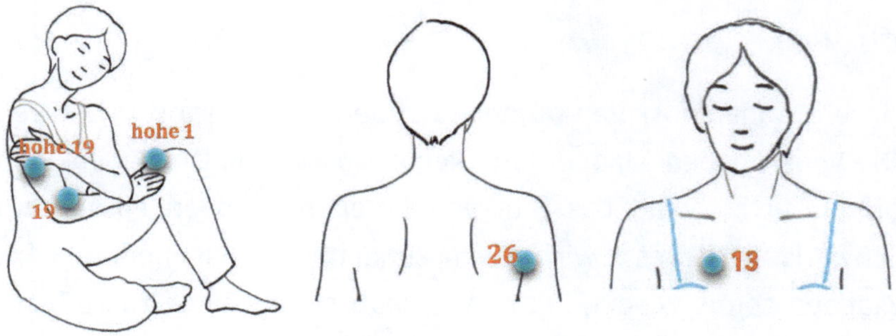


### *SPEZIALVERSION FÜR DIE RECHTE BRUSTKORBSEITE*

- R linke hohe 1 bis 1 Innenseite Oberschenkel bis Innenseite Knie
- L rechte 19 an der Ellenbeuge, der Daumen liegt an der Unterseite. Wandere von dort schrittweise bis zur „hohen 19" und weiter bis in die Achselhöhle
- Drehe nun die Hand so, dass der Daumen vorne an der Brust auf der rechte 13 liegt . Die Finger Befinden sich unter der Achselhöhle

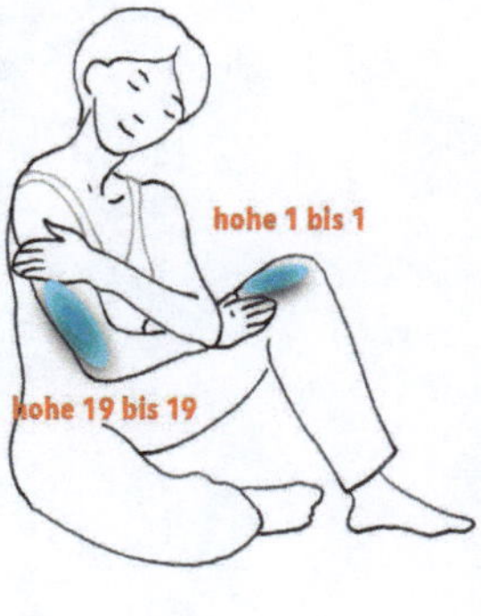

### *KRAMPFADERN*

Während der Schwangerschaft kommt dein Körper in jeglicher Hinsicht an seine Grenzen. Doch mache es dir bewusst, dass dein Körper damit umgehen kann. Durch das Hormon Progesteron weiten sich die Venen und dein ganzer Körper lagert immer mehr Wasser ein. Dabei wird dein Gewebe weich und geschmeidig, was sich sehr positiv auf die Geburt auswirkt. Auch der Blutdruck ist etwas höher als sonst.

Deine Gebärmutter ist voll durchblutet und wächst. Der Druck auf deinen Bauchraum und zu den Beinen hin nimmt zu. Es kann zu Krampfadern, Hämorrhoiden oder Schwellungen in den Beinen führen.

### *DIE MUSKEL-VENEN-PUMPE*

Unsere Wadenmuskulatur unterstützt den Bluttransport in den Venen. Die Venen haben Klappen und keine Muskulatur. Die Venenklappen öffnen sich, sobald das Blut von unten nach oben entgegen der Schwerkraft gepresst wird. Bei gesunden Venen schließen sich die Klappen sofort wieder, um den Rückfluss des Blutes zu verhindern. Sind die Venenklappen geschädigt, kann dies zu einem Rückstau und somit zu Krampfadern führen.

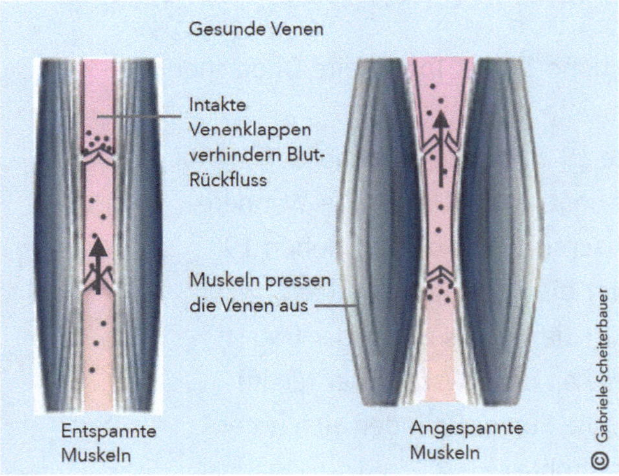

Um dem vorzubeugen, mache regelmäßiges Venentraining, kalte Güsse, und sorge für ausreichend Bewegung. Dein Körper vollbringt Höchstleistungen und das über eine Dauer von mindestens neun Monaten. Atme aus und lasse den Druck ab. Du musst jetzt nichts durchstehen. Dein Körper ist perfekt und regelt alles für dich. Du darfst es zulassen. Lege gelegentlich einen Schongang ein. Nimm dir die Zeit für wohltuende Pflege und Ruhe oder eine Massage. Vermeide zu langes Stehen, um die Venen zu entlasten.

## KOMBINATION ZUR UNTERSTÜTZUNG DER VENEN

- 11/15 11/25

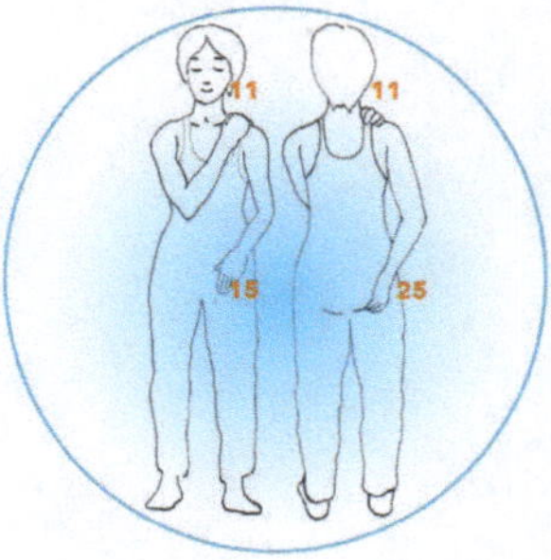


- 1. L linke 15
- R linke 2
- 2. L linke 15
- R rechte 2

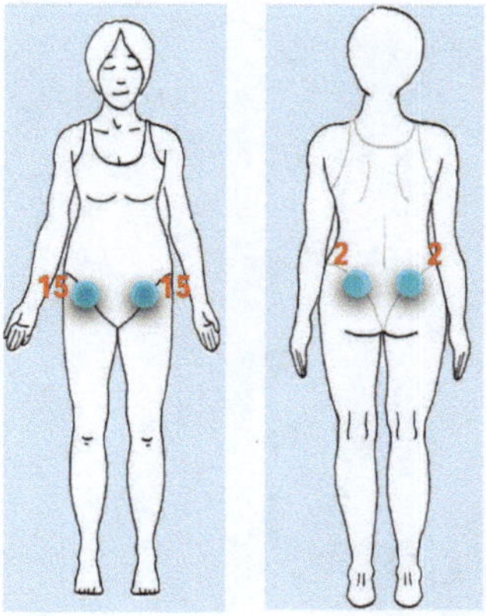


- gleiche Körperseite und gegenüberliegende Seite

# Kurze Übungen für jeden Monat der Schwangerschaft

(1, 5, 10 oder 20 Minuten)

Bis die Energie in Bewegung kommt, braucht es nur ein paar Minuten. Mache es dir während dem Strömen bequem. Die angegebenen Kurzversionen sind nur eine Auswahl von vielen Möglichkeiten. Sollte dir eine bestimmte Haltung sehr gut tun, kannst du sie selbstverständlich zu deiner täglichen Routine machen. Im weiteren Verlauf kannst du tiefer eintauchen, wenn du möchtest.

## 5–10-MINUTEN-ÜBUNGEN
## FÜR DEN ERSTEN SCHWANGERSCHAFTSMONAT

### *KURZFORM HAUPTZENTRALSTROM*

- Rechte Hand auf den Kopf, linke Hand auf das Schambein – dann auf das Steißbein

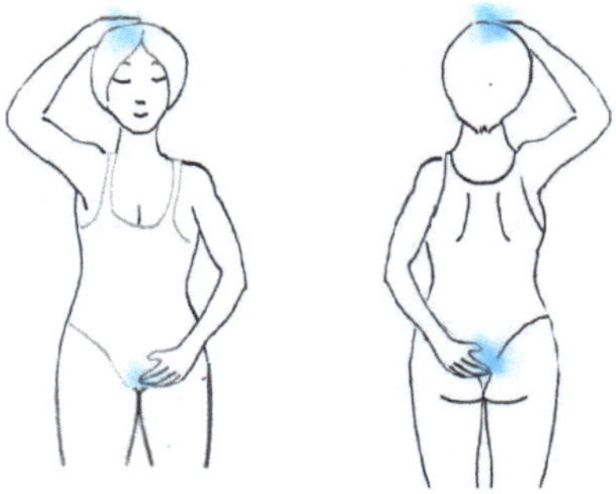

- Lege eine Hand auf die gegenüberliegende Schulter und die andere in die Leiste. Nach wenigen Minuten wechsle die Hand von der Leiste auf den Sitzhöcker

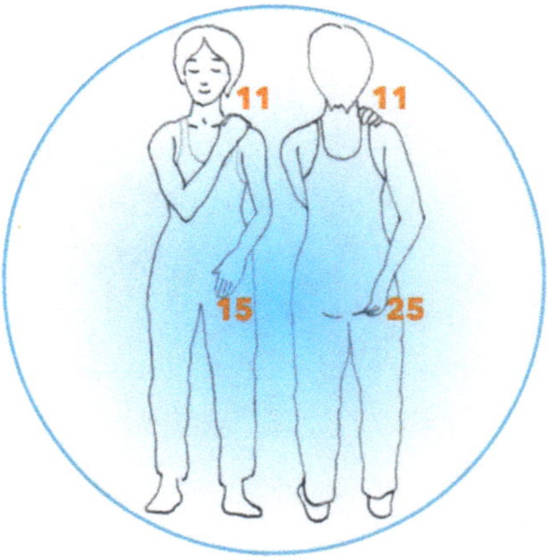

## 5–10-MINUTEN-ÜBUNGEN
## FÜR DEN ZWEITEN SCHWANGERSCHAFTSMONAT

- Halte dir das Handgelenk („17")

- Lege deine Hände über Kreuz auf den Brustbereich

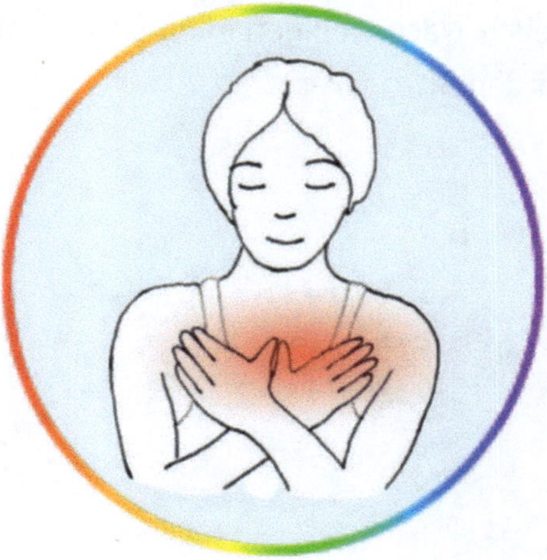

## 5–10-MINUTEN-ÜBUNGEN
## FÜR DEN DRITTEN SCHWANGERSCHAFTSMONAT

- Halte beide Ellbogen („19“) – dann lege eine Hand auf die Stirn – nach wenigen Minuten lege die andere Hand auf das Schambein

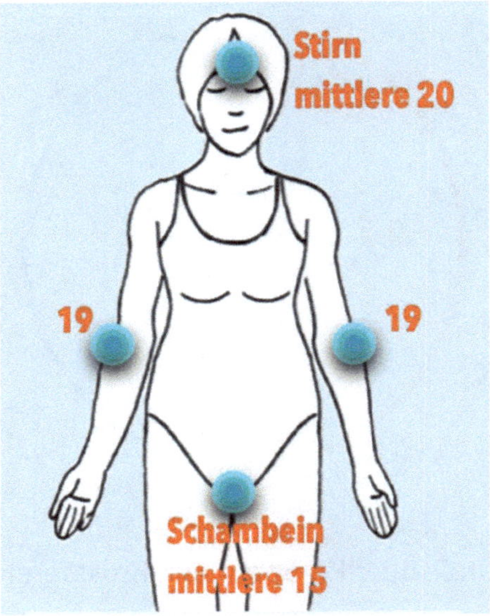


- Lege eine Hand auf die gegenüberliegende Schulter und die andere in die Leiste. Nach wenigen Minuten wechsle die Hand von der Leiste auf den Sitzhöcker

## 5–10-MINUTEN-ÜBUNGEN
## FÜR DEN VIERTEN SCHWANGERSCHAFTSMONAT

- Lege eine Hand auf die Mitte der Halswirbelsäule und die andere Hand auf den unteren Rücken (Gegend von Steißbein und Kreuzbein)

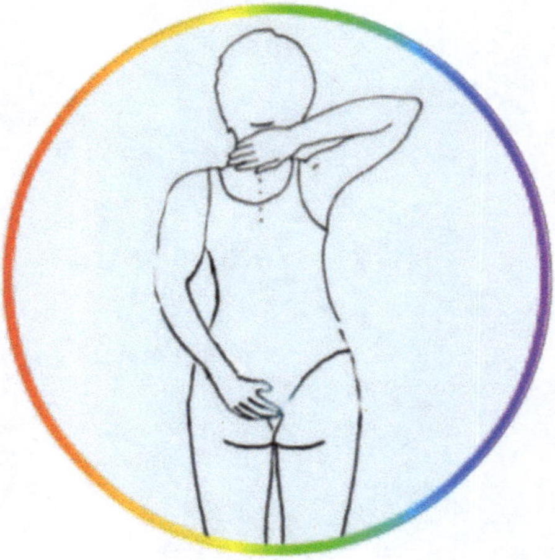

- Halte deine Ellbogen („19“)

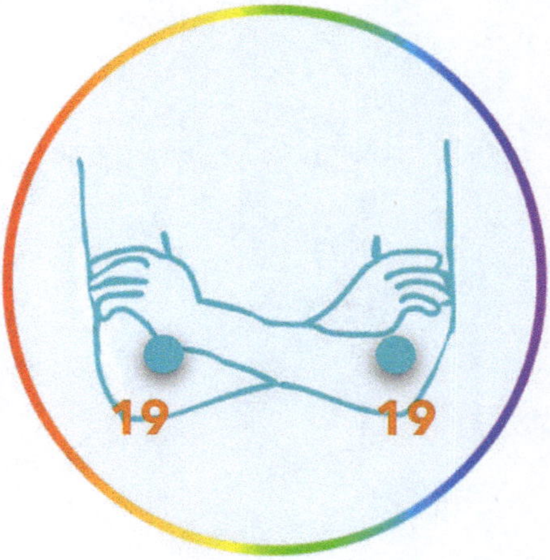

## 5–10-MINUTEN-ÜBUNGEN
## FÜR DEN FÜNFTEN SCHWANGERSCHAFTSMONAT

- Lege eine Hand auf die selbe Seite Schädelbasis („4“) und die andere unter das Schlüsselbein („22“)

- Lege eine Hand in den Nacken (selbe Seite – „12“) und die andere auf die Stirn („20“)

## 5-10-MINUTEN-ÜBUNGEN
## FÜR DEN SECHSTEN SCHWANGERSCHAFTSMONAT

- Lege eine Hand auf die gegenüberliegende Schulter („11") – strecke den Zeigefinger weg und halte ihn mit der anderen Hand

- Lege eine Hand unter das gegenüberliegende Schlüsselbein und die andere Hand auf der gleichen Seite unter den Rippenbogen

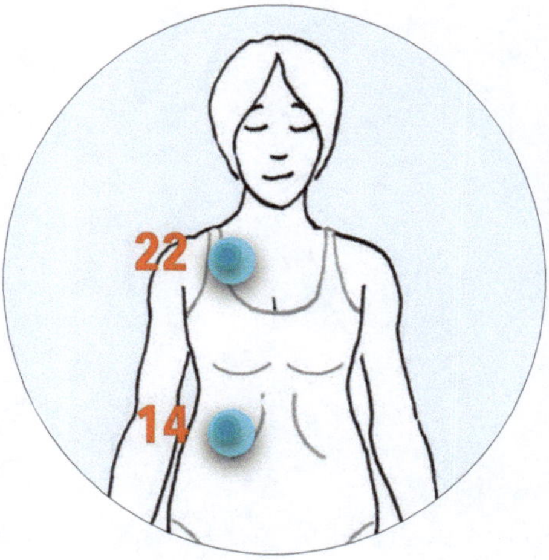

## 5–10-MINUTEN-ÜBUNGEN
## FÜR DEN SIEBTEN SCHWANGERSCHAFTSMONAT

- Lege eine Hand auf die gegenüberliegende Wange („21“) und die andere Hand unter das Schlüsselbein („22“)

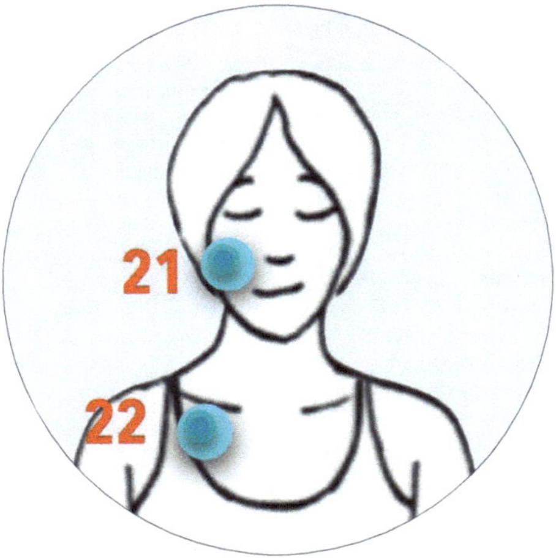


- Lege eine Hand auf den gegenüberliegenden Rippenbogen („14“) und die andere Hand auf die andere Seite über die Brust („13“)

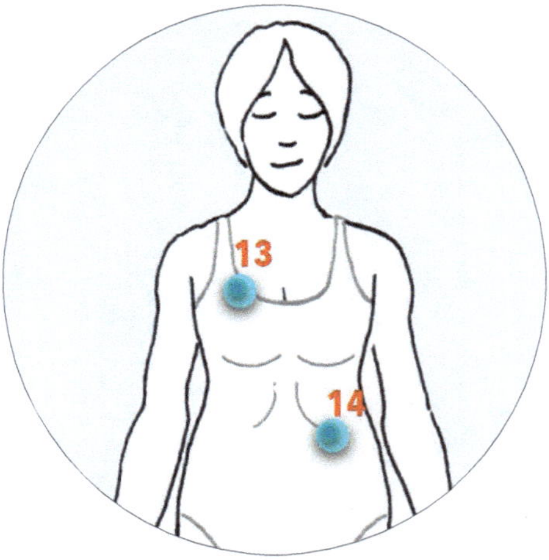

## 5–10-MINUTEN-ÜBUNGEN
## FÜR DEN ACHTEN SCHWANGERSCHAFTSMONAT

- Lege eine Hand auf die gegenüberliegende Schulter („11") – strecke den Zeigefinger weg und halte ihn mit der anderen Hand

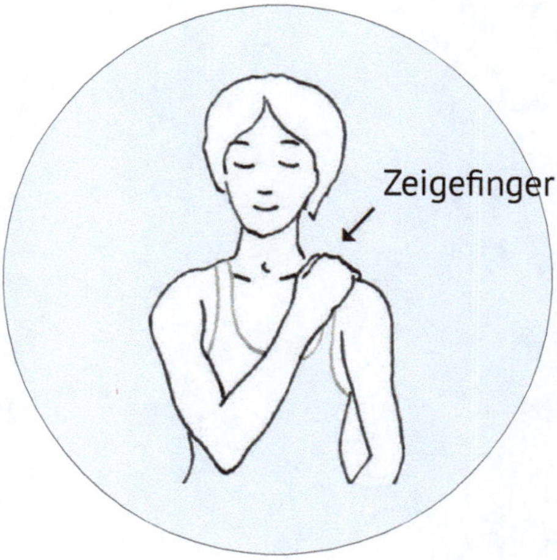


### *1-5 MINUTEN ATEMÜBUNG ZUR ENTSPANNUNG*

- Atme zweimal hintereinander durch die Nase ein
- Mach eine kurze Pause
- Atme mit einem hörbaren Seufzer durch den Mund aus

## 5–10-MINUTEN-ÜBUNGEN
## FÜR DEN NEUNTEN SCHWANGERSCHAFTSMONAT

- Lege eine Hand auf die Mitte der Halswirbelsäule und die andere Hand auf den unteren Rücken (Gegend von Steißbein und Kreuzbein)

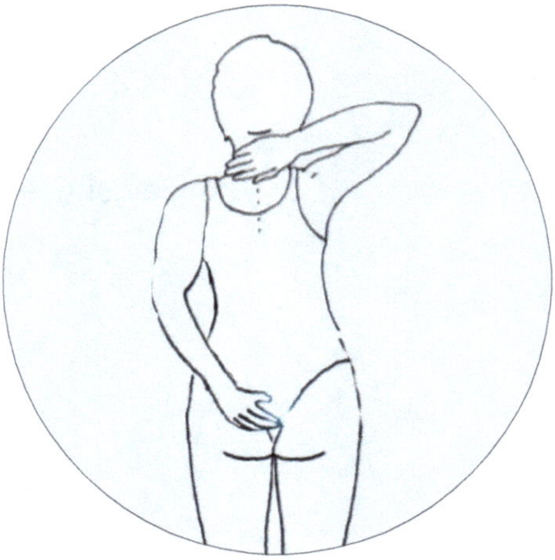

- Halte den Oberarm („hohe 19") und den gegenüberliegenden Oberschenkel („hohe 1")

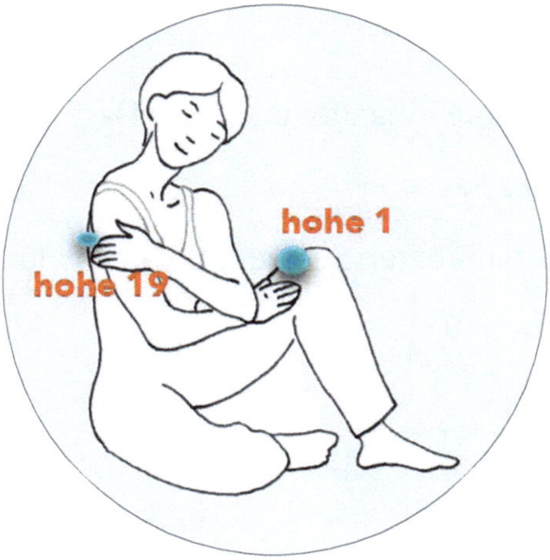

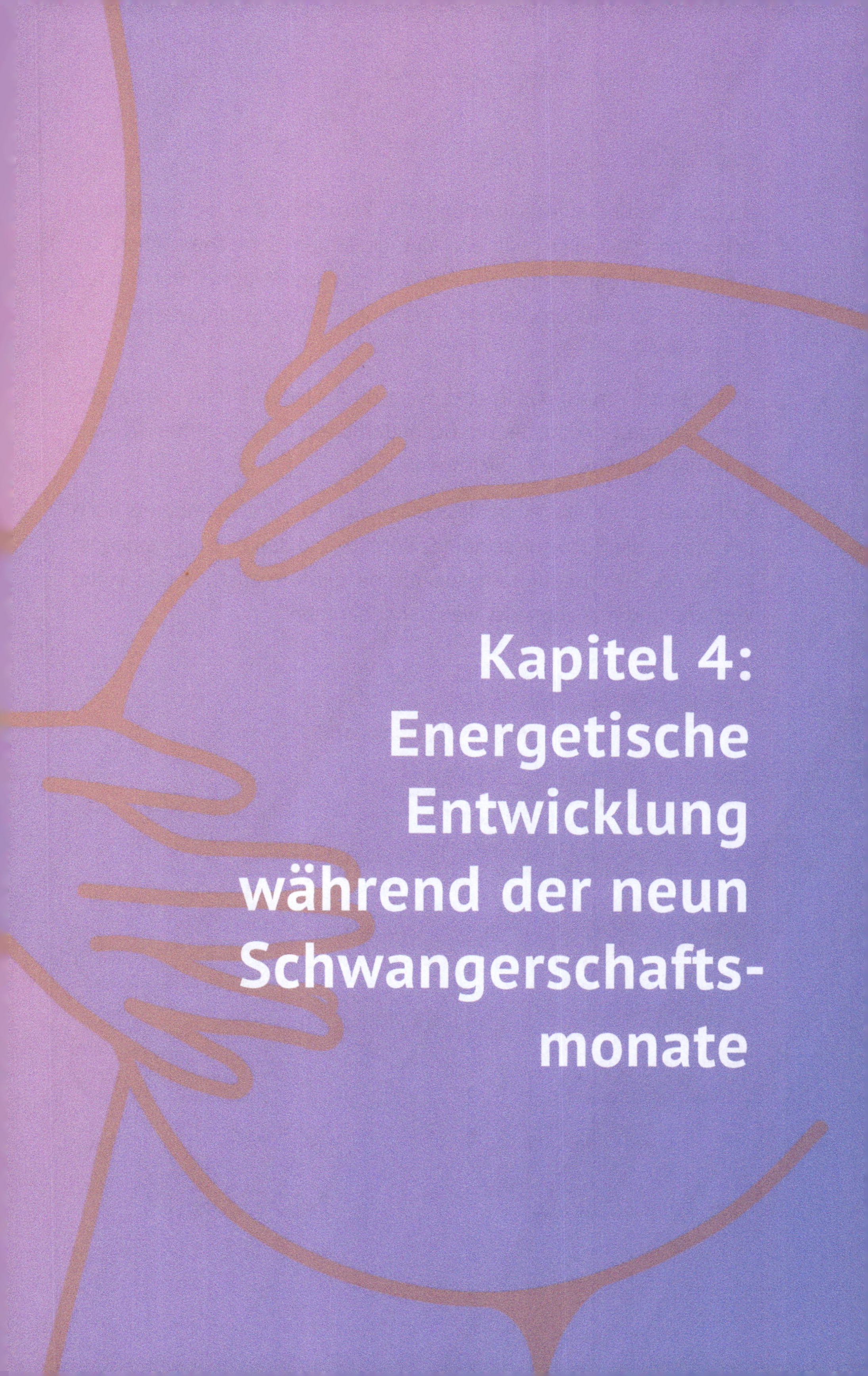

# Kapitel 4: Energetische Entwicklung während der neun Schwangerschafts-monate

### *DEINE TÄGLICHE ROUTINE*

Du hast bisher eine Sammlung für körperbasierte Selbstfürsorge bekommen, die dich während der gesamten Schwangerschaft begleiten wird. Diese grundlegenden Tipps und Maßnahmen helfen dir, deine Schwangerschaft so angenehm und natürlich, wie möglich zu gestalten.

Im weiteren Verlauf des Buches wirst du für jeden Monat spezifische Anwendungen finden, die die Besonderheiten der einzelnen Schwangerschaftsmonate berücksichtigen.

So kannst du sicherstellen, dass du sowohl im Allgemeinen als auch gezielt auf die Bedürfnisse deines Körpers und deines Babys eingehst. Wähle die Stromsequenzen aus, die du gerne magst. Es gibt keine Wertung und manchmal ist weniger sogar mehr.

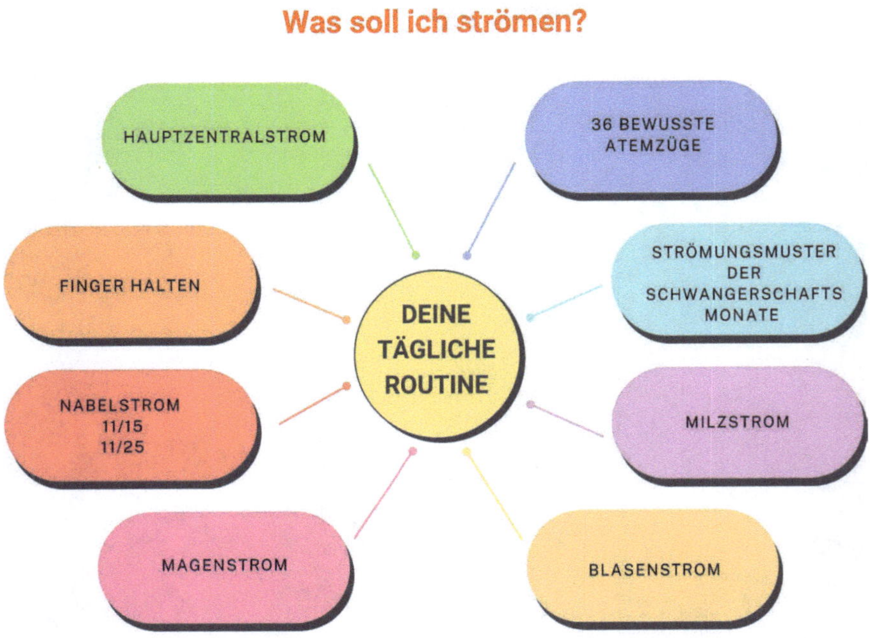

### *DIE HALSWIRBELSÄULE*

Die Halswirbelsäule, bestehend aus sieben Wirbeln, hat eine tiefgehende energetische Bedeutung. Jeder Wirbel ist in Verbindung mit einem Planeten und entspricht einer „Tiefe".

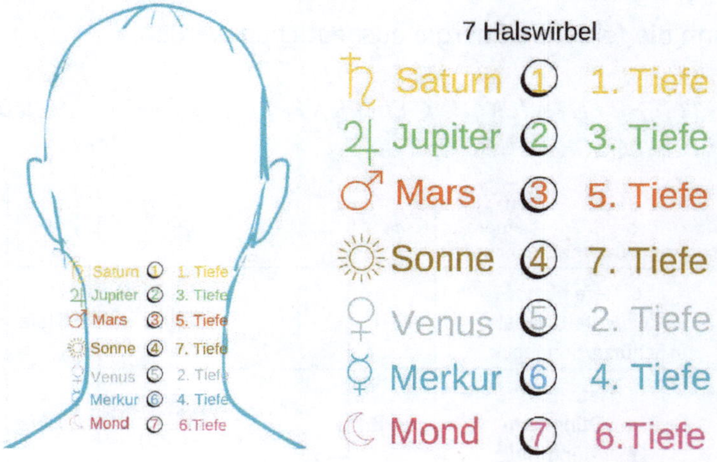


Die folgende Tabelle zeigt die energetische Entwicklung in jedem Schwangerschaftsmonat und die Beziehung zur Wirbelsäule und den Planeten:

Während der neun Schwangerschaftsmonate entwickelt sich das Baby nach einem genauen genetischen Bauplan. Es ist noch nicht alles erforscht, was ganz genau geschieht. Die Erkenntnisse der Embryologie liefern uns Informationen, welche Entwicklung täglich vor sich geht. Es ist ein Wunder und lässt uns staunen, mit welcher Intelligenz und Präzision, der Körper gebaut wird. Der energetische Bauplan enthält die Zusammenhänge der verschiedenen Planeten mit den unterschiedlichen Aspekten des Lebens. Folgende planetarischen Einflüsse wirken auf die Entwicklung der Tiefen auf der Ebene der individualisierten Körperfunktionsenergie. Diese Schwingung wird zu Materie und sichtbar. Die gesamte Entwicklung läuft ganz natürlich ab. Du kannst jeden Monat die angeführten Ströme obligatorisch anwenden, um die Anpassung an die Situation zu erleichtern, oder bei jeglicher Disharmonie. Wenn du als werdende Mutter zum Beispiel in einem bestimmten Monat viel Energie benötigst, kann es sein, dass für die energetische und physische Entwicklung des Babys nicht genug Energie zur Verfügung steht. Durch die Ströme dieses Monats der Entwicklung kann die fehlende Energie ausgeglichen werden.

### *ENERGETISCHE ENTWICKLUNG EINES NEUEN LEBENS WÄHREND DER 9 MONATE SCHWANGERSCHAFT*

| Monat | Tiefe und Planet<br>Ind. Körperfunktionsenergie<br>Astrologisches Zeichen | Woche | Halswirbel - Funktion | Tiefe | Planet unter-stützt |
|---|---|---|---|---|---|
| 1 | 6. Tiefe **Mond**<br>Zwerchfell/Nabel<br>Schütze/Steinbock | 1–4 | HW 1 – Blaupause<br>(Bauplan) | 1. Tiefe | Saturn |
| 2 | 5. Tiefe **Mars**<br>Herz/Dünndarm<br>Löwe/Jungfrau | 5–8 | HW 2 – Struktur<br>(Knochen/Skelett) | 3. Tiefe | Jupiter |
| 3 | 4. Tiefe **Merkur**<br>Blase/Niere<br>Waage/Skorpion | 9–12 | HW 3 – Bewegung<br>(Muskeln) | 5. Tiefe | Mars |
| 4 | 7. Tiefe **Sonne**<br>Geist und Licht<br>vermischen sich | 13–16 | HW 4 – Bewusstsein<br>(Ankunft des Geistes<br>im Körper) | 7. Tiefe | Sonne |
| 5 | 3. Tiefe **Jupiter**<br>Gallenblase/Leber<br>Wassermann/Fisch | 17–20 | HW 5 – Ausdehnung<br>(Wachstum) | 2. Tiefe | Venus |
| 6 | 2. Tiefe **Venus**<br>Lunge/Dickdarm<br>Widder/Stier | 21–24 | HW 6 – Schönheit<br>(Der Körper bringt seine<br>Harmonie zum Ausdruck) | 4. Tiefe | Merkur |
| 7 | 1. Tiefe **Saturn**<br>Magen/Milz<br>Zwillinge/Krebs | 25–28 | HW 7 – Grenzen<br>(Körper ist<br>bereit zum Leben) | 6. Tiefe | Mond |
| 8 | 2. Tiefe **Venus**<br>Lunge/Dickdarm<br>Widder/Stier | 29–32 | HW 1 – Atem<br>(Reifung des<br>Atemsystems) | | Uranus |
| 9 | 4. Tiefe **Merkur**<br>Blase/Niere<br>Waage/Skorpion | 33–36 | HW 2 – Ende eines<br>Zyklus<br>Beginn eines Neuen | | Neptun<br>Pluto |

## ERSTER SCHWANGERSCHAFTSMONAT

Eins bedeutet „Urbeweger" – verbindet höchste Höhen mit tiefsten Tiefen.

„Geist wird zu Materie"

**1. Halswirbel -**
**Saturn**

**Blaupause**
**(Bauplan)**

Größe: 0.2 mm

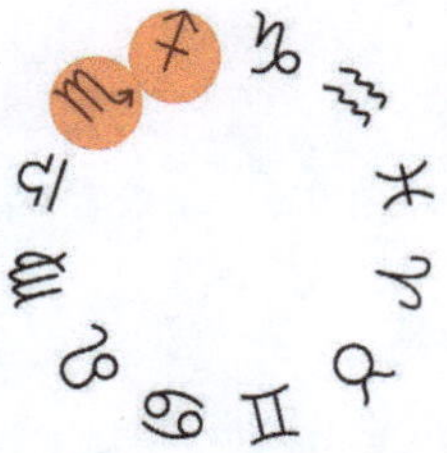

### *EMOTIONALE BINDUNG UND WOHLFÜHLEN FÜR MUTTER UND KIND.*

Viele Frauen wissen zu diesem Zeitpunkt meist noch nichts von der Schwangerschaft. Im ersten Schwangerschaftsmonat geht es um die Vermehrung der Zellen. Es ist noch keine menschliche Form zu erkennen. Der Durchmesser der befruchteten Eizelle beträgt etwa 0,2 mm. In den folgenden 24 Stunden teilt sich die Zelle zum ersten Mal und nach etwa fünf bis sechs Tagen ist die Eizelle vom Eileiter in die Gebärmutter gewandert, wo sie sich in der Gebärmutterschleimhaut einnistet.

Fruchtwasser und die Plazenta (Mutterkuchen) dienen der Versorgung des Embryos bzw. ab der neunten Schwangerschaftswoche sowohl dazu, den Fötus mit Nährstoffen und Sauerstoff, zu versorgen als auch dem Abschirmen gegen Krankheitskeime und Schadstoffe. Die Nabelschnur stellt die Verbindung zwischen Plazenta und Baby her.

Die astrologischen Zeichen im 1. Monat sind Schütze (Zwerchfellfunktionsenergie/ 6. Tiefe ↑) und Steinbock (Nabelfunktionsenergie/6. Tiefe ↓).

Der Mond ist der 6. Tiefe zugeordnet.

Die magnetische Energie des Mondes (6. Tiefe) für den Bauplan und die Energie von Saturn (1. Tiefe) für die Struktur des Embryos arbeiten zusammen, um einen Körper zu entwickeln.

**Der Mond spiegelt die Sonne**

Der Mond besitzt kein eigenes Licht. Jedes Individuum reflektiert das Licht der Sonne auf einzigartige Art und Weise.

Als erstes bildet sich auf der energetischen Ebene der Hauptzentralstrom im Zentrum. Physisch sind es die Wirbelsäule und das zentralen Nervensystem. Dabei wird die 6. Tiefe von der 1. Tiefe unterstützt, die zusätzliche Struktur und Stabilität liefert. Der Ausdruck der 6. Tiefe wirkt während der ganzen Entwicklung und bleibt die gesamte Lebenszeit über – inklusive der perfekten Blaupause – erhalten. Die 6. Tiefe Selbstanwendung ist somit nicht nur im ersten Schwangerschaftsmonat Teil der täglichen Routine, sondern während der gesamten Entwicklung und Lebenszeit.

***ANWENDUNG IM 1. MONAT:***

**Für die 6. Tiefe (Urfeuer):**

- Hauptzentralstrom, 13-Strom, 15-Strom
- Zwerchfellfunktions- und Nabelfunktionsenergie und jegliche 6. Tiefe-Ströme

**Für die Unterstützung von Saturn (1. Tiefe):**

- Energiezentrum „4“, „10“ oder „hohe 19“ (Oberarm) „21“, jegliche 1. Tiefe-Ströme

### *FÜR DIE 6. TIEFE (URFEUER): HAUPTZENTRALSTROM – DER FLUSS DES LEBENS*

Der Hauptzentralstrom ist die Quelle der Lebenskraft und der Energie im Körper. Er fördert das harmonische Zusammenspiel aller Körperfunktionen – die, die erneuern, schützen und nähren. Aktiviere in sechs einfachen Schritten alles, was dein Körper braucht, um im Gleichgewicht zu bleiben oder wieder in Balance zu kommen. Eine ausführliche Beschreibung der Selbstanwendung findest du beim Dreieinigkeitsstrom (Seite 90).

Vom Kronenpunkt fließt die Energie hinunter durch die Körpervorderseite bis zum Becken – steigt entlang der Wirbelsäule wieder auf – und fließt erneut durch die Mitte hinab. Ein Oval. Ein Atem. Ein Rhythmus.

Er ist eine Art energetischer Kreislauf, der sich in einem unendlichen Fluss durch unseren Körper bewegt. Ohne Anfang, ohne Ende – wie ein ewiger Strom, der Leben, Bewusstsein und Harmonie trägt. Er hilft chronischen Energiemangel auszugleichen und fördert Regeneration. Tägliches Strömen kann wie ein innerer Kraftspender wirken.

### *KURZANWENDUNG FÜR DEN HAUPTZENTRALSTROM*

Berühre deine Handinnenflächen:

- Halte mit der rechten Hand die linke Handinnenfläche
- dann wechsle und halte die rechte Handinnenfläche
- oder falte deine Hände

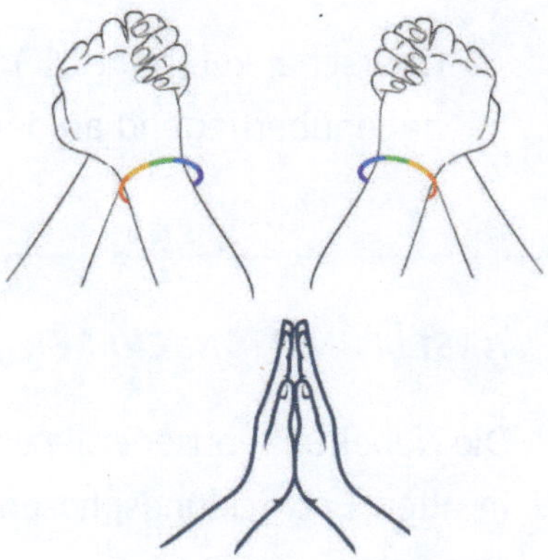

### *ZWERCHFELLFUNKTIONSENERGIE*

Der Zwerchfellstrom fließt vom Zwerchfell zur Spitze des Ringfingernagels und schafft Gleichgewicht durch den Einfluss von Jupiter, der für Ausdehnung und Wachstum steht. Die Zwerchfellatmung wird unterstützt durch die Nasenatmung. Atme durch die Nase ein und aus. Wenn du die Möglichkeit hast, mache täglich einen Waldspaziergang und fülle deine Lungen mit der frischen Energie. Als Nebeneffekt stärkt es den Vagusnerv, der auch als „Wohlfühlnerv" oder „Selbstheilungsnerv" bezeichnet wird. Er bringt Körper und Psyche ins Gleichgewicht.

Durch die Zwerchfellatmung wird der venöse Rückstrom aus den Beinen gefördert. Gegen Ende der Schwangerschaft, wenn der Babybauch immer größer wird, können Stauungen in den Beinen auftreten. Aus diesem Grund ist diese einfache, aber wirkungsvolle Kombination während der Schwangerschaft sehr zu empfehlen.

Der Zwerchfellstrom unterstützt die Atmung sowie die Funktion der Lunge. Er klärt den Brustbereich und hilft dabei, Emotionen, insbesondere starke Trauer, auszuatmen. Wende diese einfache Haltung an bei Erkältungen, Pollen- und Stauballergien. Es verbessert die Atmung und trägt zur Steigerung der Vitalität bei.

- Halte den Oberarm (hohe „19") und
- Oberschenkel (hohe „1")
  gegenüberliegend an der Innenseite

### *NABELFUNKTIONSENERGIE*

Die Nabelfunktionsenergie unterstützt sowohl Mutter als auch das Baby in allen Entwicklungsphasen. Er fließt vom Ringfingernagel zur Mitte des unteren Augenlides. Dieser Strom fördert harmonische Beziehungen und spielt eine wesentliche Rolle in allen Aspekten rund um Schwangerschaft, Mutterschaft, Geburt, Stillen, Kindheit, Hormongleichgewicht und Fruchtbarkeit. Die Nabelfunktionsenergie (6. Tiefe) ist die „Versorgerin" für den Körper und öffnet zugleich den Zugang zum individuellen Potenzial. Die 1. Tiefe entwickelt sich in den ersten fünfzehn Lebensjahren und ist eng mit der Verkörperung wesentlicher Grundbedürfnisse verbunden. Albert und Diane Pesso[45] beschreiben diese als Platz, Schutz, Nahrung, Unterstützung und Grenzen. Weitere Informationen dazu erfährst du im sechsten Kapitel, „Die ersten Lebensjahre deines Kindes."

Die Natur hat für alles gesorgt und schon ab Beginn der Befruchtung kommt die 6. Tiefe ins Spiel und bringt Ideen in die konkrete Anwendung. Sie ist unsere persönliche Quelle für den Körper, auch wenn sie nicht manifestiert ist. Die Wirbelsäule bringt uns in die Aufrichtung und verbindet uns mit etwas Größerem, als wir uns vorstellen können. Der Nabelstrom betreut jeden Prozess während der Schwangerschaft. Nach der Geburt unterstützt er sowohl die Mutter als auch das Baby, und seine regelmäßige Aktivierung in den ersten drei Lebensjahren fördert eine gesunde und harmonische Entwicklung. So wie die Nabelschnur das Baby mit der Plazenta und lebenswichtigen Nährstoffen verbindet, verknüpft der Nabelstrom uns Menschen in jedem Entwicklungsstadium mit der universellen Quelle. Sollte das Gefühl der Verbundenheit verloren gehen und Ängste oder Mangeldenken aufkommen, hilft der Nabelstrom, diese wieder in Balance zu bringen. Wenn die Nabelfunktionsenergie blockiert ist, staut sich die Energie im Hüft-, Becken- und unteren Rückenbereich. Der Rückstau kann bis in die Beine reichen und das Ergebnis sind schwere, schmerzende, schwache

---

45 Pesso, A. (1999). *Werden, wer wir wirklich sind: Eine Einführung in die Pesso-Psychotherapie (Pesso Boyden System Psychomotor)*, Seite 7. Abgerufen von https://fischer-bartelmann.hier-im-netz.de/Texte/Werden%20wer%20wir%20wirklich%20sind.pdf

oder gestaute Beine und Füße. Die „6. Tiefe-Ströme" sind wichtig für das zentrale Nervensystem sowie die Entwicklung der Wirbel.

Das Licht steht überall zur Verfügung, wenn wir uns ihm öffnen. Der Nabelstrom erdet uns und fördert die Regeneration bei tiefer Erschöpfung. Er unterstützt bei chronischen Beschwerden, die auf Belastungen des Körpers, wie bei chronischen Entzündungen, Stoffwechselstörungen, Tumoren, Rheuma oder Neuralgien, zurückzuführen sein können. Durch diese Verbindung zur Quelle (6. Tiefe) und dadurch zum universellen Licht bringt er Vitalität. Obwohl er selbst absteigend (Ausatmung) ist, hilft er der aufsteigenden Energie (Einatmung) und bringt Wärme sowie Nahrung für den physischen Körper.

***NABELSTROM***

Rechter Strom:

| | | | |
|---|---|---|---|
| 1. | L | auf rechte | 11 |
| | R | auf linke | 12 |
| 2. | R | auf linke | 20 |
| 3. | R | auf rechte | 12 |

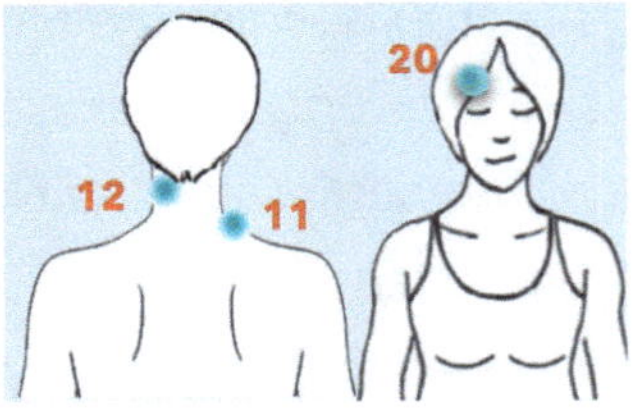


Linker Strom:

| | | | |
|---|---|---|---|
| 1. | R | auf linke | 11 |
| | L | auf rechte | 12 |
| 2. | L | auf rechte | 20 |
| 3. | L | auf linke | 12 |

oder halte den Ringfinger

***ALTERNATIVE ZUM NABELSTROM:***

Die Selbstanwendung von 11/15 ist eine kurze und effektive Kombination, für die tägliche Routine.

- Ströme „11 und 15"
- oder beide Ellbogen („19")

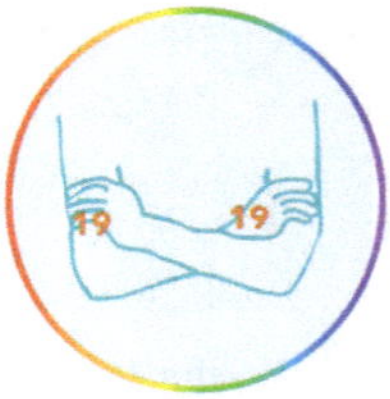

Die Energie fließt vorne runter und hinten hoch. Kann die Energie nicht absteigen, dann staut sie nach oben zurück zum Kopf und nach hinten in den Rücken

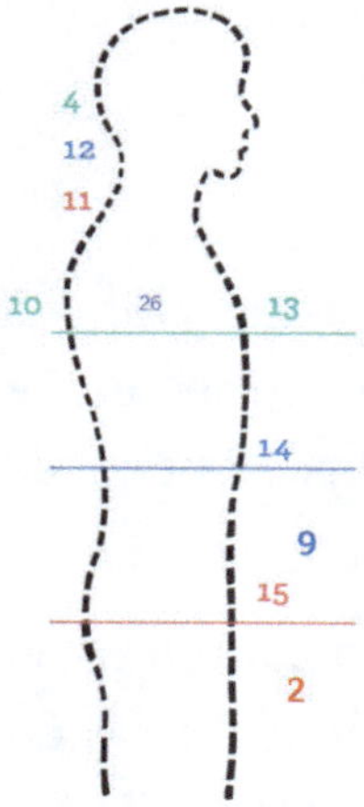


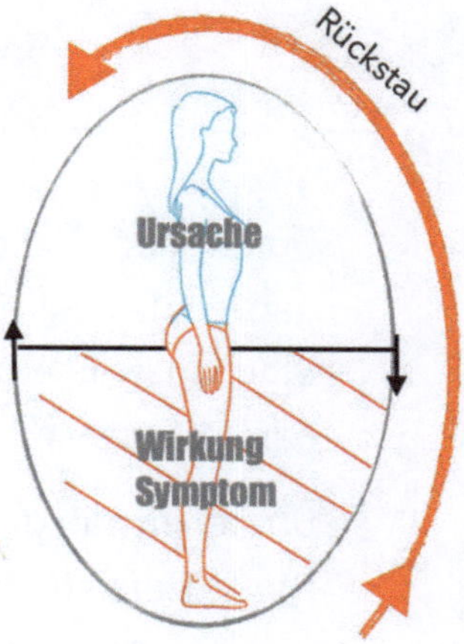


***NABELFUNKTION HILFT AUCH BEI SCHLAFPROBLEMEN.***

Dunkle Augenringe oder geschwollene untere Lider, die auch mit der Gallenblasenfunktionsenergie in Verbindung stehen können, entstehen häufig durch Stauungen in der Taillenebene. Wir verdauen nicht nur unsere Nahrung, sondern auch all die weltlichen Einflüsse, Gedanken und Glaubenssätze, die uns beschäftigen. In diesem Zusammenhang wird immer klarer, warum der Nabelstrom eine zentrale Rolle als universelle Lebensquelle für Mutter und Kind spielt. Er liefert die Energie, um all diese Prozesse zu bewältigen und die notwendige Basis für den tiefgreifenden Wandel zu schaffen, der sowohl im Inneren als auch im Äußeren stattfindet.

**Zwerchfell- und Nabelfunktionsenergie klärt die Schultern.** Die Energie kann ungehindert aufsteigen und kann frei fließen. Dadurch helfen beide Ströme u.a. bei Schwindel sowie Schwangerschaftsübelkeit.

**Bei Schwindel kläre das Energiezentrum „6“**

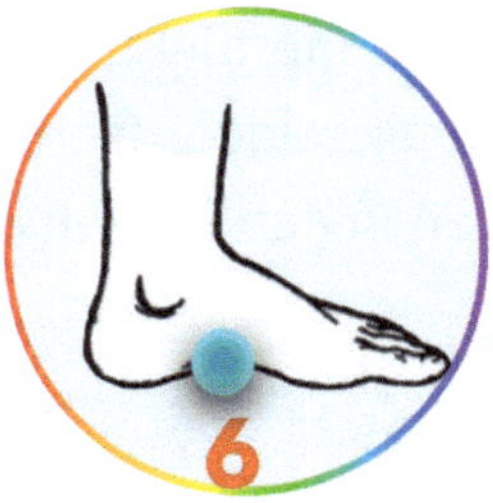


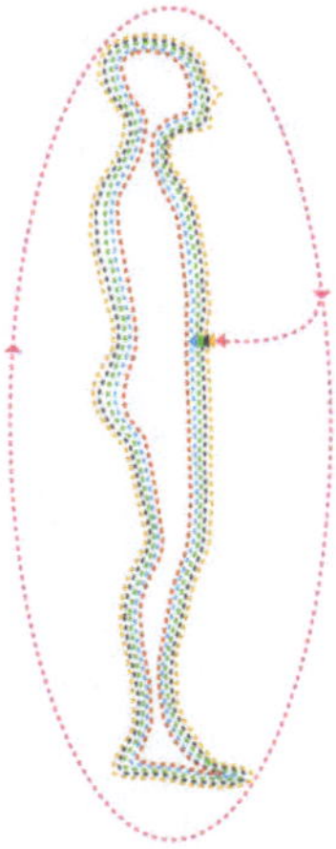

Durch den Nabel empfangen wir während des ganzen Lebens die Energie der 6. Tiefe, unserer Blaupause. Energie wird zu Materie, d.h. ein sichtbarer Körper.

Um lebensfähig zu sein, brauchen wir einen Körper. Die 1. Tiefe stellt die Energie für das Gefäß zur Verfügung und wird später zur Hautoberfläche.

Die Abgrenzung erfolgt sowohl nach außen hin als auch als Schutz nach innen.

***FÜR DIE UNTERSTÜTZUNG VON SATURN, 1. TIEFE (ELEMENT ERDE):***

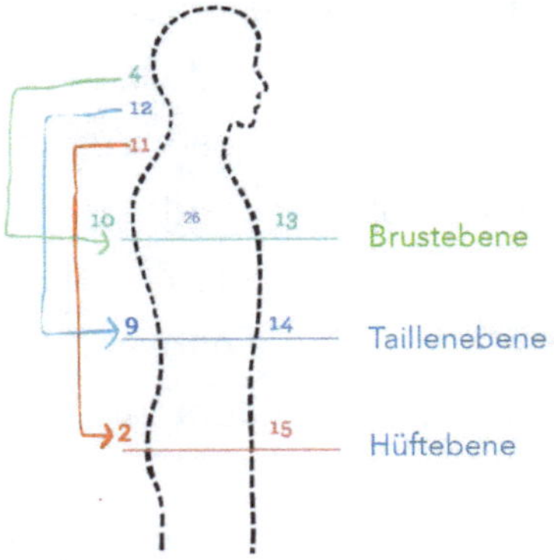


Saturn regiert die 1. Tiefe und wird vom ersten Halswirbel repräsentiert. Dort befindet sich das Energiezentrum „4“. Es bringt dynamische Kraft durch seinen Einfluss von Mars und liefert vitale Energie während der ganzen Schwangerschaft.

Das Energiezentrum „4“ wirkt harmonisierend für die Brustebene. Es klärt Gefühle und Emotionen und unterstützt die Manifestation: Energie wird zu Materie.

Die 1. Tiefe baut ihr Fundament in den ersten 15 Lebensjahren. Der Körper stellt ein sicheres Gefäß dar, damit die Seele auf dem physischen Planeten inkarnieren und sich entwickeln kann. Weitere Informationen über die 1. Tiefe findest du im Kapitel „Geburt und Kindheit“.

**Kurzanwendung: Harmonisierung Energiezentrum 4**

Rechter Strom:
L linke 4
R rechte 21

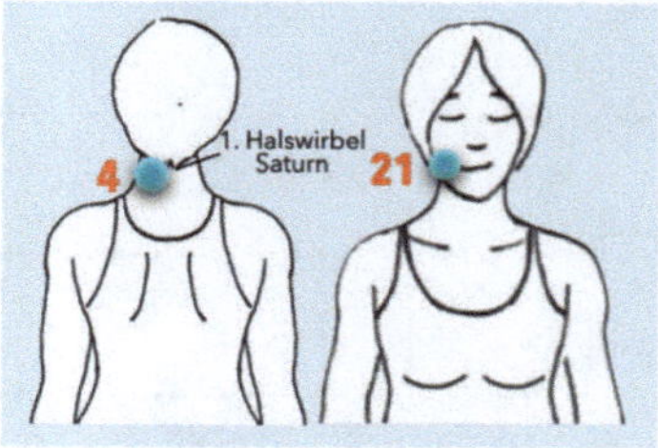


Linker Strom:
R rechte 4
L linke 21

Das Einnisten löst eine wahre Hormonwelle aus.

Die Schwangerschaft beginnt mit dem ersten Tag der letzten Periode. Du bemerkst möglicherweise nicht sofort Symptome und weißt von der Schwangerschaft erst, wenn die Periode ausbleibt oder ein Schwangerschaftstest positiv ist. Dabei wird das Schwangerschaftshormon hCG nachgewiesen. Es ist dafür verantwortlich, dass viele Frauen Übelkeit, Müdigkeit, Schwindel oder empfindliche Brüste verspüren.

# MOOD

Du bist am Ende des ersten Monats – Raum für Deine Notizen:

Eine unvergessliche Zeit beginnt

## ZWEITER SCHWANGERSCHAFTSMONAT

Zwei bedeutet „Lebenskraft und Weisheit".

„Sei, wer du bist"

**2. Halswirbel - Jupiter**
**Struktur: Skelett, Knochen**

Größe: 2 mm bis 15 mm

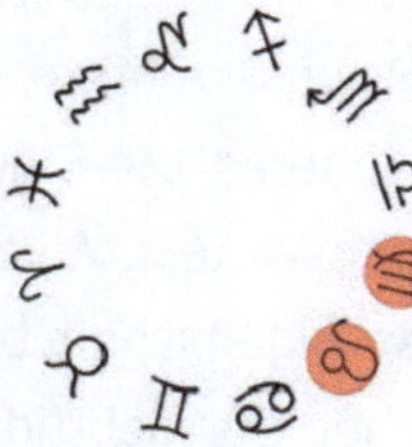

***DIE GRUNDLAGE FÜR EIN GESUNDES, GLÜCKLICHES LEBEN SIND FREUDE, VITALITÄT, DER WILLE ZU SEIN SOWIE DIE INTUITION.***

In diesem Monat verändert sich sehr viel. Es entwickeln sich die wichtigsten Organe und der Embryo wächst von ca. 2 mm bis 15 mm. Die Anfänge des Rückenmarks, des Gehirns und des Nervensystems beginnen sich zu bilden, die Nabelschnur entwickelt sich und die Knospen der Arme und Beine sprießen und es bilden sich Finger, Zehen, Augen und Ohren.

Gegen Ende des zweiten Monats beginnt das etwa weintraubengroße Herz zart bis zu 150 mal pro Minute zu schlagen. Der Kopf wächst und wirkt jetzt fast so groß wie der übrige Körper und Konturen des Gesichts beginnen sich zu formen. Auch der Kreislauf arbeitet sowie alle größeren Organe wie Gehirn, Herz, Lunge, Leber und Nieren. Auch die Haut als Sinnesorgan ist angelegt.

Die 5. Tiefe regiert diesen Monat. Es ist die Energie, die Struktur und Stabilität verkörpert, sichtbar gemacht durch die Knochen. Die astrologischen Zeichen sind Löwe (Herzfunktionsenergie/ 5. Tiefe ↑) und Jungfrau (Dünndarmfunktionsenergie/ 5. Tiefe ↓).

Mars ist der Herrscher der 5. Tiefe.

Die feurige, transformative Energie von Mars, 5. Tiefe/Feuerelement und die expansive Energie von Jupiter, 3. Tiefe, arbeiten zusammen, um den individuellen Ausdruck der Seele zu integrieren. Durch die vitale Energie der 5. Tiefe kann der Embryo knöcherne Struktur ausbilden, sich ausdehnen und wachsen. Alles wird angelegt für den Schädelknochen, der das Gehirn schützt und die Wirbelsäule, die im inneren Wirbelkanal die Nervenstränge schützt. Die 5. Tiefe hat eine Beziehung zum Inneren des Kopfes. Auf körperlicher Ebene werden die Finger und Zehen wie kleine Knospen angelegt. Schon hier zu Beginn der Schwangerschaft wird der Bezug von Fingern und Zehen mit dem Gehirn deutlich. Das zarte Schlagen des kleine Herzens, was als Sitz der Seele bezeichnet wird, zeigt seinen einzigartigen Rhythmus. Die archetypischen Eigenschaften des Herzens entsprechen dem Sternzeichen Löwen. Mittags um zwölf Uhr, wenn die Sonne am höchsten steht, ist der Herzstrom in führender Position und empfängt durch die 5. Tiefe im Kopf direkt die Energie der Sonne, die zum Herzen weitergeleitet wird. Das Herzchakra ist das zentrale Chakra. Es ist unsere Mitte. Die Aufrichtung ermöglicht die Anbindung an etwas Höheres. Die Eigenschaften der Herzenergie sind Kreativität, Mut, Lebenswille, Stärke, Listigkeit, Vertrauen und Intuition. Solltest du diese Eigenschaft brauchen, erinnere dich an den Herzstrom. Das Märchen der Gebrüder Grimm vom gestiefelten Kater erzählt von diesen Eigenschaften.

Nach soviel feuriger Energie kommt der Dünndarmstrom, als die absteigende Energie der 5. Tiefe, an die Reihe. Das entsprechende Sternzeichen ist die Jungfrau, ein Erdzeichen. Sie sorgt dafür, dass die feurige Löwe-Energie dem Leben zur Verfügung gestellt wird. Die Jungfrau analysiert wie eine messende Instanz, was es braucht, und harmonisiert zu übermäßige Dünnhäutigkeit sowie eine zu kritische Haltung. In einem weiteren Sinn geht es darum, das richtige Maß zu finden zwischen Übertreibung und Schwäche. Eine harmonische „11“ impliziert Balance, Frieden und Ausgewogenheit. Diese Haltung entlastet den gesamten Schulter-Nacken Bereich, Hals und die Kehle und die Ohren.

***ANWENDUNG IM 2. MONAT:***

**Für die 5. Tiefe (Element Feuer):**

- Herzfunktionsenergie und Dünndarmfunktionsenergie und jegliche 5. Tiefe-Ströme

**Für die Unterstützung von Jupiter, 3. Tiefe (Element Holz):**

- Halte dir die Fersen (L linke „16" und R linke „5")
- Halte dir das Handgelenk („17/18")

***FÜR DIE 5. TIEFE (FEUER):***
***HERZFUNKTIONSENERGIE***

Alles beginnt mit Spirit im Herzen.

Die Energie des Herzstroms („Ich will") bewegt sich in fünf verschiedene Richtungen, ähnlich den Strahlen der Sonne. Auf seinem Strömungsverlauf fließt der Herzstrom zu verschiedenen Brustwirbeln, zu beiden Nieren, zum Herzen, zum Kopf und schließlich durch den Arm bis in die kleinen Finger."

So ist gewährleistet, dass der ganze Mensch an das Licht angeschlossen ist. Er ist mittags um zwölf Uhr aktiv, wenn die Sonne am höchsten steht. Die entsprechenden Energiezentren sorgen dafür, dass wir stets an die Quelle angeschlossen sind, mit dem Gefühl mehr zu haben, als wir benötigen. „Glücklichsein ist unser Geburtsrecht."

### HERZSTROM (KURZFORM)

Linker Strom:
1. L auf linke 11
   R auf linke 17
2. R auf rechte 22

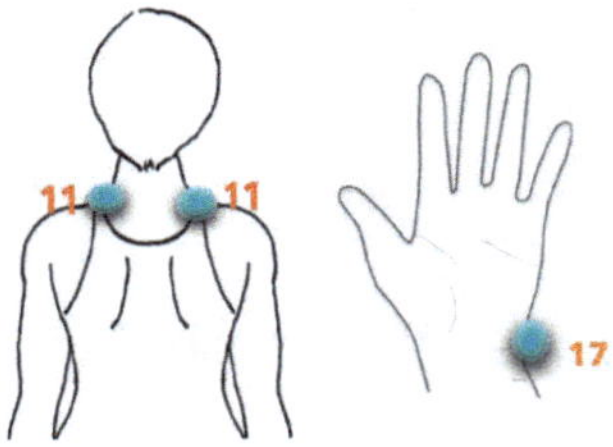


Rechter Strom:
1. R auf rechte 11
   L auf rechte 17
2. L auf linke 22

oder halte den kleinen Finger

### DÜNNDARMFUNKTIONSENERGIE

Der Dünndarmstrom fließt vom Fingernagel des kleinen Fingers zur Stirn. Nach all dem Feuer in der Brust hilft dir der Dünndarmstrom dich zu erden.

### DÜNNDARMSTROM (KURZFORM)

Linker Strom:
L linke 11
R rechte 13

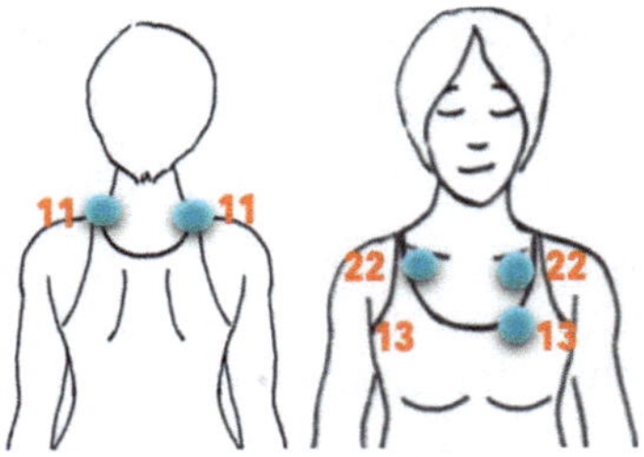


Rechter Strom:
R rechte 11
L linke 13

Gönne dir immer wieder kleine Erholungspausen – dein Körper leistet gerade Großartiges, denn dein kleiner Schatz ist auf Wachstumskurs. Dabei können Übelkeit, Schlafstörungen und Stimmungsschwankungen auftreten. Ab der sechsten/siebten Woche verändern sich möglicherweise deine Essgewohnheiten: von ungewöhnlichen Kombinationen bis hin zu Heißhungerattacken ist alles dabei. Auch Überempfindlichkeiten gegenüber Gerüchen und Geschmäckern gehören zu dieser Zeit. Das alles ist völlig normal und hat seinen Ursprung im veränderten Hormonspiegel.

Gewichtszunahme oder Gewichtsabnahme können vorkommen – vor allem, wenn Übelkeit auftritt, die oft morgens stärker ausgeprägt ist. Doch nicht nur die Hormone, sondern auch dein gesamtes Leben verändert sich mit der Schwangerschaft und deinem Baby. Es ist wichtig, all diese neuen Eindrücke zu verarbeiten.

Erlaube dir, deine Gefühle zuzulassen, und teile sie mit deinem Partner oder Partnerin. So könnt ihr gemeinsam diesen besonderen Weg von Anfang an gehen. In dieser Phase bekommst du außerdem deinen Mutterpass und erfährst den voraussichtlichen Geburtstermin – ein weiterer Meilenstein in dieser aufregenden Zeit.

# MOOD

Du bist am Ende des **zweiten Monats** – Raum für Deine Notizen:

Du weißt es jetzt sicher: Dein Leben verändert sich für immer!

## DRITTER SCHWANGERSCHAFTSMONAT

Drei hat die Bedeutung „Verständnis, Tür"..

**„Brücke von der nicht sichtbaren Ebene in die unsichtbare Ebene"**

**3. Halswirbel - Mars**
**Bewegung (Muskeln)**

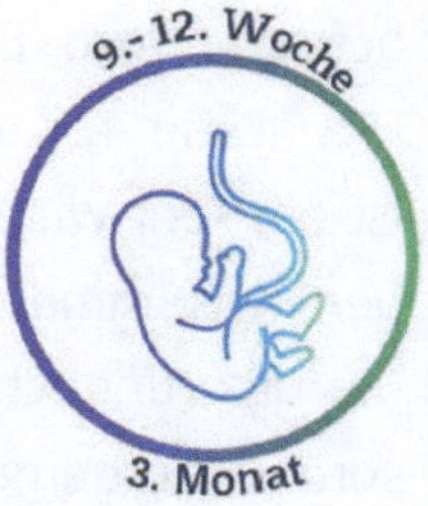


Größe: 2cm bis 5 cm

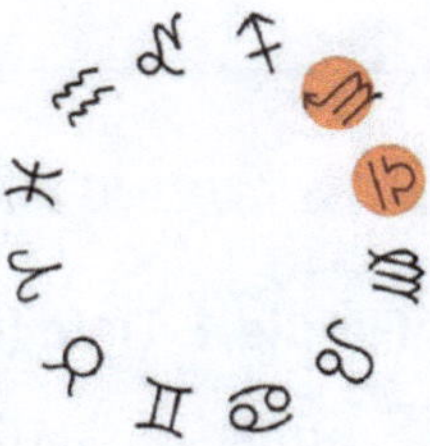

### *BEZIEHUNG VON MUTTER UND KIND FÜR GUTE KOMMUNIKATION, VERTRAUEN UND SICHERHEIT*

Im dritten Monat wird aus dem Embryo ein Fötus. Die inneren und äußeren Organe sind angelegt und müssen noch reifen. Geschlechtsorgane bekommen ihre, wenn auch noch sehr kleinen, Formen. Arme, Beine, Händchen und Füße sind deutlich sichtbar und das Baby kann seine Finger bewegen, eine Faust machen, am Daumen lutschen und es übt Nuckeln. Das Gehirn wächst sehr schnell und es entstehen in jeder Minute etwa 100.000 neue Nervenzellen. Jetzt ist sehr viel physisches Wachstum. Der Fötus wächst in diesem dritten Monat vom Scheitel bis zum Steiß gemessen von ca. 2 mm auf 5 cm und wiegt etwa 15 Gramm.

Die astrologischen Zeichen im dritten Monat sind Waage (Blasenfunktionsenergie/ 4. Tiefe ↓) und Skorpion (Nierenfunktionsenergie/ 4. Tiefe ↑).

Merkur ist der Herrscher der 4. Tiefe

Die 4. Tiefe (Merkur) hilft in diesen Monat, auf eine dichtere Ebene zu manifestieren und es entwickeln sich die Muskeln, die jetzt mehr Bewegung ermöglichen, und die Geschlechtsorgane werden angelegt. Es bildet sich ständig neues Fruchtwasser und alles, was verbraucht ist, darf ausgeschieden werden.

Die 4. Tiefe gehört zum Wasserelement, unterstützt die Entladung verbrauchter Energie und hat somit eine reinigende Wirkung für den ganzen Körper. Mit dem Energiezentrum „23“ ist jetzt die Seele vorbereitet für die Manifestation. Die 4. Tiefe in Balance bringt Vertrauen statt Angst und Unsicherheit, löst Verspannungen und stärkt die Muskulatur. Ich hatte bereits erwähnt, dass für jeden Start Energie benötigt wird. Es kann kein Zufall sein, das gerade jetzt in diesem Monat die 4. Tiefe und die 5. Tiefe eine starke Beziehung haben. Es ist ein sehr wichtiger energetischer Prozess als Grundlage für das Leben, was immer mehr Materie annimmt. Das Element Feuer steht für die ursprüngliche Energie und in Balance mit dem Element Wasser sorgen sie gemeinsam für ein harmonisches Gleichgewicht der Körperfunktionsenergie. Wenn jedoch eines der Elemente die Kontrolle übernimmt, kann dies langfristig zu einem Ungleichgewicht führen, dem bewusst entgegengewirkt werden kann.

*ANWENDUNG IM 3. MONAT*

**Für die 4. Tiefe (Element Wasser):**

- Blasenfunktions- und Nierenfunktionsenergie und jegliche 4. Tiefe-Ströme.
- Atem bringt Bewegung und entgiftet:
  Mache „36 Atemzüge“ täglich zu deiner Routine.
- Energieboost für die Nieren.
- „13“ ist immer im Fokus.

**Für die Unterstützung von Mars, 5. Tiefe (Element Feuer):**

- 1. Halte „3/11 + 15“
- 2. Halte beide Ellbogen („19“)

### *FÜR DIE 4. TIEFE (ELEMENT WASSER): BLASENFUNKTIONSENERGIE*

Der Blasenstrom beginnt an der Stirn und fließt in mehreren Bahnen den Rücken hinunter, beschreibt am Beckenboden eine liegende Achtfigur und zieht weiter entlang die Rückseite der Beine, durch die Kniekehle und Ferse bis zum kleinen Zeh. Diese Bereiche werden im Laufe der Schwangerschaft sehr belastet.

Der Strom klärt den Kopf und wirkt schmerzlösend und entspannend auf die Muskulatur von Nacken, Rücken, Gesäß einschließlich Rektalbereich. Er wirkt unterstützend bei Themen rund um die Blase und hilft bei Unruhe, Schwäche oder Schmerzen in den Beinen. Neben der physischen Entlastung vermittelt dieser Strom inneren Rückhalt und Sicherheit sowie ein tiefes Gefühl dafür, was sich stimmig anfühlt. Als ein Aspekt der 4. Tiefe besitzt er die Fähigkeit, die chemischen Prozesse in Körper auszugleichen – eine wichtige Unterstützung, da hormonelle Veränderungen die Körperchemie spürbar beeinflussen.

Alternativ helfen auch Kurzversionen wie die Kombination aus Halswirbelsäule (mediale „12") und Steißbein (mediale „25") oder den kleinen Zeh halten.

### BLASENSTROM

Zur Allgemeinen Kräftigung der hinten absteigenden Energie, um Spannungen abzubauen, die Kopfschmerzen, Rückenschmerzen und Beschwerden in den Beinen verursachen und stärkt den Beckenboden und bringt dich ins Gleichgewicht.

Für die tägliche Anwendung, 20 Minuten

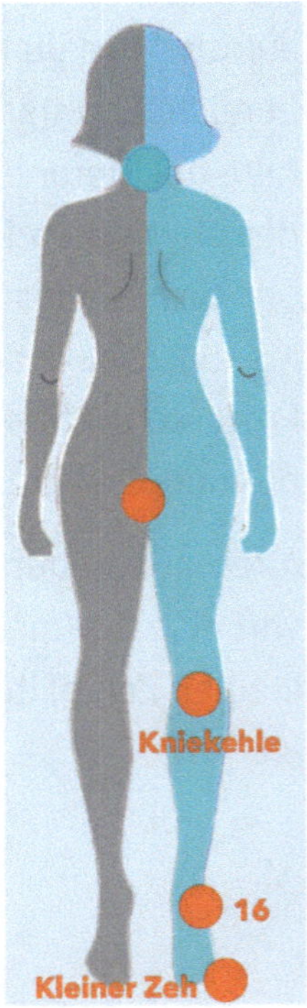


Lege deine Hände ohne Druck auf folgende Körperstellen und entspanne 3-5 Minuten je Schritt.

1. L Mitte der Halswirbelsäule am Nacken bleibt da während der ganzen Strömsequenz

   R Steißbein
2. R rechte Kniekehle
3. R Außenseite rechter Knöchel („16“)
4. R rechte kleinen Zeh

Wenn es dir die Zeit erlaubt, kannst du diesen Strom auch auf der anderen Körperseite entsprechend anwenden. Ansonsten wende dich der verspannten Seite zu.

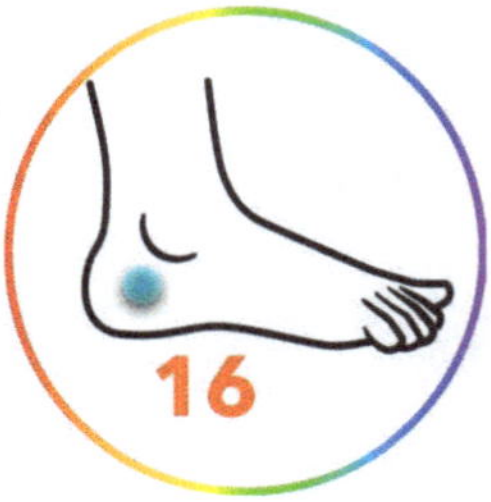

Kurze, kraftvolle Alternative für den Blasenstrom bei Beschwerden und für die Rückbildung nach der Geburt

***SPEZIALSTROM ZUR STÄRKUNG DER BLASE***

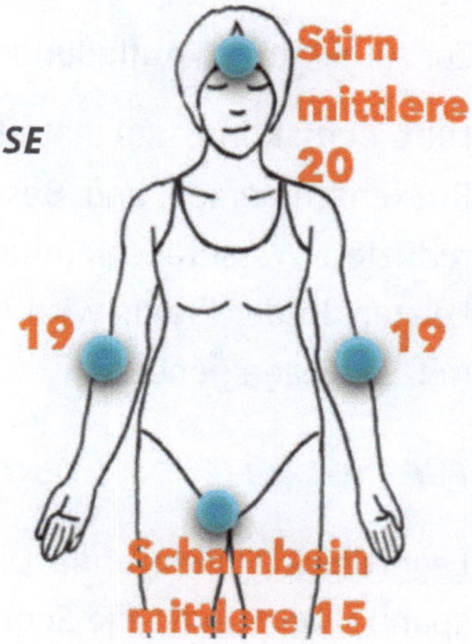


1. beide Ellbogen („19")
2. L bleibt beim rechten Ellbogen
   R Stirn (mittlere „20")
3. R bleibt bei der Stirn (mittlere „20")
   L Schambein (mittlere „15")

***NIERENFUNKTIONSENERGIE***

Die Nierenfunktionsenergie steigt vom kleinen Zeh diagonal über die Fußsohle aufwärts zum Becken, zunächst zur Rückseite, dann zur Vorderseite, zu den Geschlechtsorganen und den Nieren und schließlich am Brustkorb entlang zu Zungenwurzel, Nase, Hinterkopf, ins Herz und zum Zwerchfell. Dieser Strom fördert ein harmonisches Gleichgewicht der Körperchemie, unterstützt alle Transformationsprozesse, erleichtert die Integration des neuen Lebens und wirkt allgemein stärkend und entspannend bei allen Themen rund um die Geburt.

Die Nierenfunktion bestimmt die Entwicklung von Knochen, Mark, Nägel und Zähnen und kann die Ursache für Ohrenbeschwerden sein.

### NIERENSTROM

Zur Allgemeinen Aufladung von Energie.

Hilft dem Körper zu entgiften, Muskelspannungen abzubauen, bei Rückenschmerzen und Beschwerden in den Beinen, „Restless legs", reduziert Wasseransammlungen im Körper, stärkt Beckenboden und Leisten. In der Praxis wird der Nierenstrom auch im Zusammenhang mit Steißlage genutzt.

### FÜR DIE TÄGLICHE ANWENDUNG, 20 MINUTEN

Lege deine Hände ohne Druck auf folgende Körperstellen und entspanne 3-5 Minuten je Schritt.

1. L rechter kleinen Zeh
   R Schambein
2. L Steißbein
3. R linke 14
4. R linke 13
5. R linke 12

Wenn es dir die Zeit erlaubt, kannst du diesen Strom auch auf der anderen Körperseite entsprechend anwenden.

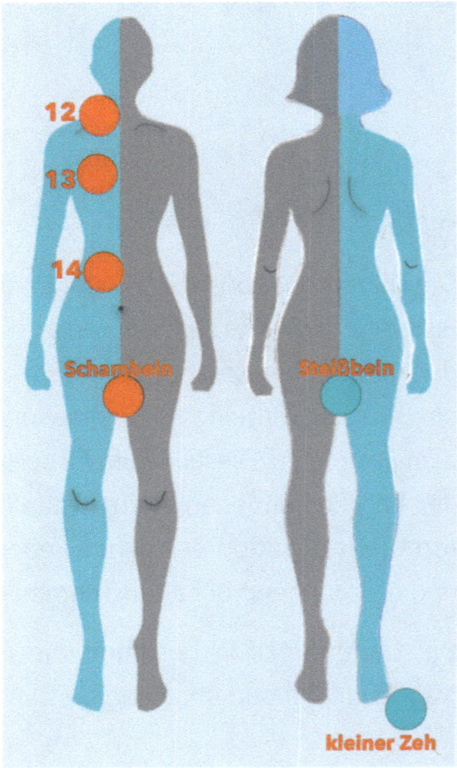

# Self-care
## IS EMPOWERMENT

Es ist eine Aktivität, sich um die körperliche, geistige und emotionale Gesundheit zu kümmern. Es ist etwas, was du gerne tust, und zu dem du dich nicht zwingen musst!

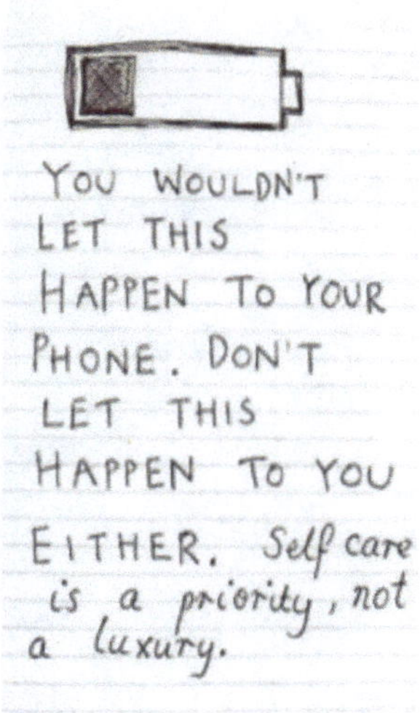


***LEERER AKKU?***

Mit leerem Smartphone-Akku wirst du sehr wahrscheinlich nicht außer Haus gehen. Es ist sehr unangenehm, wenn unterwegs das mobile Telefon nicht mehr funktioniert.

Achte darauf, dass auch deine Akkus immer gut geladen sind. Lerne dich immer besser kennen. Nur dann kannst du wissen, was du brauchst und was dir gut tut. Du wirst von allen Seiten Ratschläge und gut gemeinte Tipps bekommen! Aber höre auf dein Inneres und triff deine eigenen Entscheidungen, die zu dir passen.

Selbstfürsorge ist nicht egoistisch, sie ist eine notwendige, nicht ersetzbare Entscheidung, die wir treffen.

Hier findest Du die Tabelle mit allen Informationen. Übersicht:

| | 1. Tiefe | 2. Tiefe | 3. Tiefe | 4. Tiefe |
|---|---|---|---|---|
| Finger | Daumen | Ringfinger | Mittelfinger | Zeigefinger |
| Einstellung | Sorge | Trauer | Wut | Angst |
| Energie-zentrum | 1-4 | 5-15 | 16-22 | 23 |
| Funktion | Haut-ober-fläche | Tiefe Haut | Blut Essenz | Muskel-gewebe |
| Organströme | Milz Magen | Lunge Dickdarm | Leber Gabllenblase | Niere Blase |
| Sternzeichen | Krebs Zwilling | Widder Stier | Fische Wassermann | Skorpion Waage |
| Planeten | Saturn | Venus (Uranus) | Jupiter | Merkur (Nept./ Pluto) |
| Lebensalter | 0-15 | 16-30 | 31-45 | 46-60 |
| Belastung | Sitzen | Liegen | Lesen | Stehen |
| Projekt/ Problem | Magen | Haut | Augen | Ohren |
| Geschmack | Süß | Herb | Sauer | Salzig |
| Sinn | Hören | Tastsinn | Sehen | Schmecken |

| 5. Tiefe | 6. Tiefe | 7. Tiefe | 8. Tiefe | |
|---|---|---|---|---|
| Kleiner Finger | Handinnen fläche | | | Finger |
| Bemühung | | | | Einstellung |
| 24-26 | 0 | | | Energie-zentrum |
| Knochen-gewebe | Atem Essenz | Licht / Funke Verbind ung | ↑ ALLUMFASSEND ↓ | Funktion |
| Herz Dünndarm | Zwerchfell Nabel | | | Organströme |
| Löwe Jungfrau | Schütze Steinbock | | | Sternzeichen |
| Mars | Mond | Sonne | | Planeten |
| Ab 61 | | | | Lebensalter |
| Gehen | Bewusstlos | Sonne | | Belastung |
| Herz | Tod | | | Projekt/ Problem |
| Bitter | | | | Geschmack |
| Riechen | Intuition | | | Sinn |

### *DIE BEDEUTUNG UND HEILKRAFT DER „13“ – STÄRKT DIE SCHÖPFUNGSENERGIE*

„13“ steht nicht nur für Fruchtbarkeit, sondern auch für Kreativität und Schöpfung und symbolisiert das innere Kind in uns, das die Welt neugierig erforscht und dabei lernt.

„13“ liegt auf der Brustebene, im Bereich des Herzchakras. Die „13“ hilft uns loszulassen, was sich schwer anfühlt, sowie die in Angst und Trauma gebundene Energie zu befreien und diese Energie für uns zu nutzen. Oft halten wir jahrelang unbewusst fest aus Angst vor den dahinter liegenden Gefühlen. Die „13“ hilft uns dranzubleiben und zu spüren, auch wenn es weh tut, so lange, bis der Atem durchfließt. So viel Kraft ist gebunden in dem Versuch, nicht zu spüren und zu fühlen. Die „13“ stärkt die Fähigkeit, sich selber zu fühlen und dem Ausdruck zu geben.

### *DIE „13“ HILFT UND UNTERSTÜTZT*

- schwanger zu werden,
- während der Schwangerschaft,
- dem Baby in die gewünschte Geburtsposition,
- beim Stillen und der Rückbildung,
- nach der Geburt der Regeneration der Mutter,
- während der Kindheit und dem inneren Kind,
- die Hormone zu balancieren,
- bei chronischen Schulterschmerzen.

**Die Thymusdrüse**, die sich im Bereich der „13“ befindet, ist lebenswichtig für unser Immun- und Abwehrsystem. Sie stärkt unsere Immunität und fördert den Enthusiasmus für das Leben. Der 13-Strom erinnert daran, dass jeder Atemzug eine Chance zur Erneuerung bietet. Er harmonisiert auf emotionaler Ebene, unterstützt die Atmung und in schwierigen Zeiten, wie bei beim Ausbleiben einer Schwangerschaft oder einem Abgang. Die „13" sorgt für Erleichterung auf der Brustebene durch die Atmung.

Die „13" ist ein allumfassendes Energiezentrum, wenn wir über Schwangerschaft sprechen, das sowohl der Mutter als auch den Partner während der Schwangerschaft mit frischer Energie versorgt. Sie fördert das Vertrauen und die Hoffnung, dass alles gut verlaufen wird, besonders wenn die Schwangerschaft manchmal belastende Gefühle auslöst.

„13" repräsentiert Skorpion. Der Organstrom für Skorpion ist die Nierenfunktionsenergie (Wasserelement) mit stark reinigender Funktion. Ängste belasten die Nierenfunktionsenergie und aktivieren das Überlebenssystem.

Das Gegenteil von Angst ist Vertrauen. Vertrauen heißt, an sich selbst und andere zu glauben. Es bedeutet loszulassen und darauf zu vertrauen, dass alles seinen richtigen Weg finden kann. Sobald du Liebe, Dankbarkeit oder Vertrauen spürst, kann Angst nicht gleichzeitig bestehen. Die „13" hilft, in der Gegenwart zu bleiben, zu atmen und auch in Zeiten großer Veränderungen in Balance zu bleiben. Weitere Informationen dazu findest du im Kapitel über Einstellungen.

Emotionen haben unterschiedliche Frequenzen und diese wirken sich auf das elektromagnetische Energiefeld aus, das uns umgibt.

Wenn du das Gefühl hast, von Angst überwältigt zu werden, halte dir die „13" und atme lang und tief. Eine ausführliche Anleitung zur Selbstanwendung des 13-Stroms findest du auf der folgenden Seite.

Die Selbstanwendung vom 13-Strom beinhaltet die Abfolge der Schritte eins bis vier (Ströme nacheinander!)

***13-STROM***

1. Hauptzentralstrom

Ausführliche Version für die tägliche Anwendung. Der Zentralstrom fließt durch die Körpermitte vorne runter↓ (ausatmen) und hinten↑ hoch (einatmen). Er ist unsere Quelle der Lebensenergie, vergleichbar mit einer Batterie für die Energieversorgung.

Finde eine bequeme Position im Sitzen oder Liegen. Unterstütze ggf. deine rechte Hand.

- 1. Rechte Hand auf den Kopf bleibt bis zum letzten Schritt
  Linke Hand zwischen den Augenbrauen
- 2. Linke Hand bewegt sich auf die Nasenspitze
- 3. Linke Hand bewegt sich auf die Kuhle beim Beginn
  vom Brustbein
- 4. Linke Hand bewegt sich auf unteren Bereich vom Brustbein
- 5 Linke Hand bewegt sich auf das Schambein
- 6 Rechte Hand bewegt sich jetzt vom Kopf zum Steißbein

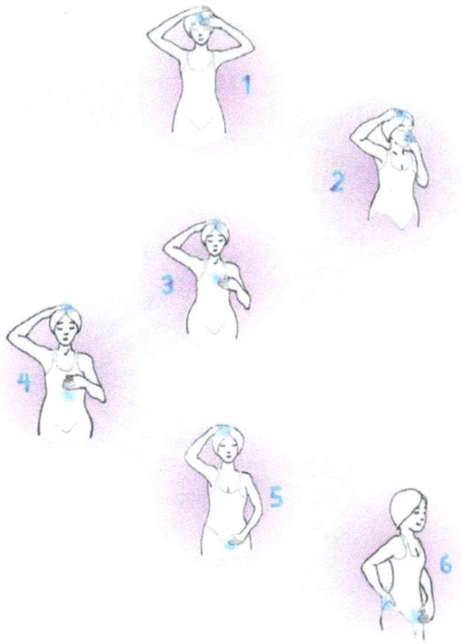

2. Halte deine Oberarme (hohen „19“)

3. Halte den rechten Zeigefinger und rechten kleinen Finger

4. Halte den linken Zeigefinger und linken kleinen Finger

Deine Brüste wachsen und die Brustwarzen werden dunkler. Es kann sein, dass sich die Schwangerschaftsübelkeit verschlimmert. Nimm dir die Ruhe, die du brauchst. Dein Körper produziert jetzt mehr Blut, damit die Gebärmutter mit dem schnellen Wachstum deines Babys Schritt hält. Das geht schon mal auf den Kreislauf. Auch dein Herz muss mehr leisten und kann auch einmal anfangen zu rasen. Mache öfter eine Pause. Bewegung tut zwar gut – aber Höchstleistungen musst du nicht erbringen. Dein Baby nimmt Anteil an deinem Leben und fühlt, wie es dir geht.

# MOOD

Du bist am Ende des **dritten Monats** – Raum für Deine Notizen:

Du kannst dein Baby sehen: Laut Mutterpass bekommst du in diesem Monat die erste Ultraschall-Untersuchung!

Hier das Bild einkleben

## VIERTER SCHWANGERSCHAFTSMONAT

Vier hat die Bedeutung „Fenster, Licht (Wissen), Luft (Lebensatem)“.

**4. Halswirbel -**

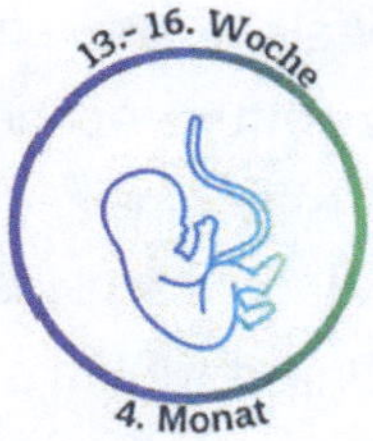


Größe: 7-12 cm

### „Die Sonne geht auf!“

Die Sonne repräsentiert Vitalität, Lebenskraft und Identität. In der Schwangerschaft symbolisiert sie die Grundlage für das Leben selbst, also die Essenz und Persönlichkeit, die das Baby entwickelt. Alle Planeten in unserem Sonnensystem haben kein eigenes Licht – sie reflektieren das Licht der Sonne. Dieses Sonnenlicht und die Interaktion der Planeten und ihrer unterschiedlichen Eigenschaften erzeugen die Tiefen. Jede Tiefe entspricht der Qualität eines Planeten. Es ist eine ständige Bewegung und Verwandlung, und schließlich bilden sich die Gewebeschichten im Körper.

Jeder Mensch ist wie die Sonne im Zentrum seines eigenen Universums – ein Mikrokosmos, der den Makrokosmos widerspiegelt. Im vierten Monat der Schwangerschaft beginnt das individuelle kleine Wesen seine Strahlkraft zu entwickeln und die eigene Autorität auszudrücken – wie eine kleine Sonne, die zum Leuchten kommt.

Die Sonne ist der 7. Tiefe zugeordnet

Die Ausbildung der 7. Tiefe (Sonne) wird in diesem Monat unterstützt von der Sonne. Bis jetzt ging es um die energetische Welt und jetzt mit dem vierten Monat zündet der Funke der 7. Tiefe das Leben (6. Tiefe). Jetzt ist der Geist in der Materie verankert. Das Baby hört dich und du kannst bereits jetzt mit dem Baby in deinem Bauch kommunizieren.

Singen tut dir und deinem Baby gut. Es harmonisiert den Vagusnerv.

♫ „Here comes the sun…, here comes the sun, …"

Mit dem zweiten Drittel der Schwangerschaft beginnt ein neuer Abschnitt. Die werdende Mutter hat sich langsam an die veränderten Umstände gewöhnt, und die anfänglichen Beschwerden klingen allmählich ab.

Viele Paare entscheiden sich, die Schwangerschaft erst nach der zwölften Woche bekannt zu geben. In den ersten drei Monaten ist das Risiko einer Fehlgeburt am größten, weshalb diese Phase oft als besonders sensibel betrachtet wird. Nach dieser sogenannten kritischen Phase fühlen sich viele werdende Eltern sicherer und möchten ihre Freude auch mit der Familie und Freunden teilen.

Der Fötus misst inzwischen vom Scheitel bis zum Steiß eine Länge 7 cm und kann gähnen, die Lippen bewegen und am Daumen lutschen. Es ist eine gute Vorbereitung für das Saugen. Das Baby nimmt kräftig zu und bewegt sich eifrig und übt das Zusammenspiel von Gehirn und Muskeln. Am Ende des vierten Monats ist es auf ca. 12 cm und über 75 bis 100 g gewachsen und bildet die ersten Fettpölsterchen. Ein feiner Flaum bedeckt den Körper, der die Käseschmiere festhält und die sensible Haut vor dem Fruchtwasser schützt.

***ANWENDUNG IM 4. MONAT***

- Selbstanwendung Finger-Zehen-Strom
- Anwendung Finger-Zehen-Strom durch andere
- Kombination „Vordere und Rückseitige Energie der Harmonie"

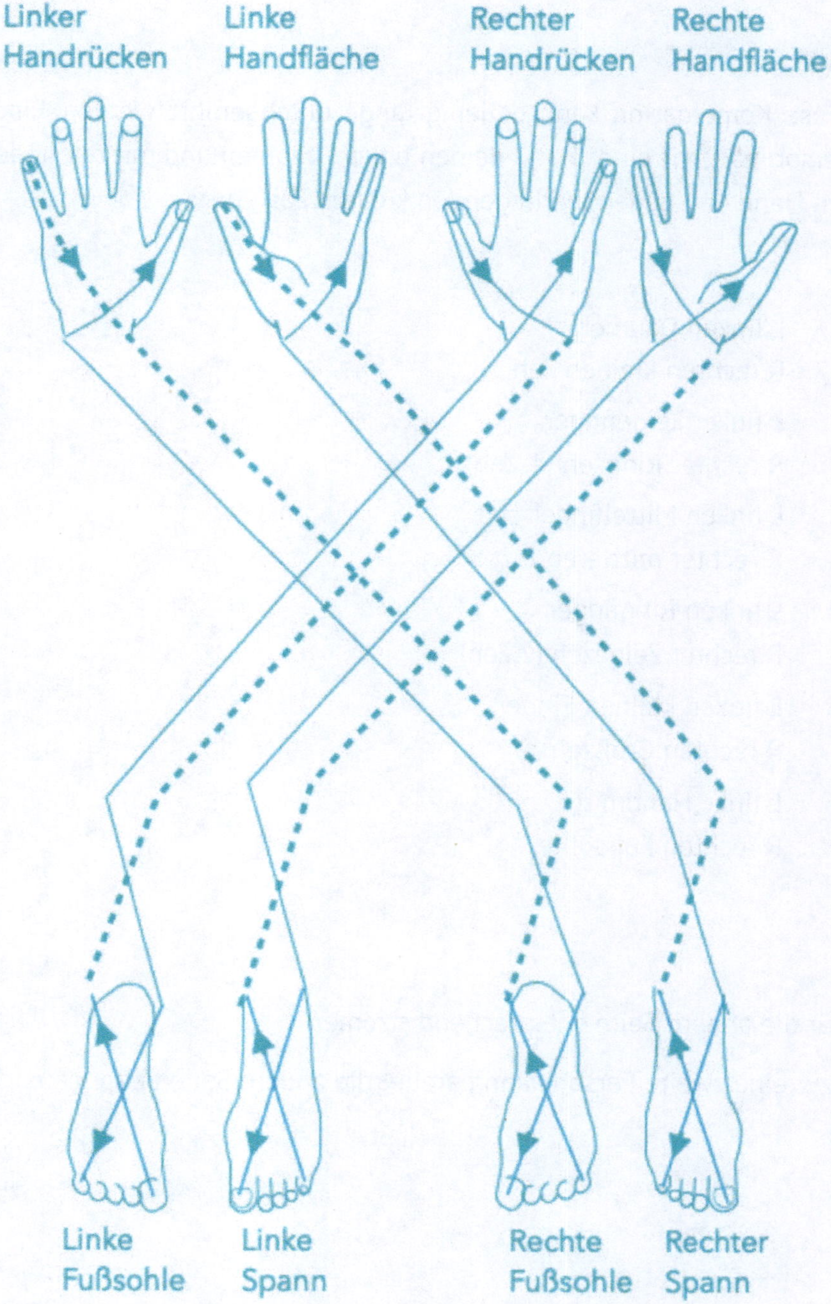
Linker
Handrücken
Linke
Handfläche
Rechter
Handrücken
Rechte
Handfläche
Linke
Fußsohle
Linke
Spann
Rechte
Fußsohle
Rechter
Spann

### *ANWENDUNG FINGER-ZEHEN-STROM DURCH ANDERE*

Diese Kombination kann beliebig lange durchgeführt werden. Eine Person hält mit einer Hand deinen linken Daumen und mit der anderen Hand den gegenüberliegenden kleinen Zeh – usw.

1. L linken Daumen
   R rechten kleinen Zeh
2. L linker Zeigefinger
   R rechter Ringzeh (4. Zeh)
3. L linken Mittelfinger
   R rechter mittleren Zeh
4. L linken Ringfinger
   R rechter Zeigezeh (2.Zeh)
5. L linken kleinen Finger
   R rechten Großzeh
6. L linke Handmitte
   R rechten Fußsohle

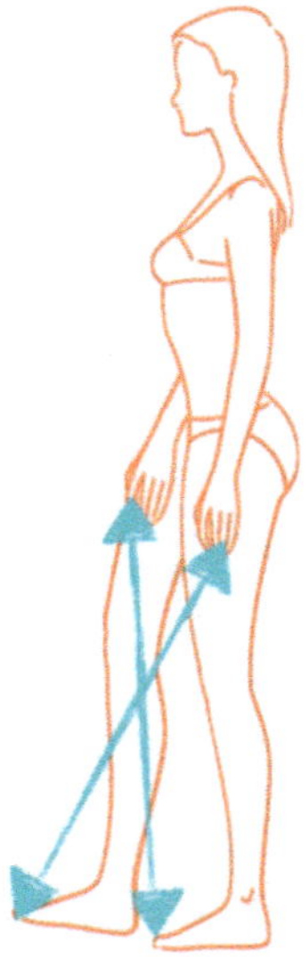

Für die andere Seite entsprechend strömen

bzw. eine zweite Person kann parallel die andere Seite behandeln.

## *SELBSTANWENDUNG FINGER-ZEHEN-STROM*

Halte jeweils den rechten und linken Finger für einige Minuten. Dann halte beide entsprechenden Zehen. Sollte eine Position unbequem sein, dann halte einfach die Finger

Daumen
- kleiner Zeh

Zeigefinger
- 4. Zeh

Mittelfinger
- 3. Zeh

Ringfinger
- 2. Zeh

Kleiner Finger
- Großer Zeh

Handmitte
- Mitte der Fußsohle

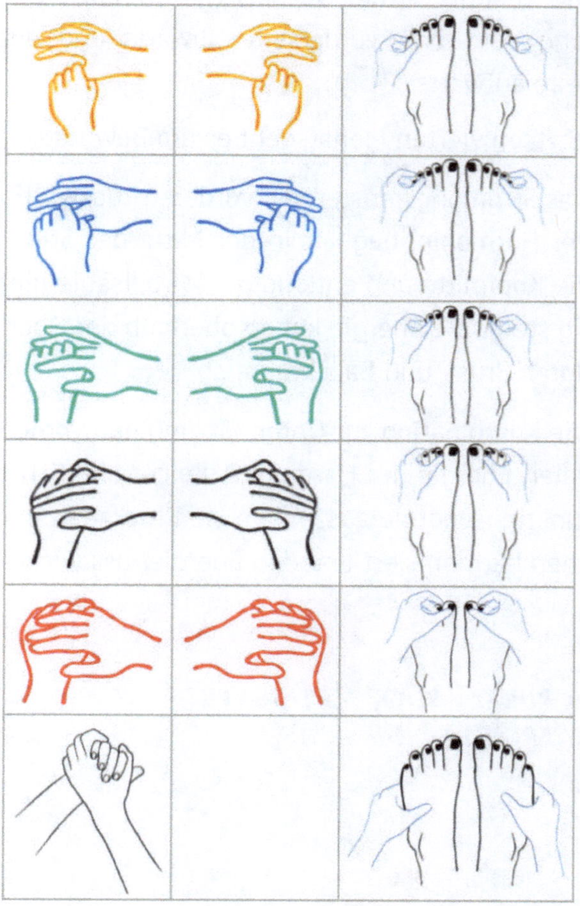

## DIE ENERGIE DER 7. TIEFE BEWEGT SICH VORNE UND HINTEN ABWÄRTS:

Das Licht der Sonne (7. Tiefe) ermöglicht das Leben (6. Tiefe) auf diesem Planeten. Es vermittelt zwischen der Quelle und dem Individuum. Während der ersten drei Schwangerschaftsmonate liegt der Fokus auf der energetischen Grundlage.

Die „hauptzentrale vertikale Harmonisierungsenergie" fließt entlang der Körpervorderseite abwärts und entlang der Körperrückseite aufwärts.

Jetzt, im vierten Monat, geht es um Bewusstsein und Manifestation.

Das Strömungsmuster der „vorderen-rückwärtigen vertikalen Energie der Harmonie" beginnt in der Mitte der Stirn, fließt aufwärts durch die Kopfmitte und entlang der Wirbelsäule hinten abwärts. Gleichzeitig steigt die Energie knapp oberhalb der Oberlippe vorne am Körper durch Brust- und Bauchraum ab.

Die Kombination zur Unterstützung der „vorderen-rückwärtigen vertikalen Energie der Harmonie" gleicht alle Schwankungen der Körperfunktionsenergie aus, indem sie Blockaden in den betroffenen Bereichen harmonisiert und den Energiefluss wiederherstellt

## VORDERE – RÜCKWÄRTIGE VERTIKALE ENERGIE DER HARMONIE

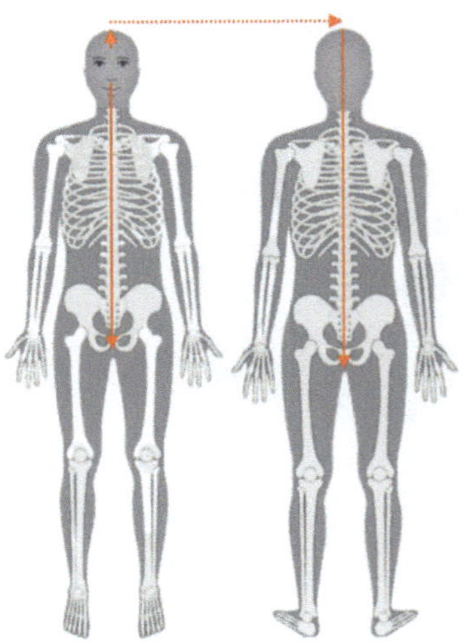

### *KOMBINATION*
### *„VORDERE – RÜCKWÄRTIGE VERTIKALE ENERGIE DER HARMONIE“*

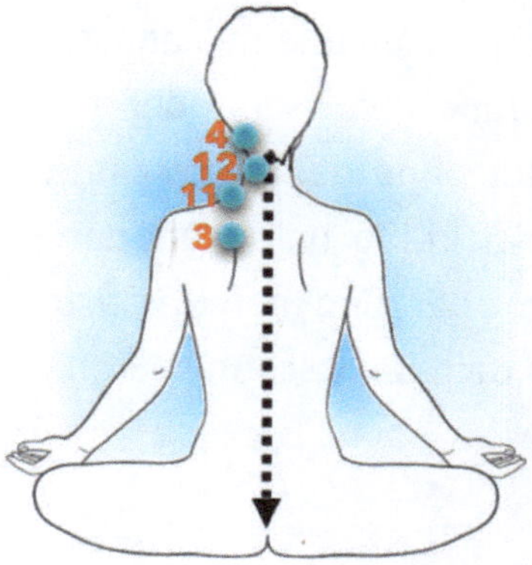


R linke 4

L Beginnend an der Halswirbelsäule Wirbel für Wirbel hinunter bis zum Kreuzbein und Steißbein

L Schritt für Schritt hoch bis Schultern, löse beide Hände,
halte beide „11“ mit dem Daumen, spreize die Finger, sodass du den ganzen Nacken hältst, halte beide „12“,
halte beide „4“– die Daumen liegen oberhalb der Ohren

Wenn du diesen Strom an dir selbst anwendest, überspringe die Schritte, die dir unangenehm sind. Alternativ kannst du dich auch einfach strömen lassen.

### *SCHNELLE HILFE BEI KRÄMPFEN – WADENKRÄMPFE, BAUCHKRÄMPFE, STARKE KOPFSCHMERZEN*

R knapp oberhalb der Lippe

L Schambein
ist der Krampf in einem Bein, dann lege die linke Hand in die Leiste des betroffenen Beines.

7. Tiefe – der Funke aus der Quelle, der das Leben zündet. Langsam beginnt die Zeit des Wohlfühlens. Die Beschwerden der letzten Wochen legen sich und du kannst die Zeit nach Lust und Laune genießen. Gönne dir, was du jetzt noch gut ohne dein Baby machen kannst. Du darfst dich ruhig belohnen, denn du hast die größte Umstellung und damit verbundenen Herausforderungen geschafft! Vielleicht kannst du dein Baby schon spüren.

## MOOD

Du bist am Ende des vierten Monats – Raum für Deine Notizen:

Jetzt ist der Funke vollständig verankert und es ist ausreichend Kraft für dich und dein Baby für die restliche Schwangerschaft vorhanden.

## FÜNFTER SCHWANGERSCHAFTSMONAT

Fünf bedeutet „Erneuerung – das Alte ablegen und das Neue annehmen".

**„Prinzip der Aktivität: Die Quintessenz – alles kommt zusammen – alles ist in Bewegung"**

**5. Halswirbel - Venus**

**Ausdehnung & Wachstum**

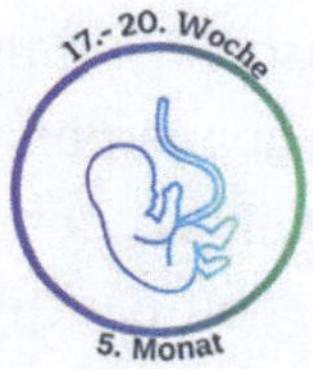


Größe: 12 - 25 cm

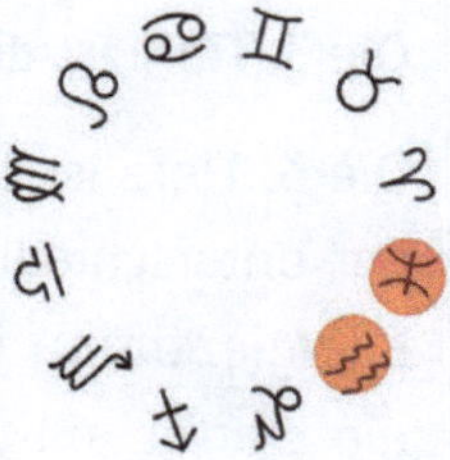

### Körperliches und emotionales Wohlbefinden von Mutter und Kind

Du spürst jetzt starke Bewegungen, der Fötus entwickelt sich schneller und sieht jetzt wie ein „richtiges Baby" aus. Die Schwangerschaft ist deutlich sichtbar und das Baby sammelt schon viele Eindrücke. Seine Ohren und der Gehörsinn sind sehr weit entwickelt. Es hört, wie dein Herz schlägt, wie das Blut durch deine Adern rauscht und wie die Verdauung arbeitet. Obwohl es in der Gebärmutter alles anderes als still zugeht, nimmt es auch noch Geräusche von außen wahr. So kann es zum Beispiel deine Lieblingsmusik mithören. Es fühlt sich wohl, wenn du dich dabei entspannst oder dich sanft dazu wiegst.

Es entwickelt sein eigenes Immunsystem. Arme, Beine, Händchen und Füße sind zwar klein, aber praktisch fertig entwickelt. Die Netzhaut reagiert auf Helligkeit. Der kleine Darm arbeitet schon richtig. Durch die Käseschmiere ist die zarte Haut geschützt und das Fruchtwasser wird mehrmals täglich ausgetauscht. Auch die Augen sind weit entwickelt, aber bleiben vorerst noch geschlossen. Jetzt trinkt das Baby bis zu einem halben Liter Fruchtwasser und trainiert somit Schlucken und die Tätigkeit der Nieren. Die Flüssigkeit wird über die Harnwege wieder ausgeschieden.

Trinke mindestens zwei Liter am Tag. Bis zum Ende des fünften Monats misst das Baby vom Scheitel bis zur Sohle ca. 25 cm

Die astrologischen Zeichen sind Wassermann (Gallenblasenfunktionsenergie/3. Tiefe ↓) und Fische (Leberfunktionsenergie/3. Tiefe ↑).

Jupiter ist der Herrscher der 3. Tiefe und hat eine dynamische Beziehung zur Venus (2.Tiefe).

Die 3. Tiefe (Jupiter) regiert diesen Monat. Das Blut sorgt für Ausdehnung und Wachstum des Körpers. Jupiters Eigenschaften sind die Ausdehnung und die Bewegung, was sich durch die ersten Kindsbewegungen bemerkbar macht. Die 3. Tiefe hilft dem Körper und den Gelenken geschmeidig zu sein. Ergänzend kannst du deinem wachsenden Bauch sowie dem Damm besondere Aufmerksamkeit schenken. Regelmäßiges Einölen kann die Hautelastizität unterstützen und die Dehnung sanft begleiten. Ein hochwertiges, pflegendes Öl fördert nicht nur die Hautgesundheit sondern schenkt auch wohltuende Momente der Entspannung.

**Die 3. Tiefe ist die Brücke zwischen Energie und Materie**

Die 3. Tiefe ist die Verbindung aller Elemente, die Quintessenz, und hat unterschiedliche Namen wie Schlüssel, Binder, Ki oder Chi. Die Energiezentren in der 3. Tiefe sind „16 bis 22". Diese kreative Energie startet mit „16", was transformieren bedeutet bzw. Aufbrechen der bestehenden Form für eine Neue. Aktiv bricht das Alte ab, damit das Neue einziehen kann. Die 3. Tiefe hilft unsere Seele in den Körper zu bringen.

Die Schwangerschaft ist eine einzigartige Zeit, in der Frauen ihre Weiblichkeit auf eine intensivere Weise erfahren. Die archetypische weiblicher Kraft der Venus (2. Tiefe) stärkt die Verbindung zu dir selbst und zu deinem Baby und schafft eine wundervolle Basis für das, was vor dir liegt. In der Schwangerschaft und bei der Geburt verschmelzen Gegensätze: Weinen vor Freude, Schönheit und Schmerz, Stärke und Hingabe. Es ist, als würde die Seele danach streben, all diese Extreme in ihrer vollen Tiefe zu erfahren. Dieser Prozess ist ein Tanz aus Berührung und Berührtwerden – ein Austausch von Nähe und Vertrauen. Die Energie der Venus begleitet die Entwicklung wie eine sanfte Kraft der Liebe. Sie öffnet Herzen, verbindet und macht die Tiefe des Moments spürbar. Berührung ist mehr als nur ein körperlicher Kontakt – sie kann tief in uns etwas bewegen und eine Verbindung schaffen, die Worte oft nicht erreichen. Besonders in der Schwangerschaft nimmt diese Empfindsamkeit zu. Diese gesteigerte Sinnlichkeit verstärkt die Wahrnehmung und Aufmerksamkeit für die Umgebung und bringt eine besondere Ausstrahlung mit sich. Ein Gefühl von Glück und Leichtigkeit macht alles leichter und angenehmer. Die werdende Mutter strahlt auf eine wundervolle Weise. Nutze diese Zeit, um innezuhalten, den Moment zu spüren und das Glück dieser einzigartigen Reise bewusst zu genießen.

***ANWENDUNG IM 5. MONAT***

***FÜR DIE 3. TIEFE (ELEMENT HOLZ):***

Gallenblasenfunktions- und Leberfunktionsenergie und jegliche 3. Tiefe-Ströme

***FÜR DIE UNTERSTÜTZUNG VON VENUS, 2. TIEFE (ELEMENT LUFT):***

„8/16" – wenn das unbequem ist, halte „3/11" und gleiche Seite „15"

***FÜR DIE 3. TIEFE (ELEMENT HOLZ): GALLENBLASENFUNKTIONSENERGIE***

Die Gallenblasenfunktionsenergie fließt von der Mitte des unteren Augenlides zum Nagel des großen Zehs.

Das Licht (Funke) der 7. Tiefe verdichtet sich immer mehr in den Körper hinein. Jetzt im fünften Monat hat Gallenblasenfunktionsenergie die Aufgabe, das Licht im ganzen Körper zu verteilen.

Der Gallenblasenstrom ist einer der Gesichtsströme. Er kreist in mehreren Bahnen am Kopf und verteilt das Licht von Kopf bis in die Füße und gibt die Energie an die Leberfunktionsenergie weiter.

### *GALLENBLASENSTROM*

Hilft bei Migräne, Kopfschmerzen, Verdauungsstörungen, tiefer Müdigkeit, unterstützt die Anbindung an die Quelle – unser Urfeuer und klärt die Hüftebene.

Für die tägliche Anwendung, 20 Minuten

Lege deine Hände ohne Druck auf folgende Körperstellen und entspanne 3-5 Minuten je Schritt.

1. L linke Nacken („12")
   R rechtes Stirn („20")
2. R Steißbein
3. R rechte Außenseite Ferse („16")
4. R rechter Rippenbogen („14")
5. R linker Rippenbogen („14")
6. R linkes Schlüsselbein („22")

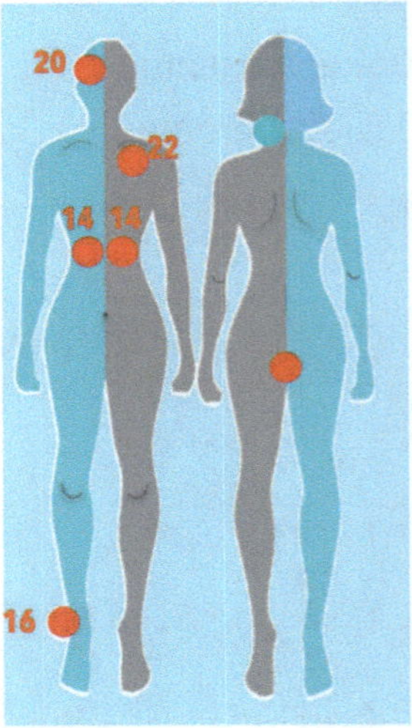


Wenn es dir die Zeit erlaubt, kannst du diesen Strom auch auf der anderen Körperseite entsprechend anwenden.

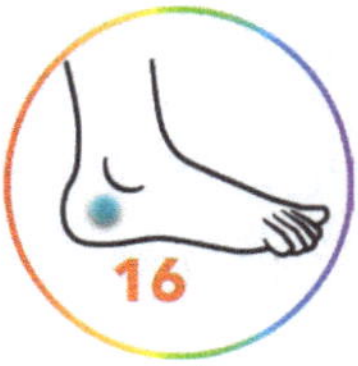

### *LEBERFUNKTIONSENERGIE*

Die Leberfunktionsenergie ist der absteigende Partner der Gallenblasenfunktionsenergie. Das Strömungsmuster startet am Nagel des großen Zehs und fließt in die Lunge. Ein Teil des Stroms geht ins Gehirn und wird zum Großhirnstrom.

Der Leberstrom versorgt die Augen. Somit ist die Entwicklung der Augen mit dem Sehsinn der siebte Sinn und die Ausbildung des Gehirns im Fokus dieser Entwicklungsstufe.

### *LEBERSTROM*

Hilft allgemein bei Müdigkeit, Übelkeit, Steifheit, Nackenschmerzen, Atemproblemen, Frustration, Bluthochdruck und macht geschmeidig.

Für die tägliche Anwendung, 20 Minuten

Lege deine Hände ohne Druck auf folgende Körperstellen und entspanne 3-5 Minuten je Schritt.

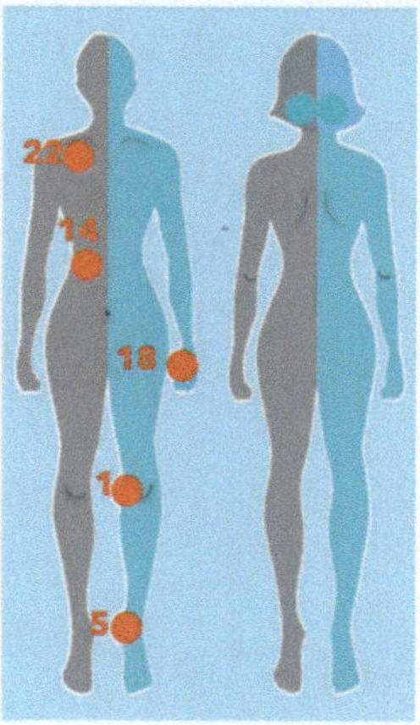


1. L linke Schädelbasis („4“)
   R rechtes Schlüsselbein („22“)
2. R rechter unterer Rippenbogen („14“)
3. R linke Innenseite Knie („1“)
4. R linke Innenseite Knöchel („5“)
5. R linker Daumenballen („18“)
6. L rechte Schädelbasis („4“)

Wenn es dir die Zeit erlaubt, kannst du diesen Strom auch auf der anderen Körperseite entsprechend anwenden.

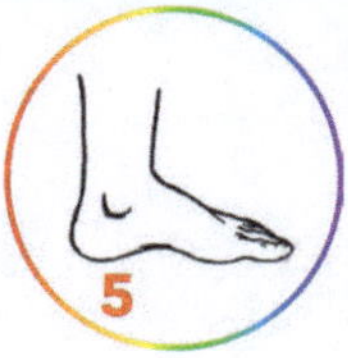

### *DAS ENERGIEZENTRUM „14“*

ist dem Planeten Jupiter zugeordnet und bringt die nötige Bewegung für Verdauung und den Atem.

„14“ ist der gemeinsame Nenner der Zehenströme, um das Leben aufrechtzuerhalten.

„14“ hat einen tiefen Bezug zum mittleren Keimblatt, dem Mesoderm oder Mittenenergie (6./3. Tiefe).

Weitere Informationen siehe „die Keimschichten“ auf Seite 119.

Bei Abgängen, traumatischen Erfahrungen oder negativen Erinnerungen an frühere Erlebnisse unterstützt das Energiezentrum „14“, die stagnierende Energie aufzulösen und einen anderen Blick auf diese Erinnerungen zu bekommen.

**Die Richtung der Energie ist immer vorne hinunter und hinten hinauf:**

Das Energiezentrum „14“ ist die Verbindung nach oben und nach unten. Es liegt in der Taillenebene und wird besonders belastet, wenn die Verdauung im Bereich der Mitte blockiert ist. Eine Blockade in der „14“ führt zu einem Rückstau von Energie in Brust, Hals und Kopf, wodurch die Energie nicht mehr richtig absteigen kann und sich umkehren kann.

Sorge für ausreichend Flüssigkeitszufuhr und nimm dir Zeit dich zu verwöhnen. Schließlich hast du schon einiges geschafft. Auch sportliche Betätigungen tun dir gut. Wofür bist du dankbar? Habe lichtvolle Gedanken und Gefühle wie Freude, Fürsorge, Liebe.

# MOOD

Du bist am Ende des **fünften Monats** – Raum für Deine Notizen:

dein Baby fühlt alles mit – nimm dir Zeit für dich und genieße.

## SECHSTER SCHWANGERSCHAFTSMONAT

Sechs bedeutet Gleichgewicht, Unterscheidungsfähigkeit.

**6. Halswirbel - Merkur**

**Der Körper bringt seine Harmonie zum Ausdruck**

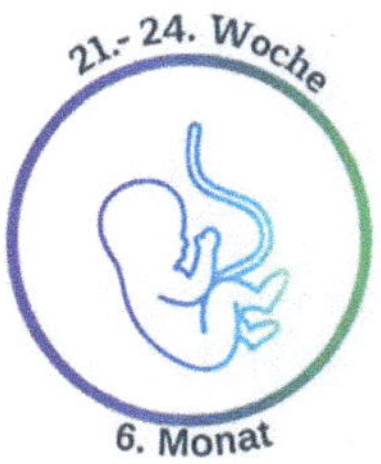


Größe bis ca. 30 cm

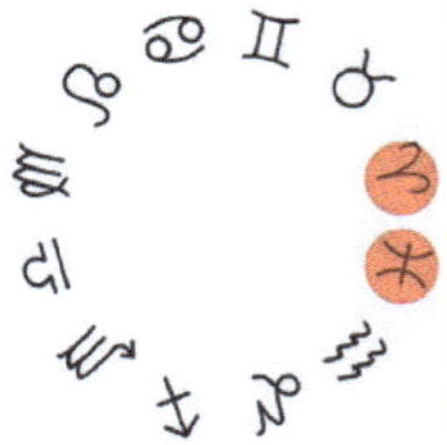

### „Harmonie im Denken und ein gesunder Menschenverstand“

**Noch mehr Balance, Harmonie, Schönheit und Liebe.**

Das Baby liebt es sich in der Wachzeit zu bewegen und du kannst es spüren, wenn es Schluckauf hat, strampelt und sich im Mutterleib dreht. Es nimmt sich, was es braucht, und daher ist es wichtig, dass du gut für dich sorgst: Der Körper braucht Mineralien, gutes Essen, gute Öle, sowohl innen als auch außen. Auch die Brust stellt sich ein und beginnt Kolostrum zu produzieren, die erste Stufe der sich entwickelnden Muttermilch.

Dein Baby schläft circa 16 bis 20 Stunden pro Tag und entwickelt einen Schlaf-Wach-Rhythmus. Es hat beinahe einen vollständig ausgeprägten Gleichgewichtssinn und kann sich orientieren und gezielt im Bauch bewegen. Die Haut wird dicker und bekommt eine rosarote Babyfarbe. Es kann immer besser die Bewegungen mit den Händchen machen. Die Fingerabdrücke sind bereits individuell.

Die astrologischen Zeichen sind Widder (Lungenfunktionsenergie/2. Tiefe ↑) und Stier (Dickdarmfunktionsenergie/2. Tiefe ↓).

Venus ist der Herrscher der 2. Tiefe und hat eine dynamische Beziehung zu Merkur (4.Tiefe).

Die 2. Tiefe (Venus) steht in diesen Monat im Mittelpunkt mit einem besondere Fokus auf die Atmung. Dein Körper strahlt Schönheit und

Harmonie aus und ganz selbstverständlich wächst das Vertrauen in die natürliche Fähigkeit, neues Leben in die Welt zu bringen.

Der Atem hilft uns zu entspannen. Das Ankommen in der Präsenz ermöglicht Harmonie im Denken und schenkt uns einen gesunden Menschenverstand und ermöglicht bewusste Entscheidungen im Gegensatz zu Reaktionen im Stressmodus.

Die 4. Tiefe (Merkur) regelt diesen Monat und kümmert sich weiterhin um die Muskeln, die Geschlechtsorgane und das Wasserelement. Das Fruchtwasser wird mit vielen Nährstoffen angereichert zum Allerbesten für dein Baby.

***ANWENDUNG IM 6. MONAT:***
***FÜR DIE 2. TIEFE (ELEMENT LUFT):***

Lungenfunktion- und Dickdarmfunktionsenergie und jegliche 2. Tiefe-Ströme

***FÜR DIE UNTERSTÜTZUNG VON MERKUR, 4. TIEFE (ELEMENT WASSER):***

Umkehr- und Zunahme der 4. Tiefe

In diesem Monat nimmt der Bauchumfang zu und das Zwerchfell, als ein wichtiger Atemmuskel, bekommt immer weniger Raum. Dabei kann es zu Kurzatmigkeit, Sodbrennen, aber auch Rückenschmerzen kommen. All das ist der Hinweis darauf auszuatmen und loszulassen. Neben der Kombination „11 und 15", um dem Rücken zu helfen, kannst du auch „11 und 25" strömen, um die Körpervorderseite zu entlasten (siehe Zeichnungen „energetische Ursache"). Die hier genannten Ströme unterstützen die Atmung und helfen Körper und Geist in Einklang zu bringen und sich trotz aller Begleiterscheinungen wohlzufühlen. All die körperlichen Veränderungen sind ungewohnt, manchmal auch unangenehm oder anstrengend. Und trotz alldem strahlt die werdende Mutter eine natürliche Schönheit und Wärme aus, die von innen kommt. Du spürst und fühlst das Baby. Nimm dir Zeit für diese Glücksmomente.

Alle Erfahrungen aus der Vergangenheit sind in unserem Gedächtnis verankert. Oft stammen Ängste aus der frühen Kindheit. Manchmal waren es Gefühle, die wir damals nicht verarbeiten konnten. Und obwohl wir heute längst erwachsen sind, tragen wir diese alten Prägungen weiter in uns. Sie halten uns davon ab, neue Schritte zu wagen. Astrologisch repräsentiert das Zeichen Widder, das der Lungenenergie zugeordnet ist, den Neuanfang. Mars ist der Herrscher des Widders und steht für Mut, Vitalität und Tatkraft, für die Fähigkeit, sich vorwärts zu bewegen ohne zurückzuschauen. Diese Kraft im Atem hilft, die bei Veränderung aufkommenden Widerstände zu meistern und präsent zu bleiben.

Die Worte von Mary Burmeister passen hier gut: „Die Kunst des Lebens ist sehr einfach. Denke nicht über die Vergangenheit oder die Zukunft nach. Sei einfach das, was jetzt ist.“[46] Es braucht Vertrauen und Mut, um sich von alten Ängsten zu lösen. Mars steht genau für diese Energie der Potenz und Lebenskraft – eine Kraft, die sowohl Ausdruck von Liebe und Zuneigung, als auch vom Willen zur Veränderung ist. Nur so kann wirklicher Wandel geschehen.

Dein Körper stellt sich auf das letzte Drittel der Schwangerschaft ein.

Hormonschwankungen sind in dieser Zeit ganz normal und können gelegentlich Gefühle von Unruhe oder Unsicherheit auslösen. Dabei muss es nicht immer ein großer Auslöser sein, damit die Überlebens-

---

46 Burmeister, M. (2024). *JinShinJyutsu: The art of living.* Abgerufen von https://www.youtube.com/watch?v=fy7nkqgNBRc

mechanismen reagieren. Oft reichen schon kleine Belastungen wie Anspannung, Stress oder Unstimmigkeiten und Sorgen, um dieses System zu aktivieren.

Hier kommt der Vagusnerv ins Spiel – ein wichtiger „Beruhigungsnerv“, der viele zentrale Körperfunktionen reguliert. Er wirkt auf den Herzschlag, die Atmung, die Verdauung, das Immunsystem und die Fortpflanzungsorgane. Sobald wir uns entspannen oder tief durchatmen, wird dieser Nerv aktiviert und der Körper findet in einen ruhigen, ausgeglichenen Zustand zurück. Die Atmung wird langsamer, und mit ihr entfaltet sich eine sanfte, entspannende Wirkung auf den ganzen Körper.

Nimm dir bewusst Zeit, diese besondere Phase zu spüren und in dich hineinzuhorchen und kommuniziere mit deinem Baby, sei es in Form von Gefühlen, Gedanken oder deiner Intuition. Durch gezielte Atemübungen kannst du eine tiefe innere Ruhe erleben – eine Kraftquelle, die du auch rund um die Geburt jederzeit abrufen kannst. In deinem Körper steckt die Fähigkeit, selbst die turbulentesten Momente zu meistern und mit jedem Atemzug stärkst du dein Vertrauen in dich selbst. Jetzt ist die Gelegenheit, alte Ängste und Unsicherheiten loszulassen und dich auf das Neue einzulassen.

Selbstverantwortung bedeutet, den Mut zu haben, für dich und dein Wohlbefinden einzustehen – und das öffnet den Raum für echte Veränderung. Die Voraussetzung dafür ist es, weg von der Kopfebene in die Erlebensebene zu gehen. Das baut ein neues neuronale Netzwerk auf mit Stabilität und Gelassenheit, denn unser Gehirn ist formbar, wie Plastelin. Tatsächlich heißt der Fachbegriff für diese flexible Eigenschaft unseres Gehirns Neuroplastizität.

Schau zurück, wie du die unterschiedlichen Phasen bis jetzt meistern konntest, wie dein Körper sich ständig reinigt und sich den erforderlichen Bedingungen anpasst. Du hast das alles geschafft und dadurch wirst du resilienter. Resilienz beschreibt die Entwicklung, Nutzung von und den Zugang zu den Potenzialen, die Menschen dazu befähigen, Niederlagen, Unglück, Stressoren und Schicksalsschläge besser und schneller zu meistern oder den Körper zu heilen.

Durch diese Entwicklungsphasen während der Schwangerschaft kommen immer wieder Gedanken oder Gefühle aus dem Unbewussten an die Oberfläche. Es kommt immer wieder die Gelegenheit für jede Frau, diese Energie zu nutzen, um Altes zu klären und loszulassen. Es steht sozusagen auf der Tagesordnung! Mutter und Kind stehen in enger Verbindung: emotional, energetisch und körperlich. Alles, was die Mutter fühlt oder mit sich trägt, kann sich auf das Baby übertragen. Diese innerliche Befreiung schafft eine harmonische, stabile Umgebung, die dem Baby Sicherheit und Raum für seine gesunde Entwicklung gibt. Mutter und Kind profitieren gleichermaßen von dieser positiven Energie.

### *FÜR DIE 2. TIEFE (ELEMENT LUFT):*

Die Lungenfunktionsenergie fließt vom Magen durch die Lungen zum Zeigefinger.

### *LUNGENSTROM*

Reguliert alle Körperfunktionen. Hilft allen Themen mit der Haut, bei Verschleimungen, bei Allergien, bei Hitzewallungen und hilft alles Alte loszulassen.

Daher ist dieser Strom sehr gut um alte Verletzungen aus der Kindheit loszulassen und dadurch Raum für Neues zu schaffen.

Für die tägliche Anwendung, 20 Minuten

Lege deine Hände ohne Druck auf folgende Körperstellen und entspanne 3-5 Minuten je Schritt.

1. L linker Rippenbogen („14")
   R linkes Schlüsselbein („22")
2. R linker Oberarm („hohe 19")
3. R linker Daumenballen („18")
   (Wechsle für 2. und 3. die Hände)
4. R linke Schulter („11")
5. R rechtes Schlüsselbein („22")
6. R rechte Brust („13")

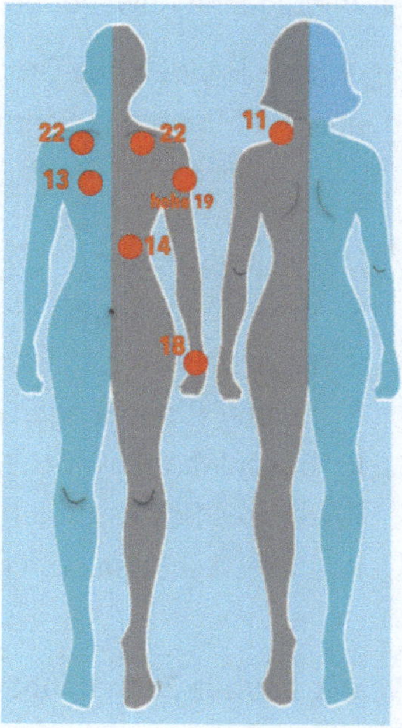


Wenn es dir die Zeit erlaubt, kannst du diesen Strom auch auf der anderen Körperseite entsprechend anwenden.

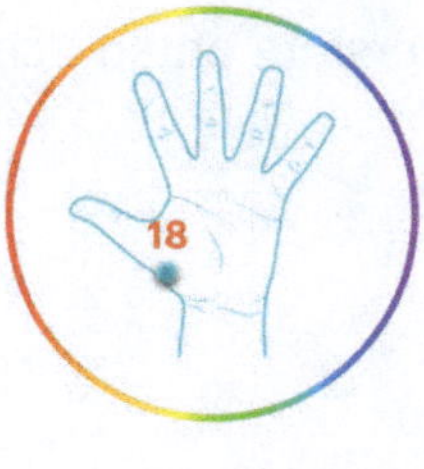

### *DICKDARMFUNKTIONSENERGIE*

Die Dickdarmfunktionsenergie fließt vom Zeigefinger zum Wangenknochen.

### *DICKDARMSTROM*

Hilft Nacken, Schultern, Armen, Darm, Verstopfung, Durchfall, Zahnfleisch, Nebenhöhlen und dem Loslassen von allem was verbraucht ist.

Für die tägliche Anwendung, 20 Minuten

Lege deine Hände ohne Druck auf folgende Körperstellen und entspanne 3-5 Minuten je Schritt.

1. L rechte Schulter („11")
   R linker Zeigefinger
2. R rechtes Brust („13")
3. R rechter Rippenbogen („14")
4. R linker Wangenknochen („21")
5. R rechtes Schlüsselbein („22")
6. R linkes Schlüsselbein („22")

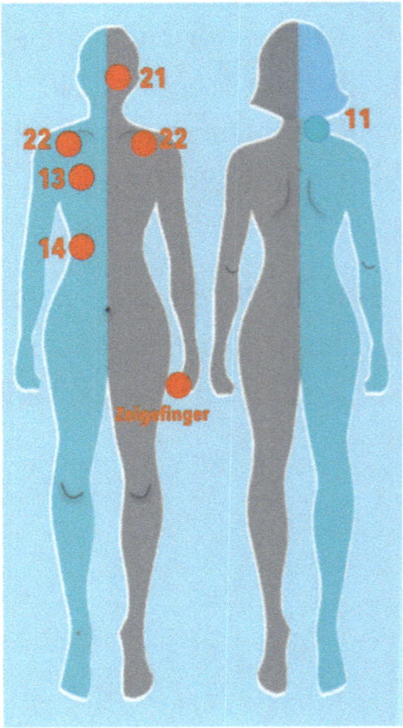


Wenn es dir die Zeit erlaubt, kannst du diesen Strom auch auf der anderen Körperseite entsprechend anwenden.

### *FÜR DIE 4. TIEFE (ELEMENT WASSER) UMKEHR- UND ZUNAHME DER 4. TIEFE*

Dieser Strom unterstützt Mutter und Kind während der ganzen Schwangerschaft und bei der Erholung von der Anstrengung der Geburt.

Hilft bei allen Projekten mit Nieren, Blasen, Ohren, Fortpflanzungsorganen, Knochen, Knochenmark, Nägel, Rektum.

Lege deine Hände ohne Druck auf folgende Körperstellen und entspanne 3-5 Minuten je Schritt.

1. L rechte Beckenkamm („2")
   R linker Oberschenkel („hohe 1")
2. R rechte 4, 12, 11
3. R rechte 23

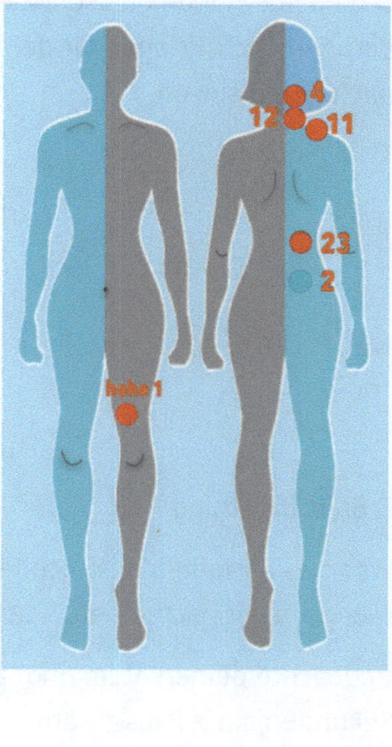

Nimm dir Zeit für Atemübungen. Der Atem bringt Balance und Harmonie in den Körper.

Meditation für Ruhe und Gelassenheit – hilft dir bei Unruhe und Nervosität und unterstützt den Körper, sich an die gegebene Situation anzupassen.

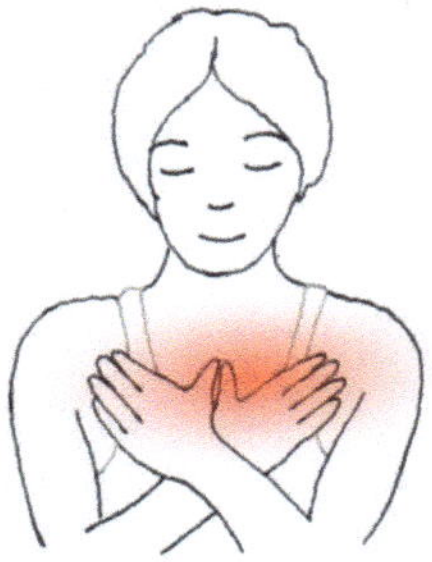

1. Shift Fokus

Lege deine Hände ganz entspannt auf den Herzbereich*. Die Daumen berühren sich. Erlaube dir deine Schultern loszulassen, indem sie nach unten sinken.

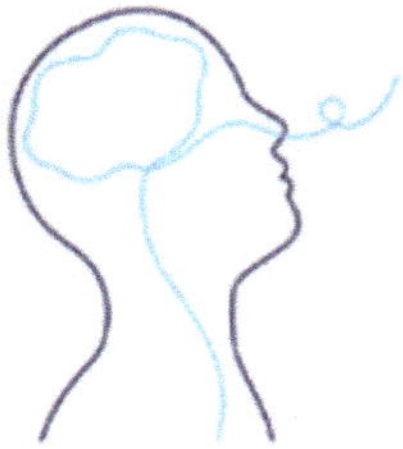

2. Shift Breathing

Wenn es dir möglich ist, schließe deine Augen und richte deine Aufmerksamkeit nach innen.

Beobachte deinen Atem und lass dich ruhig werden – atme fünf Sekunden ein – Pause – atme fünf Sekunden aus – Pause.

Sprich mit deinem Körper: „Du bist sicher!" Sage es auf deine Weise, sodass es bei dir ankommt und du es spüren kannst. Diese Präsenz ermöglicht Heilung.

Das regenerative System deines Körpers wird aktiviert.

3. Shift Feeling

Verbinde Herz mit Gehirn, indem du mit dem Ausatem all die Aktion in deinem Kopf eine Etage tiefer in dein Herz hineinsinken lässt.

Denke an eine angenehme Situation in deinem Leben und fühle

- wie du dankbar warst,
- wie du Wertschätzung empfunden hast oder
- wie du für dich oder jemanden fürsorglich warst.

Mach dir bewusst, dass alles, was du für dich selbst tust, auch deinem Baby hilft. Halte den Fokus dieses Gefühls für drei Minuten in deinem Herzen.

Nach Angaben des Heart Math Institute[47] ist die Wirkung dieser einfachen Meditation groß: Du kannst in wenigen Minuten Stresshormone abbauen.

* Übrigens kannst du diese Übung beim Hauptzentralstrom einbauen – beim dritten Schritt, wenn du deine Hand aufs Brustbein legst.

---

47 HeartMath Deutschland. (n.d.). Studien des HartMath Instituts. Abgerufen am 4. Dezember 2024, von https://www.heartmathdeutschland.de/die-methode/

Neben den genannten Strömen für den sechsten Monat ströme regelmäßig den Blasenstrom. Die Blasenfunktionsenergie hat eine Beziehung zum Sternzeichen Waage und bringt Gleichgewicht auf allen Ebenen in Körper, Geist und Seele.

***WEITERE EMPFEHLUNGEN IM 6. MONAT***

***KURZFORM VOM BLASENSTROM***

Setze dich auf deine Hände (beide „25“)

«Du kannst die Handfläche oder den Handrücken als Starthilfekabel nutzen»

halte die Waden großflächig

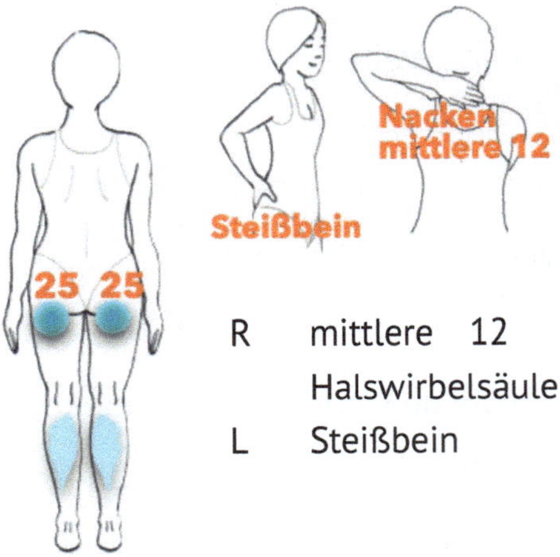


R mittlere 12 Halswirbelsäule
L Steißbein

***DU HAST NEGATIVE GEDANKEN ODER ANGST?***

***GEDANKENSTOPP***

Lass dabei deiner Phantasie freien Lauf. Erfinde eine positive Geschichte, in der du die Hauptdarstellerin bist. Fühle, wie es dir dabei geht, und beende die Übung mit einem positiven Gefühl. Fühlen bringt dich in die Gegenwart. Denken und Fühlen zur gleichen Zeit ist nicht möglich.

**Mache dir einen Geburtsplan**

Die Geburt deines Babys ist ein lebensveränderndes Ereignis und hoffentlich einer der glücklichsten Momente, die du je erleben wirst. In den Wochen und Monaten vor der Geburt kannst du dir Gedanken darüber machen, welche Hoffnungen und Wünsche du für diesen magischen Moment hast. Es macht viel Spaß und bringt dir unglaubliche Sicherheit, was den Ablauf betrifft.

- Kreiere eine Mindmap, schreibe in dein Tagebuch, zeichne

All das wird dir helfen, deine Prioritäten und Wünsche aufzulisten. Daraus kannst du eine Wunschgeburt beschreiben nach deinen persönlichen Bedürfnissen und Wünschen und daraus deinen Geburtsplan entwickeln. Diese Art der Geburtsvorbereitung ist in den letzten Jahren immer beliebter geworden. Die zukünftigen Mütter haben eine klare Vorstellung von der Art der Geburt, die sie sich wünschen. Die Krankenhäuser sind leider oft unterbesetzt und/oder alle sind sehr beschäftigt. Deshalb ist es sehr wichtig, dass du weißt, was du wirklich willst. Wenn du dir selbst klar bist, dann wird es keine Kommunikationsherausforderung, sondern für alle glasklar verständlich.

Habe klare Gedanken über die Geburt, die du dir wünschst. Die mentale Vorbereitung ist eine gute Gelegenheit, dich mit dem Baby zu verbinden. Ein Geburtsplan ist in der Regel eine einfache einseitige Erklärung, die in positiver Sprache verfasst ist, um denjenigen, die dich entbinden werden, mitzuteilen, wie du während der Geburt unterstützt werden willst. Es ist eine gute Idee, einige Kopien des Geburtsplans zur Verfügung zu stellen, damit alle Beteiligten die Möglichkeit haben, ihn durchzulesen und alle Fragen mit dir zu besprechen, und zwar bereits vor deinem Geburtstermin. Besprich dein Vorhaben und deine Wünsche rechtzeitig mit deiner Hebamme.

Vermeide zu langes Stehen, um die Venen zu entlasten. In der Schwangerschaft weiten sich die Venen und auch der Blutdruck ist etwas höher als sonst. Im sechsten Monat reifen beim Baby die Sinne aus. Genieße sinnliche Momente. Viele werdende Mütter beginnen jetzt die Ankunft ihres Kindes zu planen.

Du bist am Ende des sechsten Monats – Raum für Deine Notizen:

Schone deinen Körper und nimm dir Zeit für wohltuende Pflege und fülle deine Energiedepots auf!

## SIEBTER SCHWANGERSCHAFTSMONAT

Sieben bedeutet „Sieg,
vollkommene Lebenskraft“.

**7. Halswirbel -**
**Mond**
**Grenzen - sei bereit für die Manifestation**

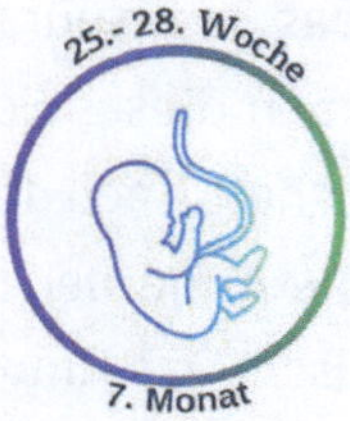


Größe: bis ca. 38 cm

### „Licht“

**Versorgung innen und außen für den physischen Körper. Geist und Licht vermischen sich.**

Bereits zu Beginn dieses Monats sind die Sinnesorgane des Babys fast völlig entwickelt. Das Baby kann riechen, schmecken, sehen, sowie Druck, Schmerz und Kälte wahrnehmen.

In diesem Monat wiegt das Baby circa ein Kilogramm und ist von Scheitel bis zur Sohle ca. 38 cm lang. Es trinkt viel Fruchtwasser und scheidet es aus. Es entwickelt individuelle Gesichtszüge und hat die Augen nun häufig offen.

Dein Baby nimmt an Körperfett zu. Die Ohren sind jetzt vollständig entwickelt und es reagiert auf Geräusche oder Musik.

Die astrologischen Zeichen sind Zwillinge (Magenfunktionsenergie/1. Tiefe ↑) und Krebs (Milzfunktionsenergie/1. Tiefe ↓).

Saturn ist der Herrscher

Die 6. Tiefe (Mond) reflektiert die Energie der sieben Halswirbel.

„Grenzen als Sicherheit und Geborgenheit“

Im ersten Schwangerschaftsmonat bekommt das Licht der 7. Tiefe durch die Blaupause (6. Tiefe) und der Unterstützung der 1. Tiefe eine Struktur.

Im siebten Monat schließt ein vollständiger Zyklus ab. Der Körper, der als Gefäß dient, sowie das Nervensystem sind vollständig entwickelt.

Bei einer verfrühten Geburt wäre das Baby auf jeden Fall aus eigener Kraft lebensfähig. Es ist absolut sinnvoll, die Ströme vom ersten Schwangerschaftsmonat weiter in die Routine zu übernehmen, um weiterhin die Energie aufzuladen, sodass die Körperfunktionen der Mutter und des Kindes eine gute Basis haben.

Das Baby spürt die Grenzen der Gebärmutterwand immer mehr und es kann dieses Körpergefühl von Sicherheit und Geborgenheit verinnerlichen. Nach der Geburt wird das Baby die Grenzen ganz konkret durch die Arme der Mutter bzw. des Vaters bekommen. Und später symbolisch. Das Kind ist darauf angewiesen, die Grenzen zu verinnerlichen, dass nichts hereinkommt oder weggeht, was nicht erwünscht ist. Im siebten Schwangerschaftsmonat, in dem die Reflexion des Lichtes sich im Körper manifestiert, braucht es ein Gefäß, das die Energie hält, für die individuelle Entwicklung und das Wachstum.

### *ANWENDUNG IM 7. MONAT:*

Zurück zum Anfang, um die Form und Struktur in Harmonie zu bringen. Im siebten Monat wird die 1. Tiefe von der 6. Tiefe unterstützt. Im ersten Schwangerschaftsmonat war es umgekehrt .

#### *FÜR DIE 1. TIEFE*

Magen- und Milzfunktionsenergie und jegliche 1. Tiefe-Ströme

#### *FÜR DIE UNTERSTÜTZUNG VON MOND, 6. TIEFE*

(siehe 1. Schwangerschaftsmonat)
Hauptzentralstrom, Zwerchfellfunktions- und Nabelfunktionsenergie

Im Bauch der Mutter wird es zunehmend enger. Die Organe sowie das Zwerchfell haben nicht mehr so viel Platz. Es kann zu Wasseransammlungen im Gewebe, aber vor allem in den Beinen kommen. Auch das Liegen wird anstrengender und dazu kommen die aktiven Bewegungen des Kindes, die sowohl am Tag als auch in der Nacht stattfinden. Es kann also wegen dieser ungewohnten Umstände von Zeit zu Zeit anstrengend werden und das Nervenkostüm beansprucht werden. Jetzt ist der Aufruf an die Mutter, gut für sich zu sorgen und viele wohltuende Pausen einzulegen. Bei Stress verbraucht der Körper die Reserven für die bereits genannten Überlebensmechanismen. Bei Entspannung steht die Energie als Potenzial zur Verfügung. Die 6. Tiefe schließt uns immer wieder an eine große Quelle an und stärkt unsern Körper und das Nervensystem, damit der Körper die nötige Energie für die Anforderungen im Leben bekommt.

Der siebte Schwangerschaftsmonat markiert einen wichtigen Meilenstein in der Entwicklung des Babys, aber es gibt noch wesentliche Prozesse, die in den letzten zwei Monaten verfeinert werden:

- **Reifung der Lunge:** Die Lunge des Babys ist erst in den letzten Wochen der Schwangerschaft vollständig funktionsfähig. In der 34. bis 36. Woche beginnt die Produktion von Surfactant, einer Substanz, die verhindert, dass die Lungenbläschen nach der Geburt zusammenfallen. Frühgeborene vor der 37. Woche haben oft Atemprobleme, weil die Lungenreifung unvollständig ist.
- **Hirn- und Nervensystem:** Das Gehirn des Babys wächst und reift besonders stark in den letzten Wochen. Dabei entwickeln sich unter anderem die Kontrolle über Atmung, Temperatur und Reflexe, die nach der Geburt entscheidend sind.
- **Fett- und Energiereserven:** Das Baby baut in den letzten zwei Monaten wichtige Fettreserven auf, die für die Regulierung der Körpertemperatur und die Energieversorgung nach der Geburt notwendig sind. Diese Fettreserven machen das Baby auch kräf-

tiger und bereiten es besser auf das Leben außerhalb des Mutterleibs vor.

- **Immunsystem:** Das Immunsystem des Babys reift und erhält wichtige Antikörper von der Mutter, vor allem gegen Infektionen. Diese Schutzmechanismen sind besonders für die erste Zeit nach der Geburt wichtig.
- **Geburtsvorbereitung:** Die Mutter und das Baby bereiten sich in den letzten Wochen auf die Geburt vor. Das Baby dreht sich in die richtige Position (Kopf nach unten) und die Plazenta stellt sicher, dass das Baby bis zur Geburt optimal versorgt wird.

Zusammengefasst bedeutet es, dass die letzten zwei Schwangerschaftsmonate das Baby auf das Leben außerhalb des Mutterleibs vorbereiten. Das Ziel ist, dass das Kind bei der Geburt möglichst gesund und überlebensfähig ist. Ein Baby, das zu früh geboren wird, benötigt oft medizinische Unterstützung, um diese Entwicklungen nachzuholen.

Um die Energieversorgung im Fall einer Frühgeburt zu sichern, können – zusätzlich zu allen medizinischen Maßnahmen – die im folgenden aufgeführten Ströme des achten und neunten Schwangerschaftsmonats beim Baby angewendet werden. Sie unterstützen das Baby dabei, reifenden Impulse und die Energieversorgung nachträglich, außerhalb des Mutterleibs zu empfangen.

### *FÜR DIE 1. TIEFE (ELEMENT ERDE):*

Die Magen-Funktionsenergie – zur täglichen Anwendung

Dieser Strom hilft dem Ausatem und der Entspannung vom Kopf bis zu den Füßen. Er hilft bei Übelkeit, Kopfschmerzen, Gedankenkreisen und dem Verdauen. Neben der Nahrung müssen wir alles, was wir erleben, verdauen. Dieser Strom hilft, Gedanken, Unsicherheiten, Sorgen und Ängste zu verarbeiten.

### *MAGENSTROM*

Zur Allgemeinen Aufladung der Energiebatterie

Für die tägliche Anwendung, 20 Minuten

Lege deine Hände ohne Druck auf folgende Körperstellen und entspanne 3-5 Minuten je Schritt.

1. R linke Wange („21“)
   L linke Schlüsselbein („22“)
2. L rechter unterer Rippenbogen („14“)
3. L rechter hinterer,
   unterer Rippenbogen („23“)
4. L linker unterer Rippenbogen („14“)
5. L rechte Innenseite
   Oberschenkel (hohe „1“)
6. L rechte Außenseite der Wade (tiefe „8“)
7. L rechter mittlerer Zeh

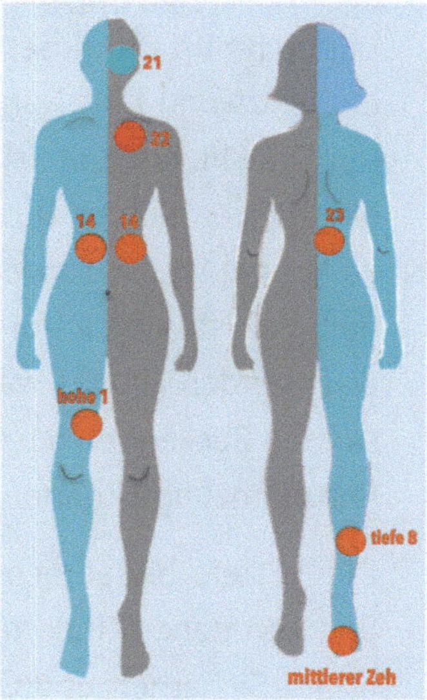


Wenn es dir die Zeit erlaubt, kannst du diesen Strom auch auf der anderen Körperseite entsprechend anwenden.

## *DIE MILZFUNKTIONSENERGIE – ZUR TÄGLICHEN ANWENDUNG.*

Das Strömungsmuster der Milzfunktionsenergie bewegt sich an der Innenseite (medial) vom Nagel der großen Zehen zur Innenseite des Fußgelenks und an der Innenseite vom Bein an der Kniekehle vorbei zur Leiste, kreuzt dann zur gegenüberlegenden Seite des Bauches bis ungefähr zur neunten Rippe. Ein Teil strömt über die dritte Rippe in die Achselhöhle und abwärts zur siebten Rippe und an der Rückseite, den Rachen aufwärts bis zur Zungenwurzel. Ein anderer Teil durchströmt die Magengegend zur Mitte des Brustkorbs aufwärts zum Herz. Dadurch hilft dir dieser Strom in die Mitte zu kommen, stärkt den Solarplexus und hilft Nahrung in körpereigene Energie zu transformieren. Die Milzfunktion ist ein Organstrom der 1. Tiefe und energetisiert den ganzen Körper. Das Organ Milz ist wichtig für das Immunsystem, das Nervensystem sowie für das Gefühl von Zuhause sein und Sicherheit. Sie ist wichtig für die Gebärmutter, die das Zuhause des heranwachsenden Lebens während der Schwangerschaft ist, stärkt den gesamten Beckenbereich einschließlich der männlichen und weiblichen Fortpflanzungsorgane.

Die 1. Tiefe bildet sich in den ersten Lebensjahren bis zur Pubertät und hilft daher Kindern bei allen Projekten. Die Milzfunktionsenergie bringt Sicherheit und Grenzen, hilft zu erden, hilft dem inneren Kind und bei der Anpassung an eine neue Situation.

### *MILZSTROM*

Zur Allgemeinen Aufladung der Energiebatterie Für die tägliche Anwendung, 20 Minuten

Lege deine Hände ohne Druck auf folgende Körperstellen und entspanne 3-5 Minuten je Schritt.

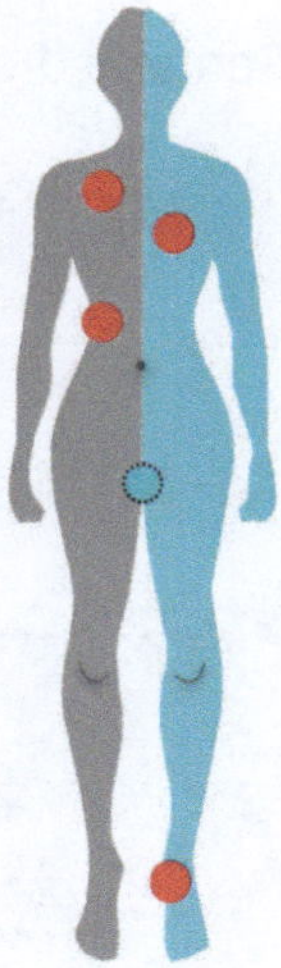

1. R rechten Knöchel Innenseite („5“)
   L Steißbein
2. R linker unterer Rippenbogen („14“)
3. L über der rechten Brust („13“)
4. L unter das linke Schlüsselbein („22“)

Wenn es dir die Zeit erlaubt, kannst du diesen Strom auch auf der anderen Körperseite entsprechend anwenden.

Außer Atem zu sein ist jetzt normal. Die Gebärmutter benötigt viel Platz und das zusätzliche Körpergewicht bringt dich schneller außer Atem. Auch der Rücken ist mehr belastet. Schweres Arbeiten, Tragen, Heben überlasse jetzt lieber anderen. Mach eine Pause oder ein Schläfchen und genieße die Ruhe. Auch Schwimmen ist wohltuend und entlastet.

# MOOD

Du bist am Ende des **siebten Monats** – Raum für Deine Notizen:

Genieße die Ruhe und mache deine Lieblingsübungen für den Atem.

## ACHTER SCHWANGERSCHAFTSMONAT

Acht bedeutet „Rhythmus, Stärke, Frieden".

**„Magie der Manifestation: Umdenken, Neudenken, Mut den neuen Geistes zu leben"**

### *VERTRAUE AUF DIE INNEREN FÄHIGKEITEN*

Inzwischen spürst du die Auswirkungen des fast voll entwickelten Babys und der Bauch dehnt sich schnell aus. Das Baby bringt sich jetzt schon in die Startposition und wiegt bis zu 2 Kg und ist circa 40 cm lang.

Das Baby bekommt kleine Fettpölsterchen; sie machen die Haut glatter und den Körper runder. Es kann die Körpertemperatur selbst regeln.

**Die astrologischen Zeichen sind Widder (2. Tiefe↑) und Stier (2. Tiefe↓).**

**Venus ist der 2. Tiefe zugeordnet.**

**Im achten Monat herrscht der Planet Uranus.**

**1. Halswirbel - Uranus**

**Reifung des Atemsystems**

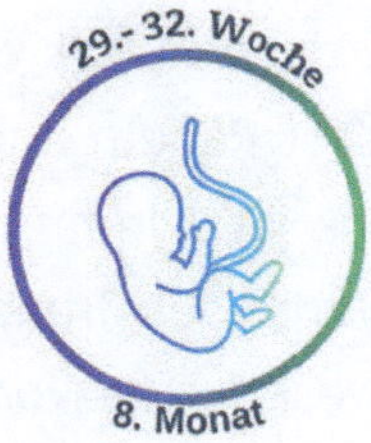


Größe: ca. 40 cm

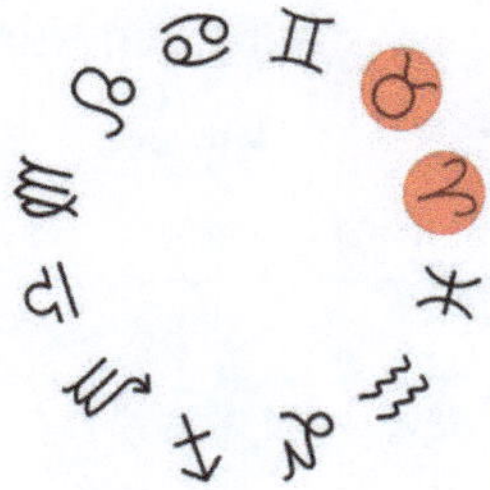

Der Planet Uranus hat Einfluss auf das Luftelement. Uranus steht symbolisch für Veränderung und Innovation. Uranus kann auch persönliche Transformation und Selbsterkenntnis fördern, indem er alte Muster und Überzeugungen durchbricht und einen neuen Weg des Wachstums und der Selbstentdeckung ebnet.

**„Reifung des Atemsystems"**

Die Vertreter der 2. Tiefe auf der Ebene der Organfunktionsenergie sind Lunge und Dickdarm.

In jedem Schwangerschaftsmonat wird direkt oder indirekt an der Ausreifung des Atmungssystems gearbeitet.

Die 2. Tiefe hat die Aufgabe, einen harmonischen Ausdruck von Geist, Verstand und Körper hervorzubringen und setzt „Neunen“ voraus, das heißt, die Zahl „Neun“ hat die Bedeutung „Ende eines Zyklus und Beginn eines neuen“. Das ist das Geheimnis der 2. Tiefe: Loslassen und Empfangen – aus dem „Nichts“, das unendliche Möglichkeiten in sich birgt.

Der erste Halswirbel hat eine Beziehung zu Saturn. Saturn repräsentiert Regeln und Struktur und ermöglicht dadurch die Manifestation, die jetzt immer mehr Form annimmt. Es ist ein Neubeginn und wird durch den Transformationsprozess etwas ganz Neues, noch nie Dagewesenes hervorbringen – mit eigenen Gedanken bzw. Gedanken, die über das normale Denken hinausgehen.

Der Atem wird zum Leitstern, der durch alle Herausforderungen führt und zugleich die innere Ruhe stärkt. Mit jedem bewussten Atemzug entsteht Raum für Vertrauen, Leichtigkeit und Erneuerung.

***ANWENDUNG IM 8. MONAT:***

***FÜR DIE 2. TIEFE (LUFT):***

Lunge- und Dickdarmfunktionsenergie (siehe sechster Schwangerschaftsmonat) und jegliche 2. Tiefe-Ströme sowie alles was dem Atem hilft

Uranus hat Einfluss auf das Luftelement

Die 2. Tiefe und die 1. Tiefe umhüllen uns wie ein schützendes Gefäß und halten den ideenreichen Geist durch die Haut, den Atem und durch das Bindegewebe zusammen.

Es ist ein faszinierendes Zusammenspiel der 1. Tiefe – der Hautoberfläche mit dem Nervensystem – und der 2. Tiefe – des Atems und der tiefen Hautschicht. Dadurch ist von Anfang an eine perfekte Kommunikation zwischen Innen- und Außenwelt gewährleistet. Es lässt uns immer wieder staunen, dass dies bereits in den ersten Wochen der Schwangerschaft angelegt wird. Bis zum Geburtstermin verfeinert sich dieses komplexe System stetig, bis das neue Leben bereit ist, den Geburtskanal zu durchschreiten. Diese 2. Tiefe umfasst das Bindegewebe und die Faszien, die zahlreiche Funktionen erfüllen: Sie geben dem Körper Halt, verbinden Gewebe und Organe, speichern Wasser, beeinflussen die Beweglichkeit und reagieren sensibel auf innere und äußere Einflüsse. Besonders interessant ist die Verbindung zwischen Gefühlen, dem Atem und dem Bindegewebe. Emotionen können den Atemrhythmus unmittelbar beeinflussen – bei Stress wird er flacher, bei Entspannung tiefer. Dieser enge Zusammenhang zeigt, wie sehr Emotionen und körperliche Prozesse miteinander verflochten sind.

Die Haut, insbesondere in Verbindung mit dem Nervensystem, spielt dabei eine Schlüsselrolle. Sie nimmt nicht nur Reize wahr, sondern fühlt mitunter sogar „unsichtbare“ Einflüsse, ohne dass es direkte Berührung braucht. Diese feine Wahrnehmung zeigt sich besonders deutlich bei Kindern, deren Schutzmechanismen noch nicht vollständig entwickelt sind – sie haben sprichwörtlich eine „dünne Haut“. Erst nach fünfzehn Jahren kann der Körper diese Aufgabe übernehmen.

Der Ausdruck „dünnhäutig“ im Volksmund verdeutlicht diese erhöhte Empfindlichkeit: Gefühle dringen tiefer unter die Haut, und äußere Reize wirken intensiver. Dies unterstreicht, wie eng unser Nervensystem, unsere Atmung und unser Bindegewebe zusammenhängen.

In diesem Monat steht die Geburt eines neuen Geistes ganz im Sinne des Wassermannzeitalters, in dem jedes Kind als Botschafter*in für Wandel und Erneuerung geboren wird.

### *SELBSTANWENDUNG FÜR ATEMSTROM*

Hohe „19" und gegenüberliegenden hohe „1" haben direkten Bezug zu dem Verlauf vom Atemstrom und helfen Mutter und Baby.

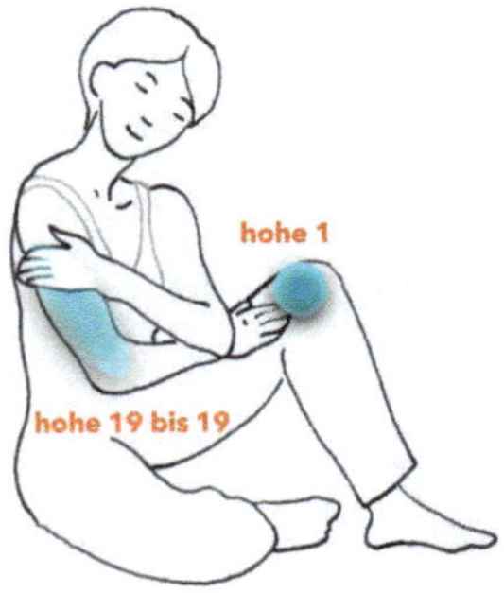


Diese Haltung kann dir helfen, besser zu atmen – mache sie dir besonders in den letzten Wochen der Schwangerschaft zur Gewohnheit.

### *5, 6, 7, 8-STROM ENTSPANNT DEN BECKENBODEN*

Diese Sequenz hat den Fokus darauf die „9" zu öffnen. Neun bedeutet Ende eines Zyklus und Beginn eines neuen und hilft der 2. Tiefe.

Linker Strom für die rechte Seite

1. L linke 5
   R rechte 15
2. R linker kleiner Zeh
3. R linker 4. Zeh
4. L linke 6
5. L linke 5
6. R linke 7
7. R linker kleiner Zeh
8. L linke 8
9. L linke 2

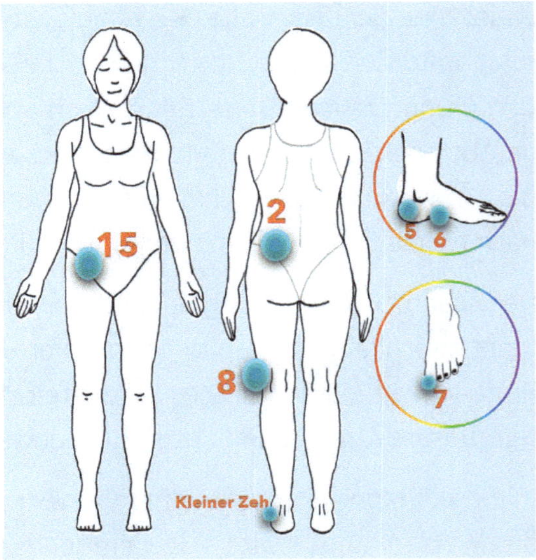


Bei Bedarf für die anderen Körperseite entsprechend anwenden.

### *DAS BECKEN*

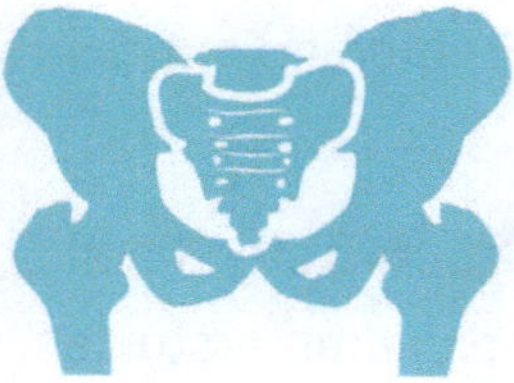

Immer mehr Frauen klagen über Probleme an der Schambeinfuge. Es ist die knorpelige Verbindung zwischen den beiden Seiten des Beckens. Die Beschwerden äußern sich beim Gehen und führen möglicherweise zu Ischiasschmerzen.

Bereite den Damm (Perineum) und den Beckenboden auf die Geburt vor.

Massiere täglich mit einem guten Öl deinen Damm und ströme den Blasenstrom, wie im dritten Schwangerschaftsmonat genau beschrieben, um deinen Beckenboden geschmeidig zu halten. Der Blasenstrom beginnt am Kopf und fließt hinten am Rücken hinunter und beschreibt eine große Acht um den Beckenboden. Daher ist er allgemein bei Frauen sehr zu empfehlen. Der Blasenstrom ist sehr hilfreich, um die Muskeln, die das Becken stützen, zu stärken, und es wieder in die richtige Ausrichtung zu bringen.

„2" liegt auf Betreuerebene und ist das erste aufsteigende Energiezentrum und ermöglicht den Einatem. Die Energie kommt nach oben und entlastet dadurch die Beine und Füße und fördert die Erdung. Sie hilft beim Aufladen der Energiebatterie, insbesondere nach Phasen der Erschöpfung, in Zeiten körperlicher Belastung oder Krankheit.

Auch während der Schwangerschaft spielt das eine große Rolle, da die Venen sich erweitern. Das zunehmende Gewicht des Babys belastet den Beckenboden und es können Stauungen in den Beinen auftreten. Die „2" befindet sich am oberen Beckenkamm. Ist dieser Bereich blockiert, kann der Schmerz sich auf den ganzen Beckenbereich bis zu den Sitzhöckern ausbreiten. Die „2" unterstützt das Becken wie eine schützende Schale, die mühelos Energie empfängt.

Erlaube dir, diesen Zustand der Leichtigkeit zu genießen und beobachte, wie sich alles ganz natürlich fügt. Ohne Anstrengung kann es dir in den Schoß fallen und Früchte tragen.

Dieses Energiezentrum hilft bei orthopädischen Themen, alles rund um die Hüfte und Hüftgürtel, die Beckenorgane und das Becken selbst. Auch bei Fehlstellungen, wie Beckenschiefstand, Problemen mit dem Iliosacralgelenk und Rücken.

Gegen Ende der Schwangerschaft oder nach der Geburt treten häufig Verschiebungen im Beckengürtel auf. Die „2" kann dabei unterstützen, das Gleichgewicht wieder herzustellen.

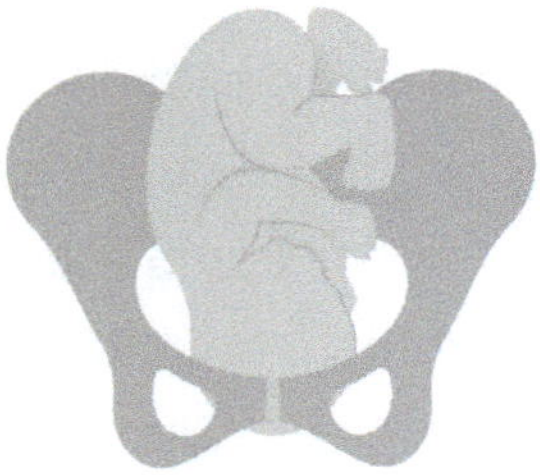

Ströme regelmäßig „2" und „15" auf der linken und rechten Seite und löse Spannungen im Becken und der Symphysis pubica, einer knorpeligen Verbindung zwischen dem rechten und linken Schambein. Sie besteht aus Faserknorpel und spielt eine wichtige Rolle für die Beweglichkeit und Elastizität des Beckens – insbesondere während der Schwangerschaft und Geburt.

Unter hormonellem Einfluss (z. B. Relaxin) wird sie weicher und dehnbarer, um den Geburtskanal zu erweitern.

Das Energiezentrum „3" macht den Weg frei, sodass alles was sich im Beckengürtel staut, in Bewegung kommt. Für eine schnelle Hilfe kannst du auch „3 und 15" strömen.

Es ist kaum zu glauben, aber dein Baby macht im achten Monat noch einen enormen Entwicklungsschub. Es legt kräftig an Gewicht zu, und manche Kinder nehmen bereits die endgültige Lage für die Geburt ein.

Auch dein eigenes Gewicht ist jetzt deutlich spürbar – vieles wird anstrengender und Pausen werden wichtiger. Es ist völlig in Ordnung, langsamer zu machen und gut auf dich zu achten.

Genieße noch bewusste Auszeiten – nur für dich oder gemeinsam mit deinem Lieblingsmenschen, einer Freundin oder deiner Familie. Vielleicht ein gemütlicher Cafébesuch, ein kurzer Ausflug oder ein kleiner Wellnesstag – Dinge, die mit Baby erst einmal nicht mehr ganz so spontan möglich sind.

Du bist am Ende des achten Monats – Raum für Deine Notizen:

Finde deinen Flow und erlaube dir zu entspannen! Lasse los! Es ist alles da, was du brauchst.

## NEUNTER SCHWANGERSCHAFTSMONAT

Neun bedeutet „Ende eines Zyklus ist Anfang eines neuen. Jedes Ende ist der Same eines neuen Anfangs, die Grundlage, das Fundament".

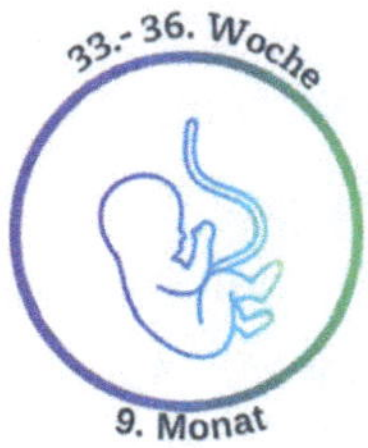


**2. Halswirbel - Neptun und Pluto**

**Ende eines Zyklus, Anfang eines neuen**

Größe ca. 47 cm

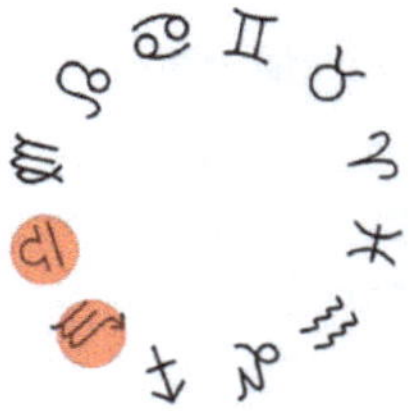

### „Übergang von Schwangerschaft zu Mutterschaft"

Im neunten Monat ist das Baby nun bereit, geboren zu werden. Es hat an Gewicht zugenommen und sinkt immer mehr nach unten und drückt auf die Blase. Es gibt keinen Platz mehr in der Gebärmutter. Die ersten Kontraktionen sind spürbar, die dann immer regelmäßiger werden bis die Wehen die Geburt einleiten. Das Baby ist bereit, diesen Zyklus zu beenden und durch den Geburtskanal zu gehen und hier auf der Erde anzukommen.

Rund neunzig Prozent[48] aller Kinder werden „termingeboren" zwischen vollendeter 37. Woche und vollendeter 42. Woche.

Jedes Ende beinhaltet bereits den Anfang von etwas Neuem. Alles wurde sorgfältig in den vorherigen Entwicklungsmonaten angelegt und ist praktisch schon Routine geworden.

Wenn der Mensch an der Schwelle eines neuen Zyklus steht, ist es notwendig, sich seinen Ängsten zu stellen (4. Tiefe).

Etwa ab der 37. Woche kannst du kleine Krämpfe und ein leichtes Kribbeln verspüren. Das Baby beginnt sich gut in der Gebärmutter zu positionieren und dein Körper bereitet sich auf die Geburt vor. Dies sind Anzeichen dafür, dass die Hormone, die bei der Geburt ins Spiel

48 Wikipedia. (n.d.). *Schwangerschaftsdauer*. Abgerufen am 20. November 2024, von https://de.wikipedia.org/wiki/Schwangerschaftsdauer

kommen, zu wirken beginnen. Von diesem Zeitpunkt an, kann die Geburt jederzeit stattfinden.

Die 4. Tiefe regiert den neunten Monat und wird von den Planeten Neptun und Pluto unterstützt.

Die 4. Tiefe bildet die Brücke zwischen Materie und energetischen Körper.

Die astrologischen Zeichen im neunten Monat sind Waage (4. Tiefe ↓) und Skorpion (4. Tiefe ↑).

**Merkur** ist der Herrscher der 4. Tiefe.

Die Muskeln sind geschmeidig und dürfen loslassen – bereit für die Geburt.

Im neunten Monat schließt sich ein bedeutender Zyklus – unterstützt von Neptun, der Verbindung und Vertrauen in den natürlichen Fluss der Dinge schenkt.

Die Energie von Pluto kann ungeahnte Kräfte und Entschlossenheit bei der Mutter mobilisieren, die den Weg für einen Neubeginn ebnen.

Pluto steht in der Astrologie für tiefgreifende Transformationen und die kraftvollsten, aber oft auch beängstigenden Aspekte unserer Persönlichkeit. Er symbolisiert die Gegensätze von Zerstörung und Erneuerung, Leben und Tod. Pluto fordert uns heraus, uns mit unseren intensivsten Gefühlen auseinanderzusetzen und sie anzunehmen, anstatt sie zu unterdrücken. Nur wenn wir diese dunklen, kraftvollen Teile in uns integrieren, können wir ihr Energiepotenzial nutzen, um Krisen zu überwinden und zu innerer Stärke zu gelangen. Pluto erinnert uns daran, dass wahre Macht in der Fähigkeit liegt, im Einklang mit uns selbst und den Herausforderungen des Lebens zu handeln.

### ANWENDUNG IM NEUNTEN MONAT:

### FÜR DIE 4. TIEFE (ELEMENT WASSER):

- Blasen- und Nierenfunktionsenergie und jegliche 4. Tiefe-Ströme (siehe dritter Schwangerschaftsmonat)
- 9-Strom: ein Zyklus geht zu Ende

Neptun und Pluto haben Einfluss auf das Wasserelement

- Neptun – Gott der Ozeane ist ein Eisgigant ohne Leben oder Bewegung. Als Teil der Transformation bringt er Möglichkeiten aus dem Nichtsichtbaren in die Sichtbarkeit. Es geht etwas zu Ende und die Saat für einen neuen Anfang ist gelegt. Unter dem Einfluss von Ψ Neptun können sich jetzt eine immer feinere Wahrnehmung und das Bedürfnis nach Rückzug verstärken.
- Pluto – Transformation und Geburt

### 9-STROM – ENDE EINES ZYKLUS UND BEGINN EINES NEUEN

Das Energiezentrum „9" befindet sich am unteren Rand vom Schulterblatt und ist der gemeinsame Nenner von Blasen-und Nierenfunktionsenergie. „Neunen" heißt Loslassen, um dadurch den Raum für das Neue zu ermöglichen.

### KURZFORM FÜR 9-STROM

| | | |
|---|---|---|
| R | rechte tiefe | 8 |
| L | rechte | 9 |
| oder alternativ | | 19 |

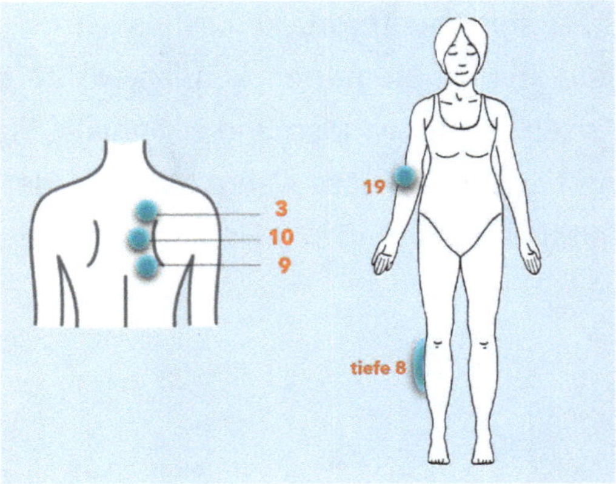

***WEITERE KOMBINATIONEN FÜR DEN NEUNTEN SCHWANGERSCHAFTSMONAT***

1-Strom fördert Bewegung und die Union zwischen Mutter das Kind. Diese Sequenz bringt stagnierte Energie in Bewegung und hilft somit bei bei Verdauung und ist Geburts- und Wehenhilfe.

1-Strom bringt Bewegung

| | | |
|---|---|---|
| 1. R | linke | 2 |
| L | linke | 1 |
| 2. L | linke | 5 |
| 3. L | linke | 7 |

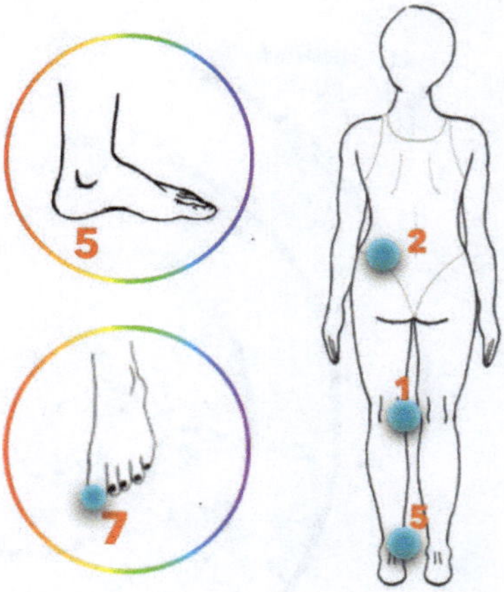


***FINGERSTRÖME ODER 13-STROM.***

Die Zahl „13" ist dem astrologischen Zeichen Skorpion zugeordnet und steht in Verbindung mit der Nierenfunktionsenergie, dem aufsteigenden Aspekt der 4. Tiefe. Das Energiezentrum der 4. Tiefe ist „23" und es sorgt für ein harmonisches chemisches Gleichgewicht, unterstützt die Hormonbildung und wirkt ausgleichend bei Hormonschwankungen. Dadurch wird das Immunsystem positiv beeinflusst. Beim Baby muss sich das Immunsystem erst noch vollständig entwickeln. Während der Schwangerschaft erhält es Antikörper über die Nabelschnur und die Plazenta. Die Zahl „3" wird als Tür und Atemspezialist bezeichnet und spielt ebenfalls eine zentrale Rolle für das Immunsystem.

Alle Fingerströme – Dickdarm-, Dünndarm- und Nabelfunktionsenergie – sind für die Brustebene zuständig. Zur Unterstützung der Brustebene kannst du den „13-Strom“ anwenden oder die „10“ klären, indem du den Oberarm und den gegenüberliegenden Oberschenkel strömst. Alternativ kannst du auch ganz einfach den Zeigefinger halten.

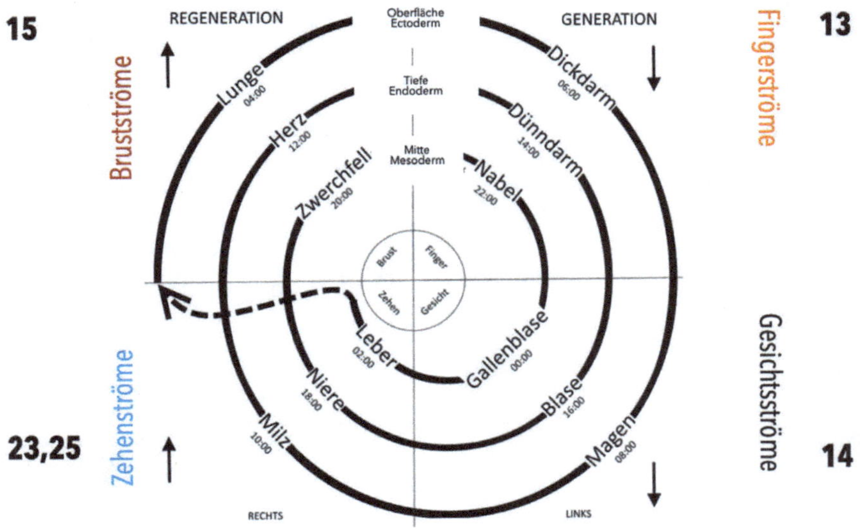


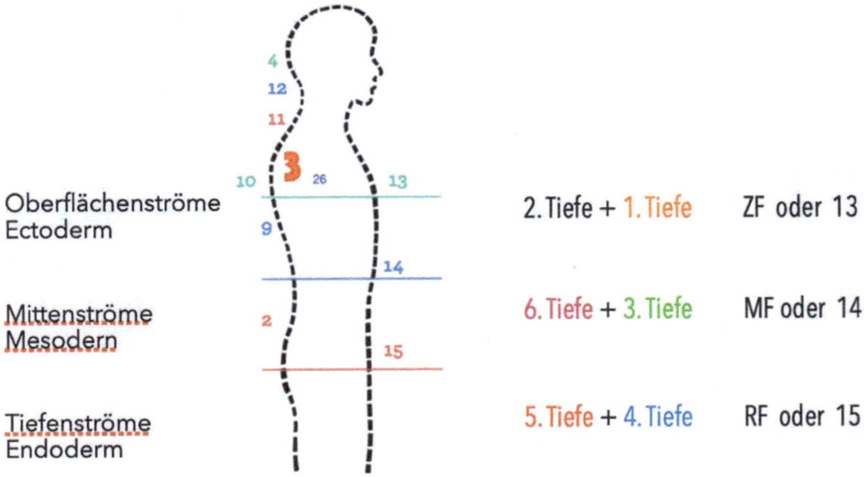

### *OBERFLÄCHENSTRÖME*

Die Oberflächenströme bilden das Ektoderm und beinhalten Lungen-, Dickdarm-, Magen- und Milzfunktionsenergie.

Diese vier Ströme können durch den 2. Schritt vom Hauptzentralstrom harmonisiert werden.

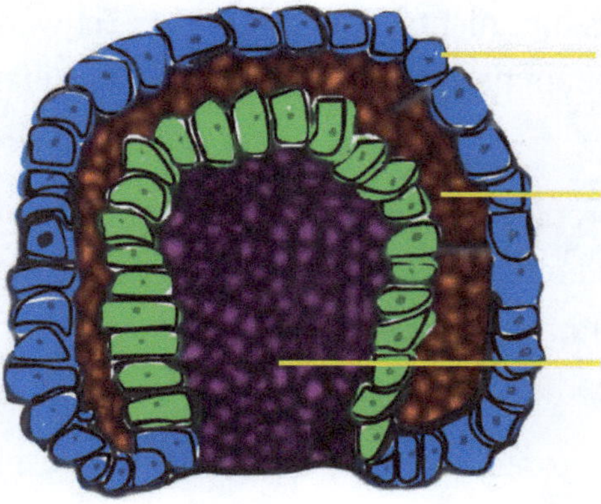


Der Nabelstrom ermöglicht warme Beziehungen, unterstützt den Körper und schafft hormonelles Gleichgewicht. Der Nabelstrom begleitet das Leben deines Kindes während der ersten drei Jahre. Deshalb ist der Nabelstrom allgemein ein Strom für Mutter und Kind. Mit seinen drei Schritten ist er sehr kraftvoll und einfach anzuwenden.

### NABELSTROM

Rechter Strom:

1. L auf rechte 11
   R auf linke 12
2. R auf linke 20
3. R auf rechte 12

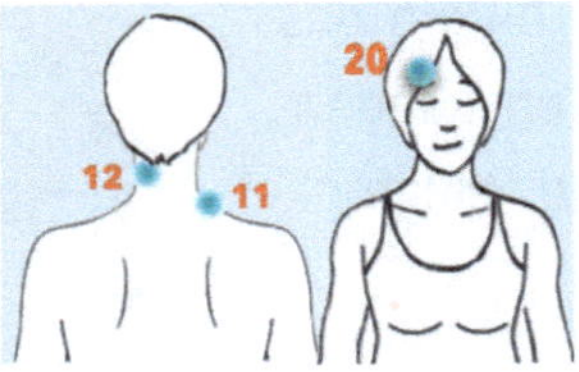


Linker Strom:

1. R auf linke 11
   L auf rechte 12
2. L auf rechte 20
3. L auf linke 12

Kurzform für Nabelstrom: „19" und gegenüberliegende „20" oder halte den Ringfinger

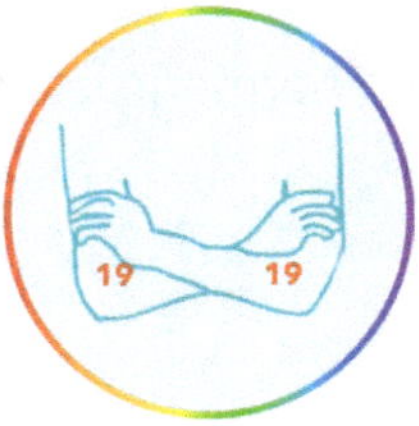


### „8" ÖFFNET DAS BECKEN

Die Zahl Acht bedeutet Magie. Es gibt nichts Magischeres als Schwangerschaft und Geburt. Selbst Hebammen staunen immer wieder über dieses Wunder.

11,12,4,3-Strom kannst du während der ganze Zeit hindurch anwenden. Es ist eine weitere Anwendungsmöglichkeit die den ständigen Wechsel der Hormone im Körper balanciert. Auch bei Hitzewallungen und starken Schulterspannungen.

Kurzform: Nutze den letzen Schritt als Kurzform oder mache beidseitig einen Ring mit Daumen und Ringfingernagel.

### KOMBINATION 11, 12, 3, 4-STROM

1. R linke 4
   L rechte 9/10 (oder 19/hohe 19)
2. R linke 11
   L rechter Ringfinger

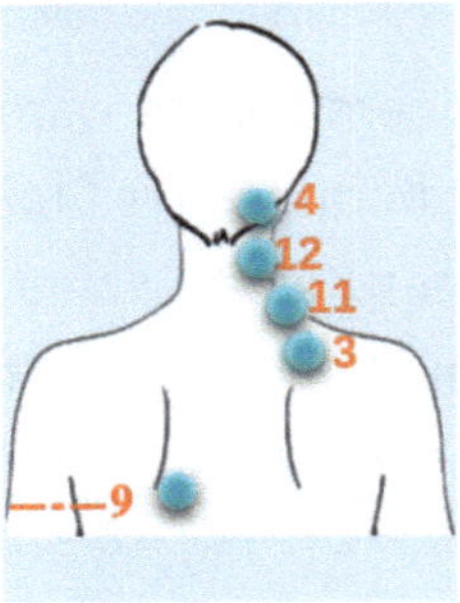

Das Wunder des neuen Lebens beginnt mit der Befruchtung der Eizelle durch ein Spermium. Bei der Befruchtung verschmelzen Ei- und Samenzelle zu einer Einheit. Diese Einheit enthält den Bauplan der 6. Tiefe für alles Weitere. Damit nun ein Baby entsteht, braucht es ein Gefäß, das als Begrenzung dient.

Im ersten Schwangerschaftsmonat wird diese Grenze und Struktur durch den Einfluss von Saturn (1. Tiefe) für die wundersame Reise gebildet.

Am Ende der Schwangerschaft wirkt Pluto, der für Transformation steht. Das Leben ist eine ständige Transformation. Du kannst die Tabelle der Schwangerschaft auch auf die einzelnen Lebenszyklen übertragen. Es entspricht dem Prinzip von Transformation. Du hast deine Hände als Starthilfekabel zur Verfügung und kannst sie nutzen, um die Transformation zu unterstützen, Ängste zu überwinden und Stagnationen zu harmonisieren.

Müdigkeit oder Erschöpfung können ein Zeichen dafür sein, dass dein Eisenwert sinkt. Dein Körper ist auf alles eingestellt. Unterstütze ihn mit ausgewogener Ernährung, ausreichend Ruhe und achtsamer Selbstfürsorge. Indem du Stress und Überforderung vermeidest, schenkst du dir selbst mehr Leichtigkeit. Auch energetisch zeigt sich gerade ein Wandel: Die Schwingung der Zahl neun begleitet diesen Monat – sie steht für Vollendung und den Abschluss eines Zyklus. Alles ist bereit. Alles ist da. Du darfst loslassen und vertrauen.

# MOOD

Du bist am Ende des **neunten Monats** – Raum für Deine Notizen:

Verbinde dich mit innerlich mit deinem Baby und lasse den natürlichen Verlauf der Schwangerschaft zu.

# Kapitel 5: Themen rund um die Geburt und die Zeit danach

## Sonstige Strömtipps gegen Ende der Schwangerschaft

## WASSERANSAMMLUNGEN

Geschwollene Beine, Füße, Hände oder Finger können sich während der Schwangerschaft unangenehm anfühlen, aber es gibt sanfte und wohltuende Möglichkeiten, etwas dagegen zu tun. Probiere aus, was dir gut tut:

- Schwimmen gehen: Genieße den Auftrieb des Wassers – es kann unglaublich entlastend sein.
- Gemütliche Spaziergänge: Gönne dir täglich einen Spaziergang, so wie es für dich angenehm ist.
- Ausreichend trinken: Wenn du dich schlapp oder niedergeschlagen fühlst, trinke genügend Wasser. Das unterstützt dein Gehirn, hält dich wach und kann deine Stimmung heben.
- Finger halten: Nimm dir einen Moment Zeit, um deine Finger nacheinander sanft zu halten.
- Blasenstrom strömen: Diese Übung kann helfen, die Energie in deinem Körper auszugleichen.
- Hände unter die Sitzhöcker legen: Damit harmonisierst du das Energiezentrum „25“ für Bewegung und Regeneration und es bringt Erleichterung, wenn Gehen anstrengend wird.

## FRÜHGEBURT

Wird ein Baby zu früh geboren, kann die entsprechende Tiefe, die in diesem Monat dominant ist, beim Baby zur Unterstützung der energetischen Entwicklung außerhalb des Mutterleibs ergänzt werden. Praktisch heißt es, dass ab dem Zeitpunkt der Geburt jeweils beide aufgeführten Tiefen des jeweiligen Schwangerschaftsmonats bis zum neunten Monat harmonisiert werden. Diese Sequenzen können jederzeit auch später noch nachgeholt werden, egal in welchem Alter. Wie ich eingangs bereits erwähnte: „Alles Unsichtbare ist ewig – alles Sichtbare ist zeitlich begrenzt.“

## DU BIST SCHON „ÜBER DER ZEIT“

Dein Baby will nicht zum genannten Geburtstermin kommen.

Es genießt noch den geschützten Raum der Gebärmutter und ist mit der nicht materiellen, für uns nicht sichtbaren Welt verbunden. Es hat keine äußeren Mittel zu kommunizieren. Finde deine innere Balance und sende deinem Baby gute Energie. Vertraue auf den natürlichen Prozess der Schwangerschaft. Wie bereits besprochen wird jede Transformation Ängste aufwirbeln. Doch du kannst entscheiden und dich der Natur, der mühelosen Wirklichkeit, zuwenden.

Atme Sorgen aus und entspanne dich. Das Gegenteil von Sorgen ist Vertrauen bzw. die „Zahl 5 – Der Mensch“, der sich über die fünf Sinne erlebt. Nutze deine Sinne wie sehen, hören, riechen, schmecken, fühlen. Sie bringen dich in den gegenwärtigen Moment. Alles andere existiert nur in deinem Kopf. Atme aus vom Kopf bis in die großen Zehen hinein. Das Halten der Handinnenflächen und der Finger kann sich positiv auf die Gebärmutter auswirken. Vertraue deiner Hebamme oder deinem Arzt bzw. deiner Ärztin und lasse dich unterstützen, falls nötig. Mit ihrer Expertise und Erfahrung könnt ihr gemeinsam die beste Entscheidung für dich und auch für dein Baby finden.

## STEIẞLAGE

Durch das Strömen können wir das Baby nicht direkt drehen – aber wir können den Körper und das Nervensystem in einen entspannten Zustand bringen. Das schafft günstige Bedingungen für eine mögliche spontane Drehung des Babys. Es lohnt sich, dem Körper diese Unterstützung zu geben. In der Praxis wird im Zusammenhang mit Steißlage neben dem Nierenstrom auch der Hauptzentralstrom sowie der Blasenstrom genutzt.

## DIE GEDANKEN KREISEN

Behandle deine Gedanken wie ein kleines Kind. Stell dir vor, ein Kind möchte dir eine Blume zeigen, während du beschäftigt bist. Je mehr du es ignorierst, desto hartnäckiger wird es, bis es deine volle Aufmerksamkeit einfordert. Nimm dir einfach einen Moment Zeit, schau dir die Blume an – und das Kind wird zufrieden weiterspielen.

Mit deinen Gedanken kannst du genauso umgehen: Widerstehe ihnen nicht. Lass sie kurz zu, schenke ihnen einen Moment der Beachtung – und sie ziehen von selbst weiter. Die Erdung durch die Ströme der 1. Tiefe kann helfen, deine Gedanken ins Gleichgewicht zu bringen. Das Erdelement stärkt deine Verbindung zur Natur und eröffnet dir den Zugang zu einer mühelosen, natürlichen Wirklichkeit. Du bist die Schöpferin eines neuen Lebens. Es ist deine Natur. Erlaube dir diese Qualität zu genießen.

**Die Kraft der Dankbarkeit – Dankbarkeitsübung**

- Erlaube dir einen tiefen Atemzug und lasse los.
- Atme alles aus, was du nicht mehr brauchst, was dir nicht mehr dient.
- Nun atme Dankbarkeit ein.
- Wofür bist du dankbar?
- Wiederhole das solange, bis du eine innere Ruhe verspürst.
- Genieße die Freiheit, dein Leben selbst nach deinen Vorstellungen zu gestalten und genieße deinen Babybauch.

**Visualisierungsübung**

- Energie folgt der Aufmerksamkeit.
- Stelle dir immer wieder vor, wie sich der Muttermund öffnet und dein Baby sich ganz leicht durch den Geburtskanal bewegt. Fühle es!

**Ändere den Fokus**

- Lasse Gedanken, dass du nicht genug bist oder etwas nicht kannst, an dir vorüberziehen.
- Welches Bild entspannt dich?
- Beschreibe dein Ressourcenbild und fühle die Wirkung.

## KURZE SEQUENZEN FÜR DIE GEBURT

- 1 bringt Bewegung und hilft der Energie absteigen (öffnet nach unten) → halte 1 und 2 auf der gleichen Seite
- 15 macht das Becken geschmeidig → halte 15 und 2 oder 15 und 3 jeweils auf der gleichen Seite
- 2 öffnet das Becken von oben → halte 2 und 3 auf der gleichen Seite
- 8 öffnet das Becken → halte beide 8, beide 25 und beide 2 oder nacheinander: 8 und 25 und 8 und 2
- 11 öffnet das Becken
- Handgelenk halten, dann kleinen Finger; klärt die Hüftebene
- Zieht sich die Geburt in die Länge, hole dir erneute Energie durch den Milz- oder Leberstrom
- Wehenschmerzen
  → 9 und tiefe 8 auf der gleichen Seite
  → 5 und 16 (Fersen halten hilft bei Schmerzen im Becken)
- Erschöpfung oder starke Müdigkeit (Auswahl)
  → R rechte 11/3
  L rechte 19 oder
  → lege beide Hände auf den Kopf, links und rechts neben dem Scheitel, die Fingerspitzen zueinander
- Resistenz gegen Ermüdung
  → halte den Mittelfinger
- Rückenschmerzen: Ströme den Nieren- oder Blasenstrom oder halte den kleinen Finger

***AUSWAHL VON KOMBINATIONEN UM WEHEN ZU FÖRDERN***

**Spezielle Körperfunktionsenergie Nr. 2 bei Wehen**

**Linke tiefe 8 und 16**

als Kurzform um die „9“ zu öffnen.

Erlaubt Öffnung vom Becken und
hilft loszulassen,
hilft Wehen aktivieren

**Alternative**

Jemand hält das Kreuzbein
zusammen mit Energiezentrum „8“

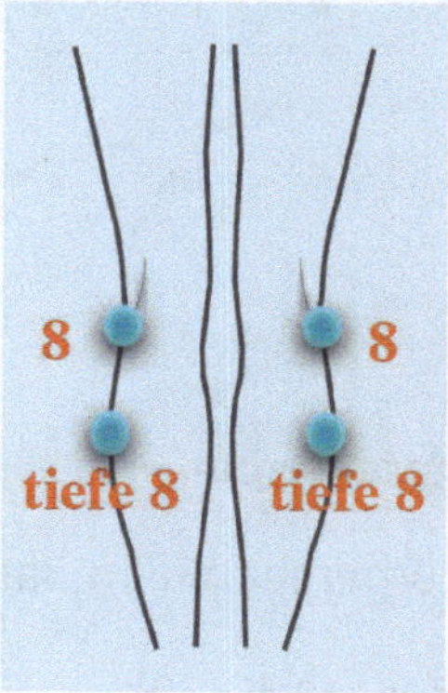


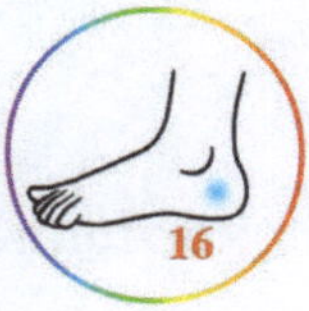


**Sequenz für das Becken**

Halte nacheinander um
das Becken zu öffnen

beide „8“

beide „25“

beide „2“

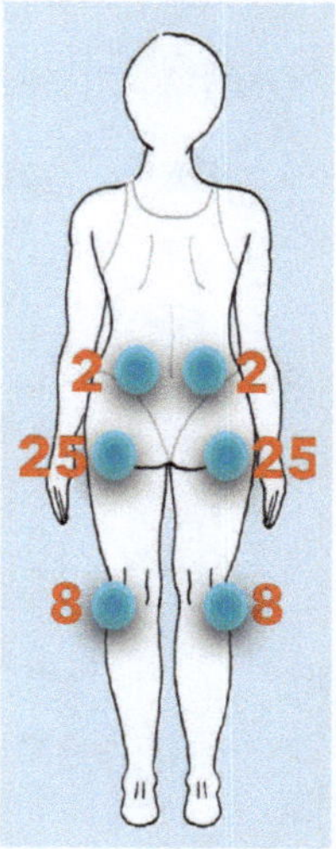

## *FÜR DIE PSYCHISCHE UNTERSTÜTZUNG*

**Kurzform Lungenstrom**

stärkt das „Ich bin“

„Ich bin in der Lage, ein Kind zu bekommen“

L rechte 22
R rechte 14

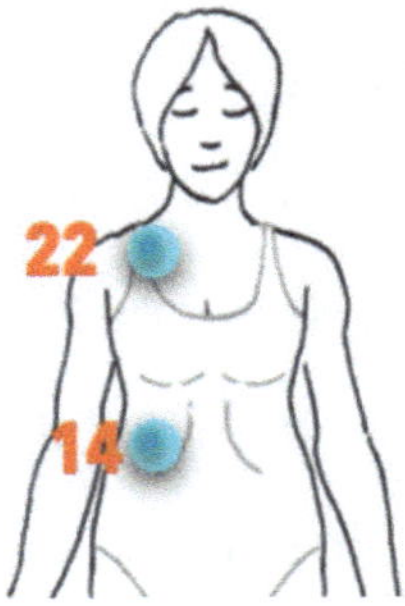


**Kurzform Blasenstrom**

bringt die Körperchemie in Balance

L zentrale 12 (Nacken)
R Steißbein

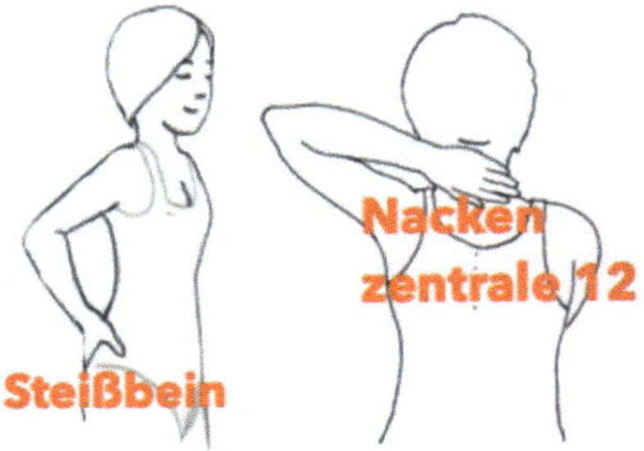


## *AUSWAHL VON KOMBINATIONEN BEI WEHENSCHMERZEN*

L rechte 9
R rechte tiefe 8

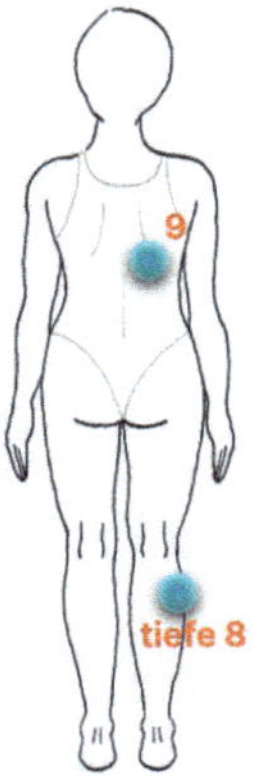


L linke tiefe 8
R linke 16

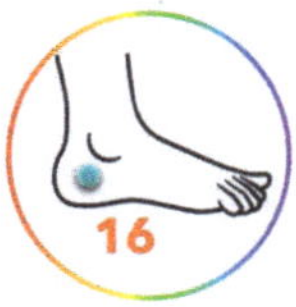


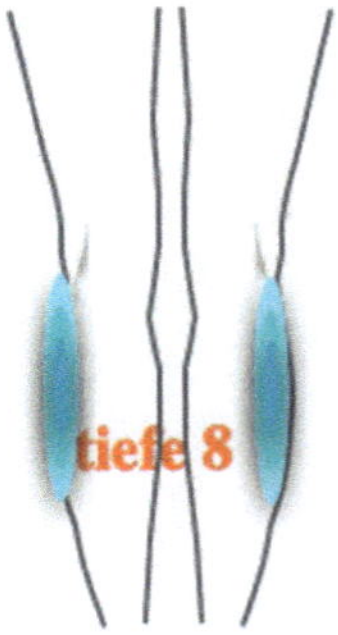

**Spezielle Körperfunktionsenergie Nr. 3**

**Natürliches Schmerzmittel:**

„5 und 16“ gleiche Seite (Fersen halten) – auch bei der anderen Seite bleibt die rechte Hand auf der Innenseite der Ferse („5“).

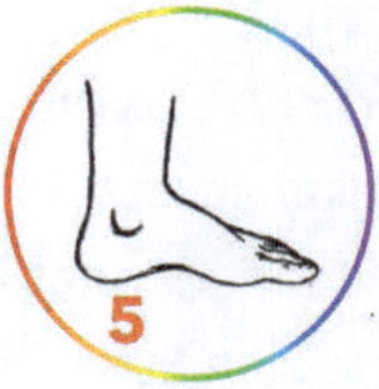


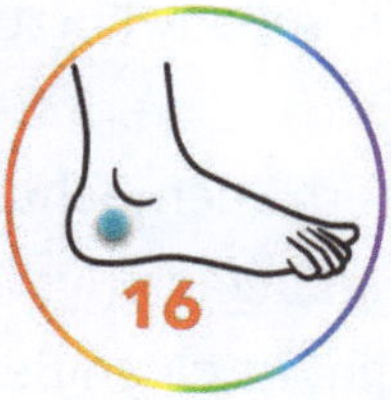


**„5“ hilft loszulassen:**

Halte die Außenseite der Ferse („16“ bis hohe „16“) und die Innenseite der Ferse („5“)

Massiere die Innenseite Ferse und aktiviere die Fußreflexzonen für die Gebärmutter.

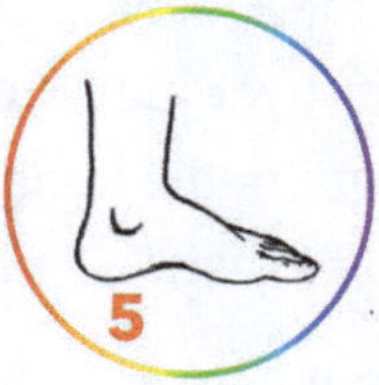


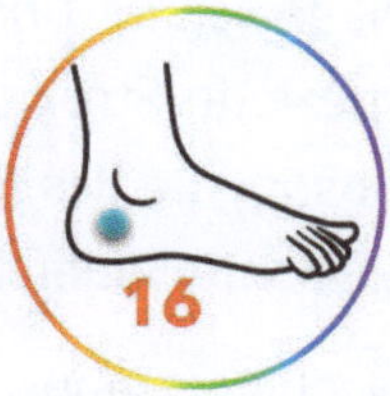


**„11“ hilft loszulassen:**

„2“ entlastet das Becken und macht den Weg frei, sodass die Energie hinten aufsteigen kann. Halte „2“ und „11“ auf der gleichen Seite

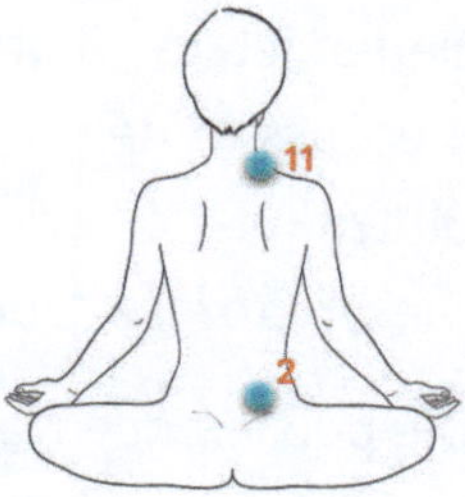


### *VERLANGE DAS BESTE – DU KANNST DEIN BABY JETZT ZUR WELT BRINGEN*

Eine Geburt ist ein ganz natürlicher Prozess und die meisten Frauen haben eine normale Geburt. Sei also bereit, für deine Wünsche und Träume einzustehen. Die natürlichen Prozesse und planetarischen Einflüsse sowie deine Mitmenschen und Geburtshelfer*innen unterstützen dich bei diesem bedeutsamen Ereignis.

## ANKOMMEN IN DIESEM KÖRPER

Dein Baby nutzt den energetisch optimalen Zeitpunkt für die Geburt. Es hat die erforderliche Energie und den nötigen Funken für den Weg durch den Geburtskanal. Jetzt in diesem Moment ist archetypisch der Neubeginn durch das Feuer des Planeten Mars gegeben. Astrologisch gibt es einen Bezug zum Sternzeichen Widder, der für Neubeginn und das „Ich bin“ steht.

Vor der Geburt zirkuliert das Blut des Kindes anders als nach der Geburt, da der fetale Blutkreislauf speziell auf die Versorgung über die Nabelschnur und die Plazenta abgestimmt ist. Im Mutterleib gibt es spezielle Strukturen wie das „Foramen ovale“ und den „Ductus arteriosus“, die das Blut um die Lunge herumleiten, da der Fötus über die Plazenta Sauerstoff erhält.

Nach der Geburt, mit dem ersten Atemzug des Neugeborenen, beginnt sich der Kreislauf umzustellen. Die Lungen entfalten sich und die speziellen fetalen Blutleitungen beginnen sich zu schließen, wodurch der Blutfluss in den Kreislauf des Neugeborenen übergeht und sich die Blutzirkulation wie bei einem eigenständigen Menschen entwickelt. Dieser Prozess dauert einige Stunden bis Tage.

Die pulsierende Nabelschnur kann während der ersten Minuten nach der Geburt noch Blut in das Kind übertragen, was ihm einen zusätzlichen Vorrat an Blut und Nährstoffen gibt, bis sie aufhört zu pulsieren. Danach versorgt sich das Kind eigenständig.

### *DU BEKOMMST EINEN KAISERSCHNITT*

Auch wenn du einen (geplanten) Kaiserschnitt bekommst, wende die Atemübungen und Strömsequenzen vor und nach der Geburt an.

**Atemübung für circa 11 Minuten**

Zähle bis 4, wenn du einatmest – kurze Pause
Zähle bis 7, wenn du ausatmest – kurze Pause

Lege deine Hände über Kreuz auf deine Brust, sodass deine Fingerspitzen unter dem Schlüsselbein liegen. Das Energiezentrum „22“ hilft dir, dich an die gegebene Situation anzupassen. Es hilft dir während des gesamten Prozesses ruhig zu bleiben und mit den Schmerzen oder eventuellem Unwohlsein umzugehen.

**Zur Unterstützung bei einem Kaiserschnitt – vor und nach der Geburt**

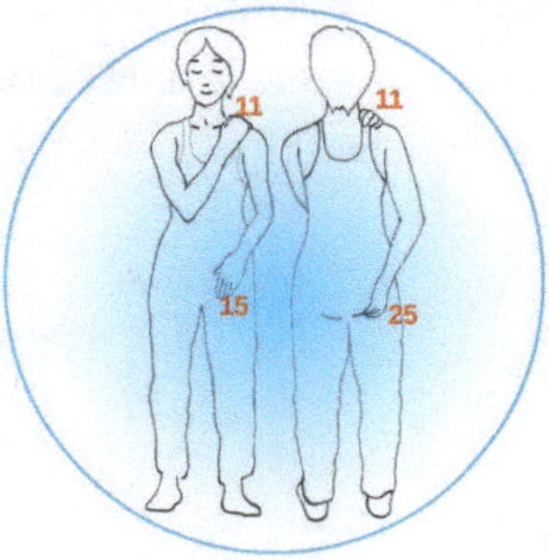


Ströme für jeweils 20 Minuten

11/15 11/25

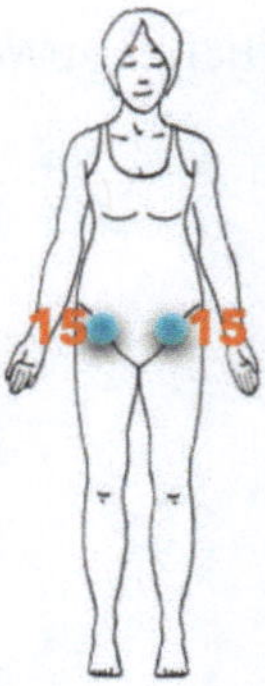


Oder lege einfach deine Hände in die Leisten (beide „15“).

Das Energiezentrum „15“ hilft dem physischen Körper zu heilen.

### Du hast es geschafft!

Ein Kaiserschnitt ist kein Versagen, sondern eine Form der Geburt.

Oft ist er lebensrettend für Mutter, Kind oder beide. Er sollte genauso als kraftvolle Leistung anerkannt werden wie jede andere Geburtsweise. Trotzdem fühlen sich viele Frauen nach einem Kaiserschnitt von Scham oder Schuld begleitet – oft aufgrund des gesellschaftlichen Stigmas und der Erwartungen, wie eine Geburt „sein sollte". Kaiserschnitte werden nicht selten unter Zeitdruck und ohne viel Mitspracherecht durchgeführt, was das Gefühl verstärken kann, „etwas wurde mit mir gemacht" statt „ich habe geboren."

Eine Geburt ist eine große körperliche Höchstleistung und braucht Regeneration. Die Hormone sind verantwortlich für ein Wechselbad der Gefühle. Nach einem Kaiserschnitt kommt noch eine zusätzliche körperliche als auch emotionale Herausforderung dazu. Gefühle wie Traurigkeit, Wut oder Verwirrung dürfen da sein. Diese Emotionen sind Teil des Heilungsprozesses, und es ist wichtig, sich selbst zu erlauben, sie zu fühlen. Ein Kaiserschnitt macht dich nicht weniger zur Mutter – du hast dein Kind mit deiner Kraft und Liebe zur Welt gebracht. Du hast das Recht, selbst zu entscheiden, wie du deine Geburt siehst und welche Gefühle du damit verbindest.

Es ist deine Geburt. Wende dich in jedem Fall an deine Hebamme und teile ihr mit, wie du dich fühlst. Die angegebenen Übungen unterstützen dich sowohl auf körperlicher sowohl als auch auf emotionaler Ebene.

### *BABY-BLUES*

Nach den Hochgefühlen aufgrund der Hormone bei der Geburt, können drei bis fünf Tage danach Stimmungsschwankungen und Reizbarkeit auftreten.

Dieser Gefühlsabfall, der sogenannte „Baby-Blues“ oder die „Heultage“, kommt relativ häufig vor. An den schlagartigen Abfall der Hormone Östrogen und Progesteron muss sich der Körper der Mutter erst einmal gewöhnen.

Dazu kommt, dass viele stillende Mütter in der Zeit nach der Geburt an ausgeprägtem Schlafmangel leiden und es bedarf einer enormen Anpassungsleistung an die neue Lebensrealität mit Kind. Auch das begünstigt Stimmungsschwankungen.

### *VORSCHLÄGE FÜR DIE SELBSTANWENDUNG:*

Eine Sequenz zur Harmonisierung der Hormone findest du im Kapitel 3 „Sequenzen für die gesamte Schwangerschaft“ auf Seite 135.

Nachfolgend ist eine einfache Version beschrieben. Vielleicht kann dir jemand diese Sequenz strömen.

**Hormon Kurzstrom**

RECHTE Hand auf linke 11

LINKE Hand rechter Ringfinger

(mit den Fingern der linken Hand halte den rechten Ringfinger)

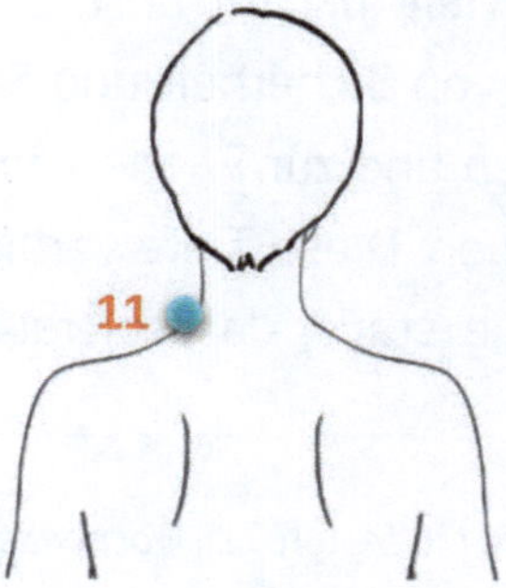

### *WOCHENBETTDEPRESSION*

Einige Wochen nach der Geburt kann es aufgrund der enormen hormonellen Umstellung zu Schlaf- und Antriebslosigkeit mit dem Empfinden von Gefühllosigkeit und anderen typischen Symptomen einer Depression kommen. Etwa 15 Prozent aller Mütter leiden an einer Wochenbettdepression[49] (postpartale Depression). Auch die Partner können davon betroffen sein. Nach der Geburt kommen oft viele Fragen und Unsicherheiten auf, wie etwa: „Bin ich eine gute Mutter? Bin ich ein guter Vater?" Solche Gedanken sind ganz normal und zeigen, dass du dich um dein Kind und deine Rolle als Elternteil sorgst. Hole dir Unterstützung durch die Hebamme, die zur Nachsorge zu dir kommt.

**22 für Anpassung**

Lege deine Hände auf deine Brust. Die Fingerspitzen liegen unter dem Schlüsselbein (22). Die Daumen berühren sich.

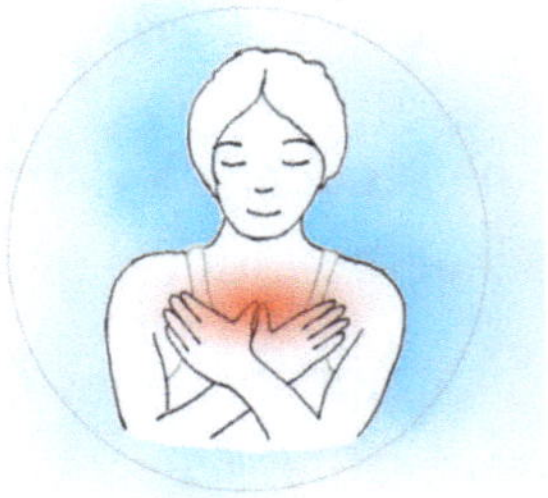

### *DIE HARMONISIERUNG DER STRÖME DER 1. TIEFE IST DIE GRUNDLAGE*

Die 1. Tiefe betrifft unser Fundament und ist entscheidend für das Gefühl von Sicherheit und Stabilität, das wir für unser eigenes Wohlbefinden und zur Pflege von Beziehungen – auch in der Elternrolle – benötigen. Diese Tiefe verbindet uns mit der Erde und unseren Wurzeln. Sie stärkt das Vertrauen in uns selbst und unsere Fähigkeit,

---

49 NDR. (2024, Juli 22). *Wochenbettdepression: Symptome erkennen und Hilfe finden.* https://www.ndr.de/ratgeber/gesundheit/Wochenbettdepression-Symptome-erkennen-und-Hilfe-finden,depression354.html

mit Leichtigkeit und Gelassenheit auf die Herausforderungen des Elternseins zu reagieren. Auch das Baby braucht in den ersten Jahren diese Energiequalität. Weitere Informationen dazu findest du auf Seite 280/281 im Kapitel „Nach der Geburt“.

**Eine einfache Selbstanwendung zur Beruhigung:**

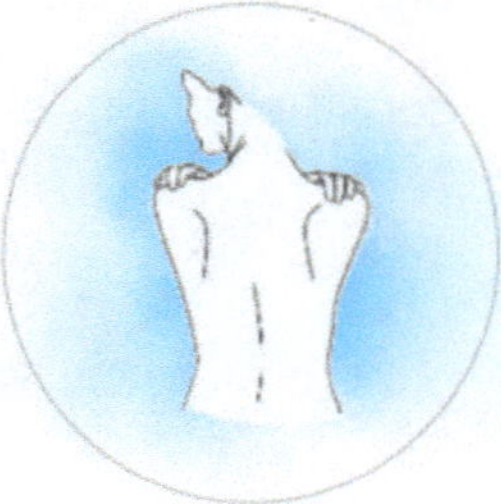

- Mache es dir bequem.
- Nimm dir ein paar Minuten für dich, um dich zu zentrieren.
- Lege deine Hände auf deine Schultern oder deinen Oberkörper oder gib dir selbst eine Umarmung.
- Spüre diesen Kontakt und atme tief ein und aus.
- Lasse beim Ausatmen alle Anspannung los.
- Erlaube dir, mit jedem Atemzug mehr in deine Mitte zu finden.
- Atme die Vergangenheit aus und atme die Zukunft ein!
- Alles was verbraucht ist, ist Vergangenheit und vorbei.
- Alles was du aufnimmst formt dich im Hier und Jetzt und in der Zukunft neu.

Diese einfache Übung kann helfen, die Energie ins Fließen zu bringen und dein Vertrauen in den natürlichen Instinkt als Mutter oder Vater zu stärken.

Die 1. Tiefe versorgt den Körper mit allem, was er braucht, um in Balance zu sein. Das Loslassen von Selbstzweifeln ist ein fortlaufender Prozess – doch durch das regelmäßige Harmonisieren dieser Energie wirst du zunehmend deine eigene Kraft und innere Ruhe spüren.

Was zu Beginn des Buches noch theoretisch beschrieben wurde, kann jetzt ganz praktisch zur Anwendung kommen: Durch die Einbeziehung deines Körpers werden im Gehirn die Gefühlszentren aktiviert. Dein Denken tritt in den Hintergrund – du kommst ins Fühlen.

Lasse nur jene Gedanken in deinem Geist aufsteigen, die du in deinem Leben verwirklicht sehen möchtest.

**Kurzgriff für den Magenstrom**

R linke Wange („21")
L linkes Schlüsselbein („22")
oder den vollständigen Strom der Magenfunktionsenergie siehe siebter Monat

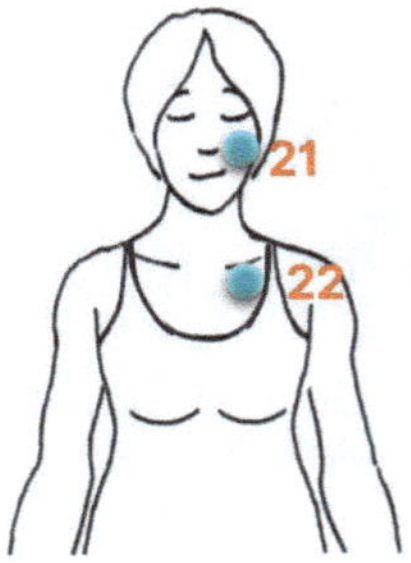


**Alles war anstrengend und du bist müde bis auf die Knochen**

R rechte 11/3 (Schulter)
L rechte 19
(Ellbogen auf der Daumenseite)

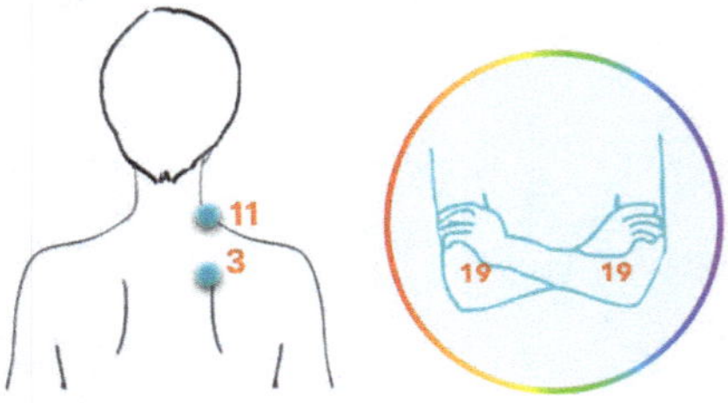


Dieser Strom kehrt die Müdigkeit aus der Tiefe heraus, entspannt Nacken und Schultern, den Rücken und aktiviert Selbstliebe

## *KINDERWUNSCH*

Es gibt sicherlich viele Gründe, warum es bisher noch nicht zu einer Schwangerschaft kam.

Durch das Strömen wird die Energie für Körper, Geist und Seele harmonisiert, ohne dass wir den konkreten Grund dafür wissen müssen.

Wähle aus dem Angebot der Ströme eine Kombination, die du gerne regelmäßig machst und erlaube dir positive Bilder wie im Kapitel über Embodiment beschrieben.

Unsere Körperchemie reagiert sehr sensibel auf unsere Emotionen. Auch unbewusster Stress kostet viel Energie. Dabei ist es nicht der Reiz selbst, der Stress auslöst, sondern wie wir ihn bewerten. Ein Reiz kann neutrale, positive oder belastende Gefühle hervorrufen – es liegt an unserer Perspektive. Negative Stressgefühle entstehen nur, wenn wir vorab etwas als negativ bewerten. Ursprünglich ist Stress eine natürliche, positive Reaktion des Körpers, die uns hilft, in herausfordernden Situationen zu überleben.

Wenn wir etwas stark wollen und es (noch) nicht haben, entsteht oft ein Gefühl von Mangel. Deshalb ist es hilfreich, an deinen inneren Bildern zu arbeiten: Stell dir vor, wie es wäre, wenn dein Wunsch bereits erfüllt wäre. Visualisiere es lebendig und liebevoll. Lass dich ganz darauf ein und spüre, wie es sich anfühlt. Zur energetischen Unterstützung können die Ströme hilfreich sein, die auch im ersten Schwangerschaftsmonat verwendet werden – sie bieten eine optionale Grundlage, um den Körper auf Empfang einzustimmen.

## *HIER NOCH EINIGE KRAFTVOLLE KOMBINATIONEN – WEITERE ENERGIEBOOSTS*

„16“ schafft Raum für Leichtigkeit, wirkt entlastend bei Spannungen im Nacken und Kiefer, verhärtetem Gewebe und Muskeln, hilft bei Muskelkrämpfen, Schwangerschaftsstreifen, Narben, Migräne und geschwollenen Augenlidern.

Als erstes Energiezentrum der 3. Tiefe bringt die „16“ alles in Bewegung und bildet das Fundament.

**Halte die Außenseite der Ferse „16“**

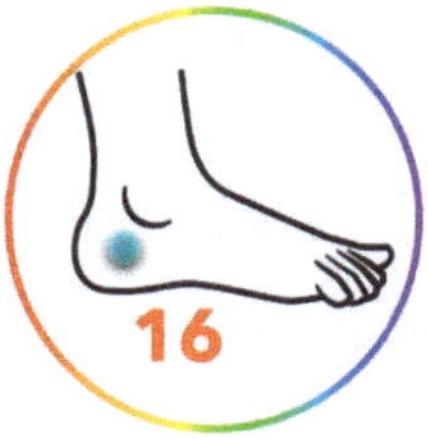


Die „16“ steht für die Grundlage aller menschlichen Aktivitäten, für Umwandlung und das Aufbrechen alter Formen zugunsten neuer.

### *AUFLADEN DER ENERGIEBATTERIE*

Bei Disharmonie der Nierenfunktionsenergie (4. Tiefe) gibt es einen Rückstau, wodurch das natürliche Gleichgewicht gestört ist und das wirkt sich belastend auf die Herzfunktionsenergie (5. Tiefe) aus. Beide Organströme sind für die natürliche Ordnung wichtig. Die Zehenströme (Milz-, Nieren- und Leberfunktionsenergie) helfen der Energie aufzusteigen und die Energiespeicher zu füllen.

Alternativ zu den genannten Organströmen kannst du den 13-Strom anwenden.

Die Energiezentren „16, 17, 18 und 19“ helfen die Gedanken zu klären.

### *„17, 18, 19“ LIEGEN AUF DER VERMITTLEREBENE*

Die Vermittlerfunktionsenergie (Selbstanwendung siehe Dreieinigkeitsenergie) sorgt für den freien Fluss der Energie und hilft bei allen mentalen Themen. Das tatsächliche Strömungsmuster kreuzt mehrmals im Kopf sowie auf Brust-, Taillen- und Hüftebene.

## BEREITSTELLUNG DER 6. TIEFE FÜR DAS MANIFESTIEREN EINES NEUEN LEBENS SOWIE 1. TIEFE

Die 6. Tiefe-Ströme, Zwerchfell- und Nabelfunktionsenergie sowie der Hauptzentralstrom – wie im ersten Schwangerschaftsmonat beschrieben – sind eine gute Vorbereitung, wenn du schwanger werden möchtest. Die 1. Tiefe stellt das energetische „Gefäß" zur Verfügung, in dem neues Leben empfangen und gehalten werden kann. Indem du die Ströme der 6. und 1. Tiefe anwendest, stimmst du deinen Körper auf die Schwangerschaft ein – so, als wäre sie bereits eingetreten. Wie in der allerersten Phase einer Schwangerschaft stimmen wir uns damit auf die Entstehung neuen Lebens ein – körperlich, energetisch und seelisch.

Der Milzstrom spielt dabei eine wichtige Rolle. Er unterstützt das Vertrauen, die Verwurzelung und das Halten im Körper.

Zusätzlich kannst du beide „13" strömen oder den 13-Strom anwenden. Er hilft dabei, das Licht der 7. Tiefe – das Seelenlicht – zu empfangen und in dein Energiesystem einzuladen. So entsteht ein harmonischer Raum, in dem Körper, Energie und Seele bereit sind – für das Leben, das zu dir kommen möchte.

**„17"** Fortpflanzungsenergie, Entspannung von Verstand und Nerven. Ströme die „17" an der Außenseite des Handgelenks und atme alle Anstrengung und Bemühung aus. Der Boost für die „17" ist, dass du beide Ringfinger und/oder beide kleinen Finger, einen nach den anderen, strömst.

Mudra: Eine sehr kraftvolle Fingerhaltung, bei der du den Ringfinger und den kleinen Finger mit dem Daumen und restlichen Fingern der anderen Hand umschließt, bringt Vitalität und Lebenskraft.

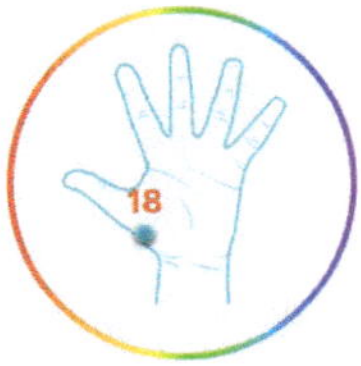


**„18"** hat die Bedeutung „Körperbewusstsein; Funktionen, die die menschliche Persönlichkeit beeinflussen". Bewusste Wahrnehmung eines bestimmten Gefühls oder einer Stimmung ist ein Zeichen dafür, dass du aufmerksam bist und deinen Zustand aktiv beobachtest. Vorher war das Gefühl oder die Stimmung für dich vielleicht normal und alltäglich, dass du es gar nicht bemerkt hast – es lief automatisch ab, fast wie im „Autopilot".

Diese bewusste Wahrnehmung nennt man Metakognition und bedeutet, dass du deine eigenen Gedanken und Gefühle von außen betrachtest, anstatt automatisch involviert zu sein.

Der Bereich der „18" hat einen Bezug zum Hinterkopf und bringt den Verstand in Harmonie, fördert den Ausatem, hilft beim Einschlafen, bei Schlaflosigkeit, bei kreisenden Gedanken, Kopfschmerzen, Erkältung und den Augen. Kinder lieben die „18" zum Einschlafen.

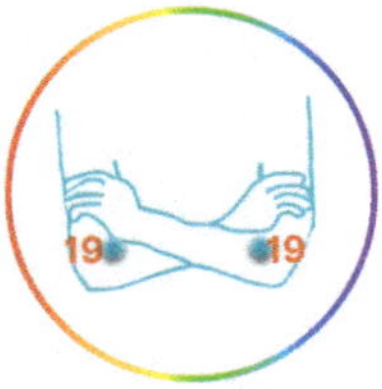


**„19"** hat die Bedeutung „Autorität und Führerschaft, vollkommenes Gleichgewicht und entwickelt Teamfähigkeit".

Niemand hat Macht über mich. Ich bin für mich verantwortlich. Ich bin meine eigene Autorität. Die „19" stärkt das Selbstbewusstsein und bringt körperliche Harmonie und Fitness. Die „19" hat sich bei Kindern bei Bettnässen bewährt (verursacht durch Autoritätskonflikte oder Ängste). Die „19" am Ellbogen klärt die Taillenenbene sowie das Verdauen von Gedanken, Glaubenssätzen und jeglicher Nahrung.

## 16, 17, 18, 19-Strom

Energieboost, Reinigung

Lege deine Hände ohne Druck auf folgende Körperstellen und entspanne 3-5 Minuten je Schritt.

1. R linke Außenseite Ferse („16“)
   L linker kleiner Zeh
2. L linker Sitzhöcker („25“)
3. R linker Ellbogen („19“)
4. L linke Außenseite Handgelenk („17“)
5. L linker Daumenballen („18“)
6. R rechte Leiste („15“)

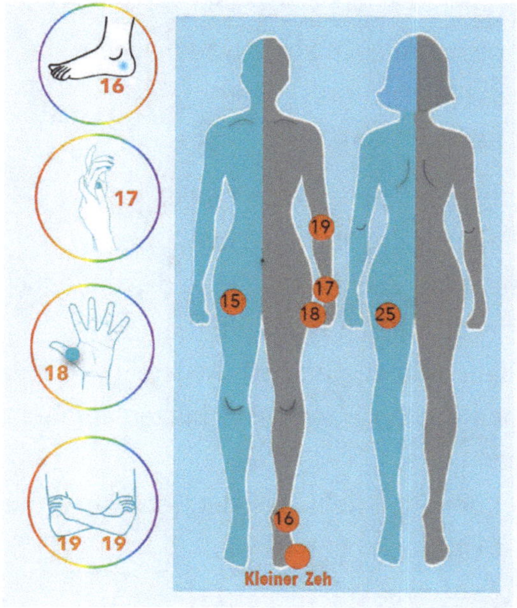


Wenn es dir die Zeit erlaubt, kannst du diesen Strom auch auf der anderen Körperseite entsprechend anwenden.

**Eure Kinder**

Eure Kinder sind nicht eure Kinder.

Sie sind die Söhne und die Töchter der Sehnsucht
des Lebens nach sich selber.
Sie kommen durch euch, aber nicht von euch,
Und obwohl sie mit euch sind, gehören sie euch doch nicht.

Ihr dürft ihnen eure Liebe geben,
aber nicht eure Gedanken,
Denn sie haben ihre eigenen Gedanken.
Ihr dürft ihren Körpern ein Haus geben,
aber nicht ihren Seelen,
Denn ihre Seelen wohnen im Haus von morgen,
das ihr nicht besuchen könnt,
nicht einmal in euren Träumen.

Ihr dürft euch bemühen, wie sie zu sein,
aber versucht nicht, sie euch ähnlich zu machen.
Denn das Leben läuft nicht rückwärts
noch verweilt es im Gestern.

Ihr seid die Bogen, von denen eure Kinder
als lebende Pfeile ausgeschickt werden.
Der Schütze sieht das Ziel auf dem Pfad der Unendlichkeit,
und er spannt euch mit seiner Macht,
damit seine Pfeile schnell und weit fliegen.
Laßt eure Bogen von der Hand des Schützen auf Freude
gerichtet sein;
Denn so wie er den Pfeil liebt, der fliegt, so liebt er auch den
Bogen, der fest ist.

Khalil Gibran[50] (* 6.1.1883, † 10.4.1931)

---

50 Gibran, K. (2013). *Der Prophet* [Broschiert]. Anaconda. ISBN 978-3843603805

## FÜR DAS BABY

### *FUNDAMENT DER 1. TIEFE STÄRKEN (WELCOMING)*

Anwendung beim Baby unmittelbar nach der Entbindung

| Rechter Strom: (Sitze rechts) | | | Linker Strom: (Sitze links) | | |
|---|---|---|---|---|---|
| R | rechte | 9/26 | R | linke | 9/26 |
| L | linke | 2 | L | rechte | 2 |

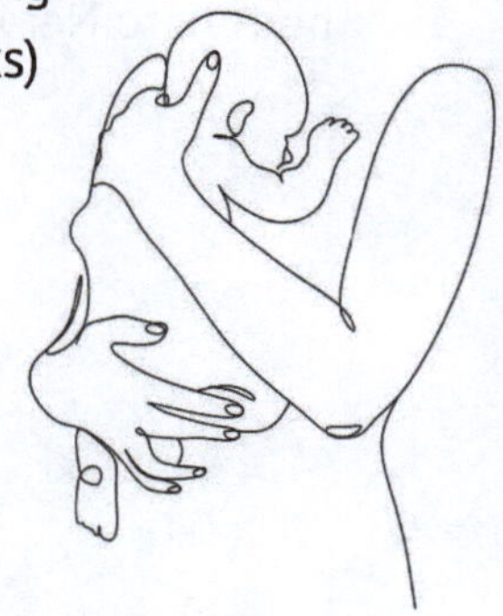

### *FÜR ENTSPANNUNG NACH DER GEBURT*

Nacken und Steißbein
(Erster Schritt vom Blasenstrom)

### *GELBSUCHT BEI NEUGEBORENEN*

| Rechter Strom: (Sitze rechts) | | | | Linker Strom: (Sitze links) | | | |
|---|---|---|---|---|---|---|---|
| 1. | R | rechte | 25 | 1. | L | linke | 25 |
| | L | rechte | 4/12/11/3 | | R | linke | 4/12/11/3 |
| 2. | R | linke | 2 | 2. | L | rechte | 2 |

oder Leberstrom; hilfreich ist auch der erste Schritt von Leberstrom (rechte „4“ und gegenüberliegende „22“) als Kurzversion

### *ALLGEMEIN ZUR BERUHIGUNG UND “WELCOMING”*

- beide „4“ halten (Köpfchen halten)
- Steißbein und Schambein halten
- Steißbein und Brustbein halten
- „3“ hilft der Atmung
- Finger-Zehen-Strom
  zur Harmonisierung von Körper, Geist und Seele

## DER FINGER-ZEHEN-STROM KLÄRT ALLE TIEFEN

Der Finger-Zehen-Strom kann immer und überall angewendet werden und wirkt harmonisierend auf Körper, Geist und Seele. Er kann auch in allen Notfällen angewendet werden und harmonisiert u.a. das periphere Nervensystem. Einfachheit hat große Wirkung.

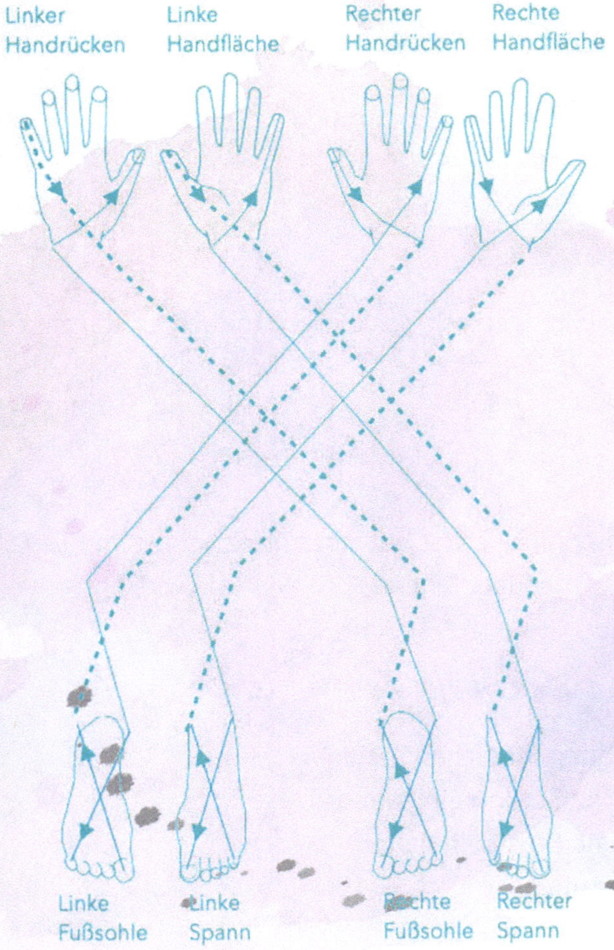

# Kapitel 6: Die ersten Lebensjahre deines Kindes

## DIE ERSTEN FÜNFZEHN LEBENSJAHRE

### *1. TIEFE: HAUTOBERFLÄCHE*

- 0 bis 15. Lebensjahr – die 1. Tiefe bildet sich in den ersten 15 Lebensjahren
- Energiezentrum: „1 bis 4"
- Organströme: Magen- und Milzfunktionsenergie
- Planet: Saturn

### *EIGENSCHAFTEN UND THEMEN DER 1.TIEFE:*

Dichteste Ebene, formgebend, Abgrenzung, Schutz, sich in der eigenen Haut wohlfühlen, Sicherheit, Verdauen von Nahrung, sich genährt fühlen, Verdauen von weltlichen Dingen, eigene Bedürfnisse erfüllt bekommen, sich richtig fühlen, Kontakt körperlich erfahren, Urvertrauen und zu wissen, was gut für dich ist und was nicht.

Belastung: Sorge, zu viel sitzen

Kinder im Alter von fünf bis sechs Jahren befinden sich auf natürliche Weise im Alpha-Zustand – einem entspannten Bewusstseinsmodus mit Gehirnwellen im Bereich von 8–12 Hz. Sie erleben die Welt direkt – über ihre Sinne und ihr körperbezogenes Empfinden. Mit ihrer natürlichen Neugier, Offenheit und außergewöhnlichen Lernfähigkeit sind sie ganz im Moment. Ihr Denken und Fühlen wird vorwiegend von der rechten Gehirnhälfte gesteuert.

Kinder spielen. Diesen Zustand gilt es zu bewahren, zu fördern und mit Respekt zu begleiten.

Das Kind darf erst einmal ankommen und seinen Platz einnehmen. Dadurch baut sich die erste Tiefe auf gesunde Weise auf. Aus einem Überangebot an Nervenverbindungen werden durch Spielen, Erforschen, Entdecken, Nachahmen, Bewegen und Wiederholen nach und nach stabile Strukturen gebildet. Erst mit zunehmender Reife entwickelt das Kind die Fähigkeit, mit Stress umzugehen.

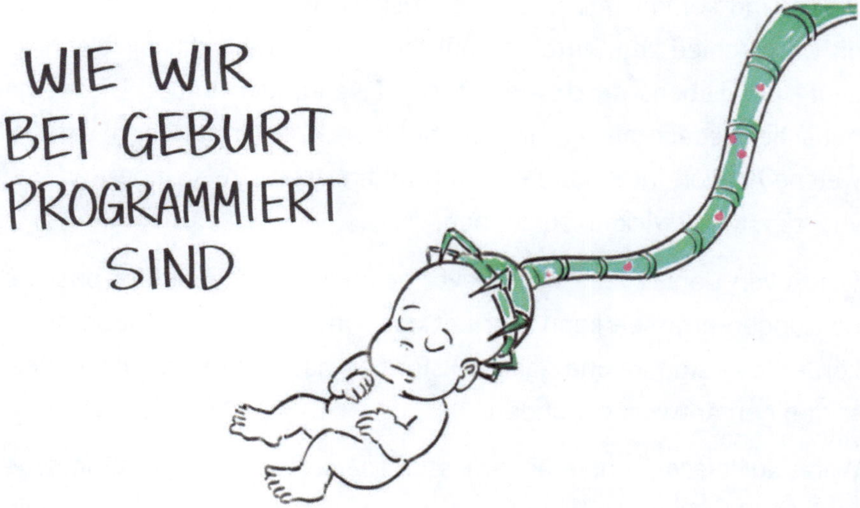


©After Skool, Mark Wooding (2023, November 29)[50]

## DIE BEDEUTUNG DER ELTERNROLLE FÜR EINE GESUNDE ENTWICKLUNG DES KINDES

Es gehört zu den Grundbedürfnissen eines Kindes, geschützt, unterstützt und genährt zu werden, liebevolle und klare Grenzen zu erfahren sowie einen sicheren Platz zu bekommen.

Diese Grundbedürfnisse müssen zunächst real, körperlich und später im übertragenen Sinne – symbolisch und metaphorisch – von den Eltern erfüllt werden. „Und schließlich können", so Albert Pesso, „sie autonom Befriedigung und Zufriedenheit erleben." Ohne die Erfahrung guter Abhängigkeit kann keine echte Autonomie entstehen.

---

50 Lipton, B. H. (n.d.). *How we are programmed at birth – Bruce Lipton* [Video]. YouTube. Abgerufen am 4. Dezember 2024, von https://www.youtube.com/watch?v=M6mVFO8wrb0

Jedes Kind kommt mit einem genetischen Gedächtnis auf die Welt – im Unterschied zum autobiografischen Gedächtnis, das sich erst im Laufe des Lebens durch individuelle Erfahrungen bildet. Dieses genetische Gedächtnis enthält grundlegende Informationen darüber, welche Art von Interaktionen ein Kind erwartet, um sich gesund und vollständig entwickeln zu können.

Schon von Geburt an – noch bevor es über Sprache verfügt oder Bedeutungen erfassen kann – bringt das Kind seine Bedürfnisse durch körperliche Signale und Ausdrucksformen nach außen, die nach einer stimmigen Antwort verlangen.

Wenn auf diese Signale angemessen reagiert wird – also eine sogenannte „Passform" zwischen Bedürfnis und Reaktion entsteht –, können Säuglinge zur Ruhe kommen. Sobald ein Bedürfnis erfüllt ist, nimmt die körperliche Erregung ab, und das Kind zeigt deutlich spürbare Zeichen tiefer Zufriedenheit und körperlicher Entspannung.

Dieses „tiefe Wissen", was wir im Kontakt mit unseren ersten Bezugspersonen brauchen, ist nach Albert und Diane Pesso von Anfang an in uns angelegt. Es wirkt wie eine innere Landkarte, die uns unbewusst durch die frühen Entwicklungsschritte leitet.

Also ab dem Zeitpunkt der Zeugung tragen wir dieses einzigartige Potenzial in uns, das ab der Geburt darauf drängt sich zu entwickeln und sich in der Interaktion mit anderen zu entfalten. Das Kind möchte alles erkunden, spielerisch ausprobieren, entdecken – das ist Teil seiner genetischen Natur. Die konkreten Erfahrungen in seiner Umgebung – je nachdem, wo und bei wem es geboren wird – stärken die neuronalen Verbindungen, die es für Sicherheit und Wachstum benötigt. Nicht genutzte Muster verblassen nach und nach.

Die neurologische Grundlage für diese Entwicklung bilden Spiegelneurone. Dabei ist der ganze Körper (körperliche Ebene) – also nicht nur unser Gehirn (mentale Ebene) – betroffen. Albert Pesso beschreibt den Körper als eine „lebende Bibliothek". Damit ein Zustand von Zufriedenheit entstehen kann, müssen Bedürfnisse passgenau erfüllt werden. Dieses Wissen um Bedürfnis und Erfüllung ist Teil unseres inneren Erbes, das über Generationen weitergegeben wird.

Das Kind trägt nicht nur das Wissen über seine eigenen Bedürfnisse in sich, sondern auch, wie es selbst eine Passform zu den Bedürfnissen anderer bieten kann.

Es spürt, wer in der Familie welche Rolle spielt – Mutter, Vater, Geschwister, Großeltern. Wir sind biologisch darauf vorbereitet, diese Beziehungen zu verstehen und später selbst zu übernehmen.

Wenn Kinder jedoch früh erleben, dass ihre Eltern selbst mit emotionalen Wunden kämpfen und die fürsorgliche, elterliche Verantwortung nicht oder nur unzureichend übernehmen können – also nicht nur lieben, sondern auch führen und gesunde Grenzen setzen –, reagieren sie unmittelbar mit ihrem mitfühlenden Herzen und ihrer sensiblen Seele. Sie versuchen das Defizit des bedürftigen Elternteils auszugleichen und stellen dabei ihre eigenen Bedürfnisse zurück. Oft übernehmen sie genau das, was den Eltern fehlt: die Fürsorge, die eigentlich ihnen selbst gegolten hätte. Dahinter steht meist der tiefe Wunsch, dass auch für Mutter oder Vater besser hätte gesorgt sein sollen und sie ein anderes, besseres Leben gehabt hätten.

Sie wissen genau um die Passform für ihre Bezugspersonen. Diese Fähigkeit nennen Albert und Diane Pesso die „Grammatik der Familienbeziehungen". Sie ist angeboren – wie die Struktur für Spracherwerb. Diese Grammatik folgt einer inneren Zeitachse: Zuerst Tochter oder Sohn – dann später die Rolle der Mutter oder des Vaters usw.

Die inneren Antennen des Kindes richten sich in dieser Lebensphase immer mehr auf die Wahrnehmung und Erfüllung der Bedürfnisse der bedürftigen Bezugsperson. Das Kind füllt diese Lücke mit dem unausgereiften Teil seines Selbst, anstatt seine eigenen altersgemäßen Bedürfnisse zu leben.

Das Wissen um die Defizite der Eltern oder anderer Bezugspersonen in der Familie hat weitreichende Folgen und hält meist ein Leben lang. Die wichtigste Wurzel dieses Impulses ist das Mitgefühl, das das Kind für den verwundeten Teil der bedürftigen Person empfindet. Eigentlich sollte das Kind erst seinem Selbstinteresse folgen können und erst später als Erwachsener Fürsorge für andere übernehmen. Dies stellt es aber in diesem Fall zurück und investiert in den anderen – auf Kosten der Befriedigung seiner eigenen Bedürfnisse.

## DEIN KIND IN DER PHASE DER 1. TIEFE UNTERSTÜTZEN

mit Strömsequenzen der Jin Shin Jyutsu Physio-Philosophie

Jede Anwendung hat Einfluss auf das Ganze. Alles ist miteinander verbunden. Die 1. Tiefe entwickelt sich in den ersten Lebensjahren und bietet dem Körper ein sicheres Gefäß – einen Raum zum Ankommen, zur Stabilisierung und zum Wachsen.

Daher können einfache Sequenzen der 1. Tiefe gut in ein tägliches Routineprogramm aufgenommen werden. In der Praxis hat sich der Milzstrom besonders bewährt – er unterstützt die Umwandlung aufgenommener Nahrung in körpereigene Energie.

### *FUNDAMENT DER 1. TIEFE STÄRKEN (UMKEHR-/ZUNAHME)*

Anwendung gleich unmittelbar nach der Entbindung.

Hilft u.a. bei Themen mit Mund, Zähnen, Zahnfleisch, Durchfall, Lunge, Magen, Milz.

Um den energetischen Fluss eines Neugeborenen zu unterstützen, empfiehlt sich eine natürliche und intuitive Halteweise. Eine Hand umfasst sanft den Rücken unter den Achseln des Babys, während die andere das Gesäß stützt (siehe Abbildung). Diese Haltung unterstützt das Baby auf eine Weise, die ihm Sicherheit und Geborgenheit vermittelt.

Tatsächlich ist dies genau die Position, in der wir ein Baby instinktiv halten, wenn wir es auf dem Arm tragen – eine natürliche, vertraute Haltung, die den Energiefluss harmonisiert und das Wohlbefinden des Kindes fördert.

Rechter Strom:

| | | |
|---|---|---|
| R | rechte | 9/26 |
| L | linke | 2 |

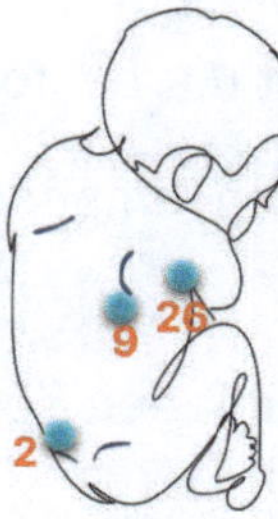


Linker Strom:

| | | |
|---|---|---|
| R | linke | 9/26 |
| L | rechte | 2 |

**Spezielle Helfer für die 1. Tiefe**

Anwendung bei allen Verdauungsthemen, Beschwerden im Bauchraum, Durchfall oder Verstopfung. Unterstützt die Integration des Aufgenommenen – sei es Nahrung oder Erfahrungen. Eine ausgeglichene 1. Tiefe bildet ein sicheres energetisches Gefäß, das die benötigte Lebensenergie bewahrt und als Grundlage für das Leben bereitstellt.

Rechter Strom:

| | | | |
|---|---|---|---|
| 1. | R | rechte | 25 |
| | L | rechte | 4/12/11/3 |
| 2. | R | linke | 2 |

Linker Strom:

| | | | |
|---|---|---|---|
| 1. | L | linke | 25 |
| | R | linke | 4/12/11/3 |
| 2. | L | rechte | 2 |

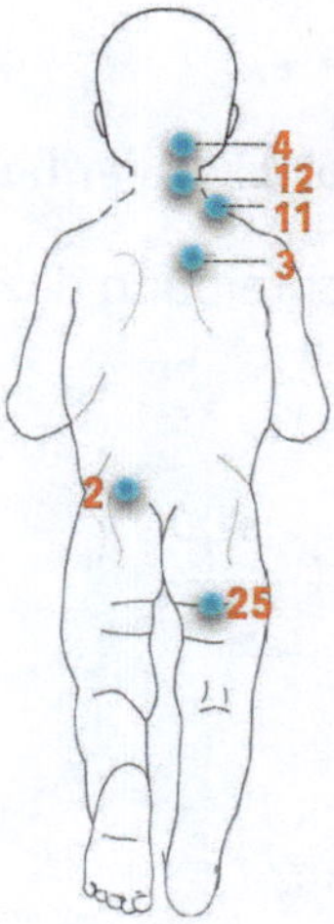

## AUSWAHL FÜR EINE GUTE VERDAUUNG UND GEGEN BLÄHUNGEN

### Nabelstrom (siehe Seite 174, erster Monat)

Nabelstrom als „universeller Versorger" unterstützt allgemein Mutter und Kind. Unterstützt u.a. bei folgenden Projekten:

- Ohrenbeschwerden (empfindliche Ohren, Schmerzen, Druck, Entzündungen)
- Nabelfunktion kühlt den Körper
- Beruhigt das Kind sowie die Eltern bei Nervosität

### Nabelstrom (6. Tiefe)

Rechter Strom:

| | | | |
|---|---|---|---|
| 1. | L | auf rechte | 11 |
| | R | auf linke | 12 |
| 2. | R | auf linke | 20 |
| 3. | R | auf rechte | 12 |

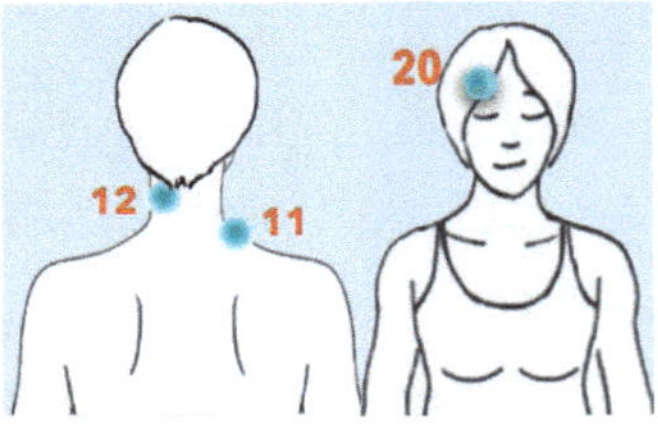


Linker Strom:

| | | | |
|---|---|---|---|
| 1. | R | auf linke | 11 |
| | L | auf rechte | 12 |
| 2. | L | auf rechte | 20 |
| 3. | L | auf linke | 12 |

oder halte den Ringfinger

### Ströme „11 und 15" oder beide Ellbogen („19")

Genauere Beschreibung dazu siehe Nabelstrom.

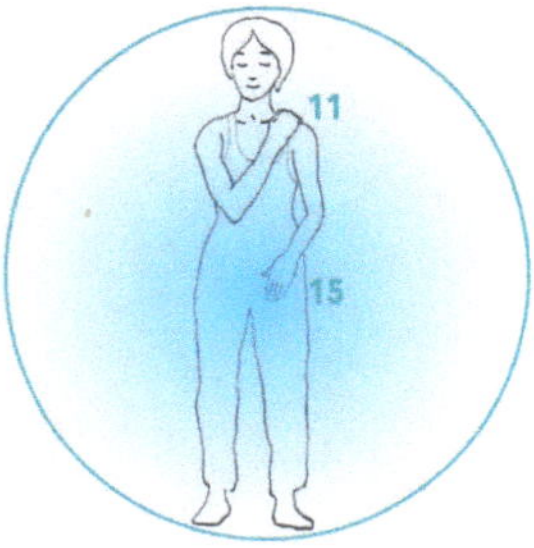


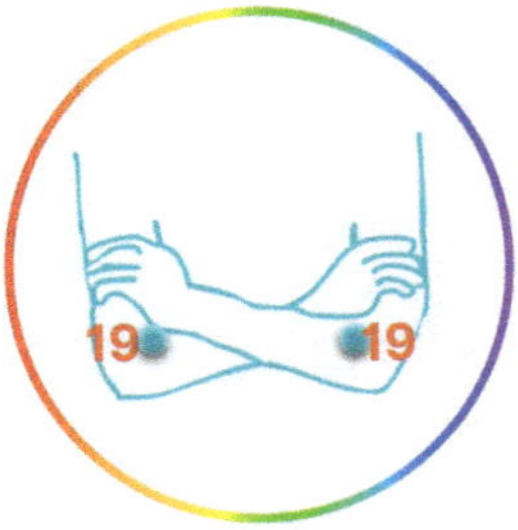

**Die 1. Tiefe wird unterstützt von Energiezentrum „1 bis 4“**

Anwendung ca. 20 Minuten

1. L rechte 1
   R rechte 2

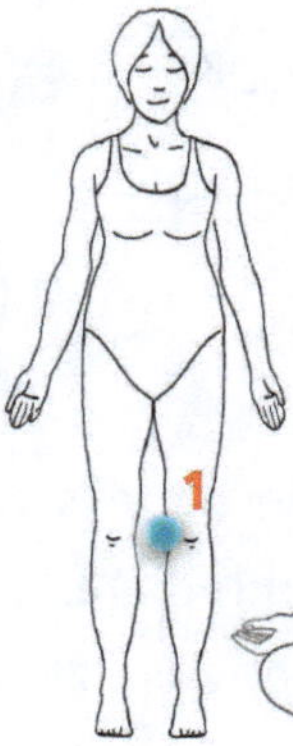


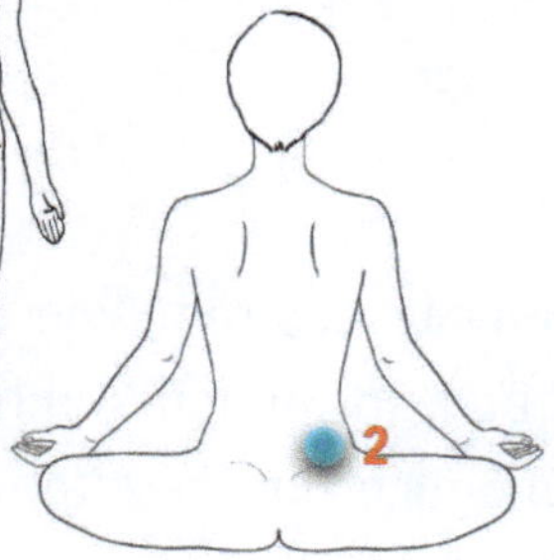


2. R bleibt re. 1
   L rechte 3/11

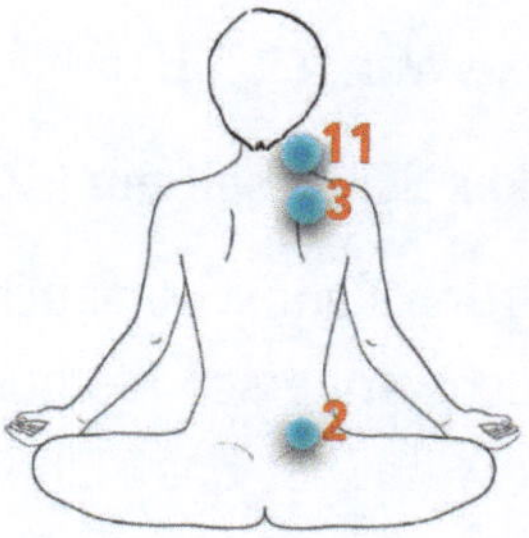


3. L bleibt re. 3/11
   R rechte 15

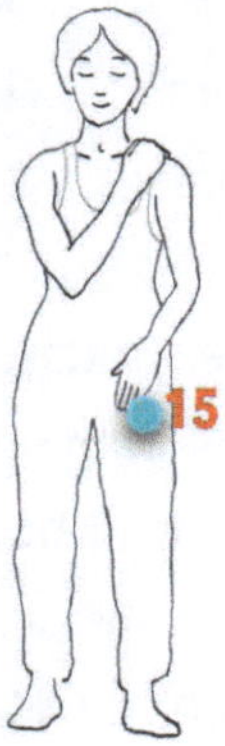


4. R rechte 4
   L linke 21

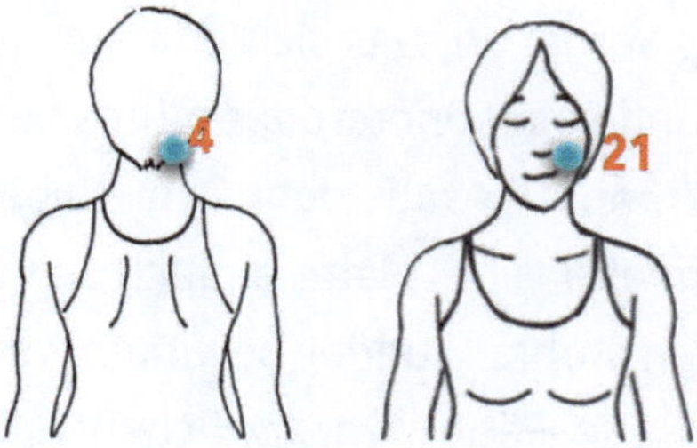


Das Strömungsmuster bringt die Energie in Bewegung, hilft bei Abgrenzung und allen Themen mit Haut sowie Verdauung. Für die andere Seite kannst du das Strömungsmuster spiegeln.

***MAGENSTROM***

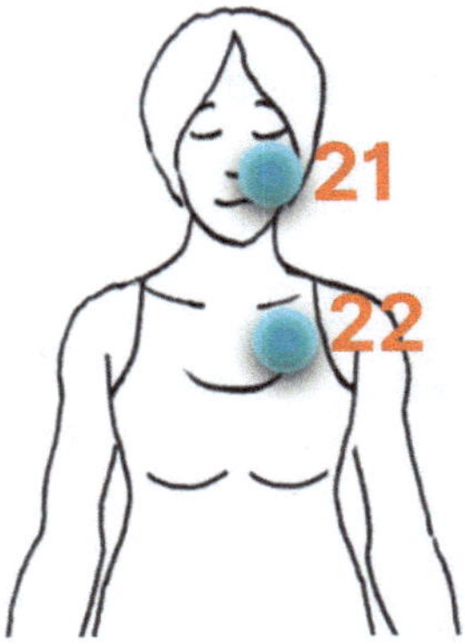


(ausführliche Sequenz siehe:
siebter Monat, Seite 231)

**Kurzgriff für den Magenstrom (1. Tiefe)**

R linke Wange („21“)

L linkes Schlüsselbein („22“)

Natürlich kannst du auch den ganzen Magenstrom, wie beim siebten Schwangerschaftsmonat beschrieben, anwenden. Wenn das Baby stark weint, ist das sicherlich nicht möglich und bereitet zusätzlich Stress. Der einfache Griff, wie hier beschrieben, ist da sehr sinnvoll.

**Das Baby hat Bauchweh**

Babys schreien oft, weil sie Bauchweh haben. Alles dreht sich um das Verdauen, was sich erst einspielen muss. Statt zu rätseln, was der Grund sein könnte oder hilflos zuzuschauen, probiere direkt das Strömen aus! Es hilft dem Baby dabei, was es gerade lernen muss. Eine schnelle Hilfe: Halte einfach sanft die Oberschenkel des Babys – das kann wahre Wunder bewirken. Vertraue deiner Intuition und hole dir auf alle Fälle den ärztlichen Beistand bzw. kontaktiere deine Hebamme, wenn du das Gefühl hast, du kannst das Baby nicht beruhigen.

**Halte beide Oberschenkel an der Innenseite großflächig**

Es ist sehr empfehlenswert, dir diese einfache Haltung anzugewöhnen. Aus meiner Erfahrung wirkt diese Position wahre Wunder und verschafft dem Baby spürbare Erleichterung bei der Nahrungsaufnahme, der Verdauung, Koliken, Verstopfung, Schluckauf oder einer verstopften Nase.

**Zahnen, starker Speichelfluss**

R linke Wange („21“)

L linke Außenseite der Wade (tiefe „8“)

L linke Außenseite vom Knöchel („16“)

oder

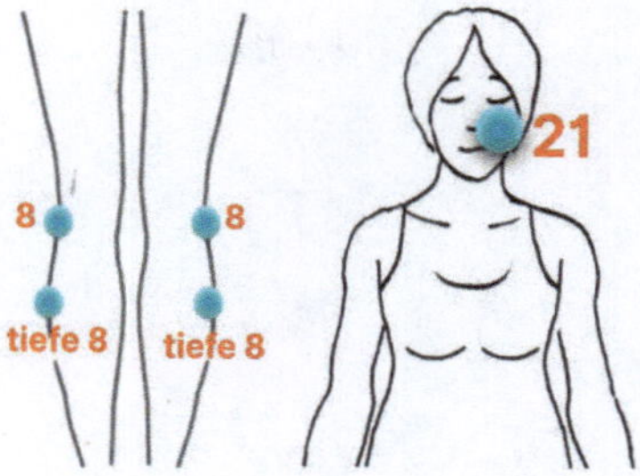


- ströme den vollständigen Blasenstrom
- halte die Waden
- halte den kleinen Finger

**Weitere Themen mit den Zähnen**

- ströme den Nierenstrom
- halte den Zeigefinger oder kleinen Finger als Kurzform für den Nierenstrom

**Für Balance ströme den ersten Schritt von Blasenstrom**

Es ist ein ganz natürliche Haltung!

Sie beruhigt und bringt allgemeine Ausgeglichenheit und Entspannung.

Halte dabei das Köpfchen und das Gesäß

# Anhang

## ERFAHRUNGSBERICHTE

### *„ICH DACHTE, ICH HÄTTE ALLES IM GRIFF…“*

Ein Erfahrungsbericht über eine ungeplante Kaiserschnittgeburt

Ich wusste, dass die Kinderseele sich die Mamaseele aussucht – aber dass mir die Umstände der Geburt völlig entgleiten würden, hätte ich nicht vermutet. Im wahrsten Sinne des Wortes glaubte ich, ich hätte alles im Griff.

Tägliches Selbst-Strömen und wöchentliche Jin Shin Jyutsu-Behandlungen schenkten mir eine traumhafte Schwangerschaft – ohne nennenswerte Beschwerden. Ich fühlte mich optimal vorbereitet: Zwei Hebammen standen bereit, das Zuhause war für eine Hausgeburt eingerichtet. Für einen Plan B – etwa ein Notköfferchen für den Fall eines Kliniktransfers – war in meiner Welt kein Platz.

Seit meinem 17. Lebensjahr nehme ich kein Aspirin oder andere Medikamente. Der Schulmedizin hatte ich abgeschworen. Endgültig.

Ein einziger Ultraschall war dennoch nötig – meine Hebamme wollte sicherstellen, dass die Plazenta den Geburtskanal nicht blockierte. Alles war frei. Der Weg für meine romantische Hausgeburt war bereitet: Kerzenschein, sanfte Musik, ein Seil von der Decke, viel Harmonie – das war meine Vision.

Und dann kam alles anders

Nach 30 Stunden Wehen in allen erdenklichen Positionen und schließlich endlich den ersten Presswehen – was für eine Urgewalt! – kam die Wende: Krankenhaus. Notkaiserschnitt. Volles Programm.

All das, was ich niemals wollte, wurde plötzlich Realität. Ich war am Boden zerstört – und zugleich unendlich erleichtert und glücklich, mein gesundes Kind endlich in den Armen zu halten.

Die Nabelschnur war zu kurz – wie ein Bungee-Seil, das ihn immer wieder zurückholte. (Anmerkung: Im Nachhinein habe ich erfahren, dass in meiner Ahnenreihe Mütter und Kinder an ähnlichen Umständen verstorben sind.)

Geburt geschieht nicht nur im Körper, sondern auch in der Seele

Heute weiß ich: die Kinderseele bestimmt auch die Geburtsumstände, wir können ein bisschen mithelfen und planen, aber wie die Seele die Welt betreten möchte, mit welchen Erfahrungen, bestimmt alleine sie. Demütig und dankbar kann ich als Mama da sein, Raum geben, helfen – aber letztlich nur Starthilfe leisten. Jedes Baby bringt sein eigenes Drama – oder Trauma – mit. Und unsere Seelen? Sie haben den Vertrag längst geschlossen, lange bevor sich unsere Wege hier kreuzten.

Sabine Kriegel
www.sabinekriegel.de

---

Ich wünsche allen werdenden Müttern, dass sie in der Schwangerschaft eine tiefe Verbindung zu sich selbst – und besonders zu ihrem Kind – aufbauen können. Frei von Angst, getragen von Vertrauen. Eine Schwangerschaft ist nicht nur ein körperlicher Prozess, sondern auch eine seelische Reise. Ich hoffe, dass jede Frau diese Zeit als stärkend erlebt – und dass sie in ihrer Geburtserfahrung Sanftheit, Selbstbestimmung und Geborgenheit finden darf. ❤️

Lara Janine Straub
Frauenärztin und Geburtshelferin

## *MANCHMAL LÄUFT ES ANDERS. UND TROTZDEM GENAU RICHTIG*

Die Geburt unserer dritten Tochter hatte ich mir schon zu Beginn der Schwangerschaft in meiner Vorstellung sehr genau zurechtgelegt und hatte dabei wenig Zweifel, dass es anders kommen könnte. Ich war überzeugt, unser Mädchen würde sich um den errechneten Termin ankündigen, und ich dürfte sie im Geburtshaus im Wasser zur Welt bringen – genauso entspannt und selbstbestimmt, wie wir es bei unserer zweiten Tochter erleben durften. Es war für uns ein so friedvolles, besonderes Erlebnis, mit einem Gefühl von Zuhausesein, Raum für uns und Unterstütztwerden von einfühlsamen Hebammen. Ein Erlebnis, das ich jeder Frau wünsche: eine Geburt so zu erleben.

Der Plan in mir war fix – doch es kam ganz anders. Fünf Wochen vor Termin, mitten im „Nestbau“, wurde ich von einem Blasensprung überrumpelt, und nach kurzem Gedankensortieren befanden sich bereits unsere zwei anderen Töchter bei den Großeltern, und ich mich auf der Wöchnerinnenstation der Klinik mit venösem Zugang für die Antibiose.

Mein Kopf und vor allem mein Herz konnten der Planänderung nur schwer folgen. Ich war enttäuscht, traurig, und es war für mich schwierig, in dieser sensiblen Zeit von meinen Liebsten getrennt zu sein. Ich wollte noch so viel zu Hause erledigen, Zeit zu viert genießen, Freunde treffen, mich noch ein wenig einrichten für unseren Familienzuwachs – einfach Daheim sein.

Ein Anruf meiner Mentorin brachte mich aus dem Gedankenkarussell, und ich merkte, wie ich mehr und mehr ins Fühlen und ins Vertrauen fand. Ich entschied mich, an meinem eigenen Mindset zu arbeiten, mich zu sortieren und Vorstellungen loszulassen. Ich vertraute meinem Körper: Ich bin in Sicherheit. Mein Baby kennt den richtigen Zeitpunkt.

Ich wollte die Zeit nutzen, dem Ganzen Positives abzugewinnen, und so richtete ich mich ein. Mein Mann brachte mir Lieblingssachen vorbei, die mir ein klein wenig Zuhausegefühl schenkten. Ich schenkte mir selbst Zeit und Ruhe und genoss es, für nichts zuständig zu sein. Morgens ließ ich mir Frühstück ans Bett bringen, machte kleine Spaziergänge, hörte Musik und gönnte mir immer wieder Schlaf. Ich strömte, malte nach langer Zeit einmal wieder – inspiriert von einer Meditation und einer tollen Dokumentation über Wale. Außerdem hatte ich die Chance, mich nochmal intensiver mit dem wundervollen Wesen in meinem Bauch zu verbinden. Stets unterstützt und getragen fühlte ich mich von einer tollen Ström-Community.

Bildnachweis: Anika Regel

So schafften wir es alle zusammen noch 2,5 Wochen. Das strikte Ziel der 37. SSW saß mir stets im Nacken. Die sehr engen Statuten in einer Klinik besagten zum einen, dass unsere Tochter so lange noch in meinem Bauch bleiben sollte, und dann aber ab genau diesem Zeitpunkt am besten gleich schon zur Welt kommen sollte. Eine Einleitung „zum Wohle des Kindes“ saß mir quasi im Nacken.

Ich konnte bei diesem Vorgehen absolut nicht mitgehen und so entschied ich mich, das Ruder selbst in die Hand zu nehmen. Ich strömte sehr intensiv, besorgte mir wehenfördernden Tee und homöopathische Mittel – und so kam es, dass sich unsere Tochter wenige Stunden vor dem besagten Termin auf den Weg machte und wir sie kurz vor Mitternacht in unseren Armen halten durften. Es war sicherlich eine intensivere Geburt als im Geburtshaus, doch unser Baby durfte auf selbstbestimmte und natürliche Weise zur Welt kommen – getragen von der liebevollen Unterstützung meines Mannes und einer einfühlsamen Hebamme, die uns genau den Raum gegeben hat, den wir brauchten.

Auch wenn der ursprüngliche Wunsch ein ganz anderer war, konnte ich die Geburt sehr gut annehmen – genau so, wie sie war. Und ich bin einfach nur dankbar für alles: dankbar für ein so zauberhaftes Menschlein und dankbar für diese kostbare Erfahrung.

Manchmal läuft es anders. Und trotzdem genau richtig.

Anika Regel
Heilpraktikerin, Jin Shin Jyutsu Praktikerin

---

***DU LEISTEST IMMER GROSSARTIGES!***

Eine Geburt ist nicht planbar. Trotzdem ist es sinnvoll, sich darauf vorzubereiten – mental und körperlich. Das gibt dir am Ende das Gefühl, dein Bestes getan zu haben.

Eine kraftvolle Geburt braucht keine perfekte Kontrolle, sondern eine innere Haltung, die dich durch die Wellen trägt. Selbstwirksam zu gebären heißt nicht, alles zu kontrollieren und alle Abläufe genau zu planen. Es heißt, mitzugehen und mit den Wogen zu schwingen.

Der Schlüssel ist Vertrauen: in dich selbst, in deinen Körper, in dein Kind, in den Prozess der Geburt und in die Menschen, die dich begleiten.

Wenn du Vertrauen findest, kannst du dich auf das, was geschieht, einlassen.

Wenn du dich einlassen kannst, kannst du auch das, was sich zeigt, annehmen – und am Ende gestärkt aus dieser Geburt gehen.

Vielleicht fühlt sich vieles anders an, als du es erwartet hattest. Vielleicht nimmt es auch einen anderen Verlauf, als du es dir gewünscht hast. Doch wenn du im Vertrauen bist, dich einlassen kannst, kannst du auch das annehmen.

Denn was am Ende zählt, ist, dass der Geburtstag deines Kindes für dich ein Feiertag ist.

Es ist völlig unerheblich, wie dein Baby auf die Welt kommt. Du leistest immer Großartiges! Du bist ein Wunder! Dein Kind ist ein Wunder! Das Leben ist ein Wunder!

Birgit Amey
Heilpraktikerin und Hebamme
www.birgit-amey.de

## ÜBERSICHT ÜBER DIE ENERGIEZENTREN

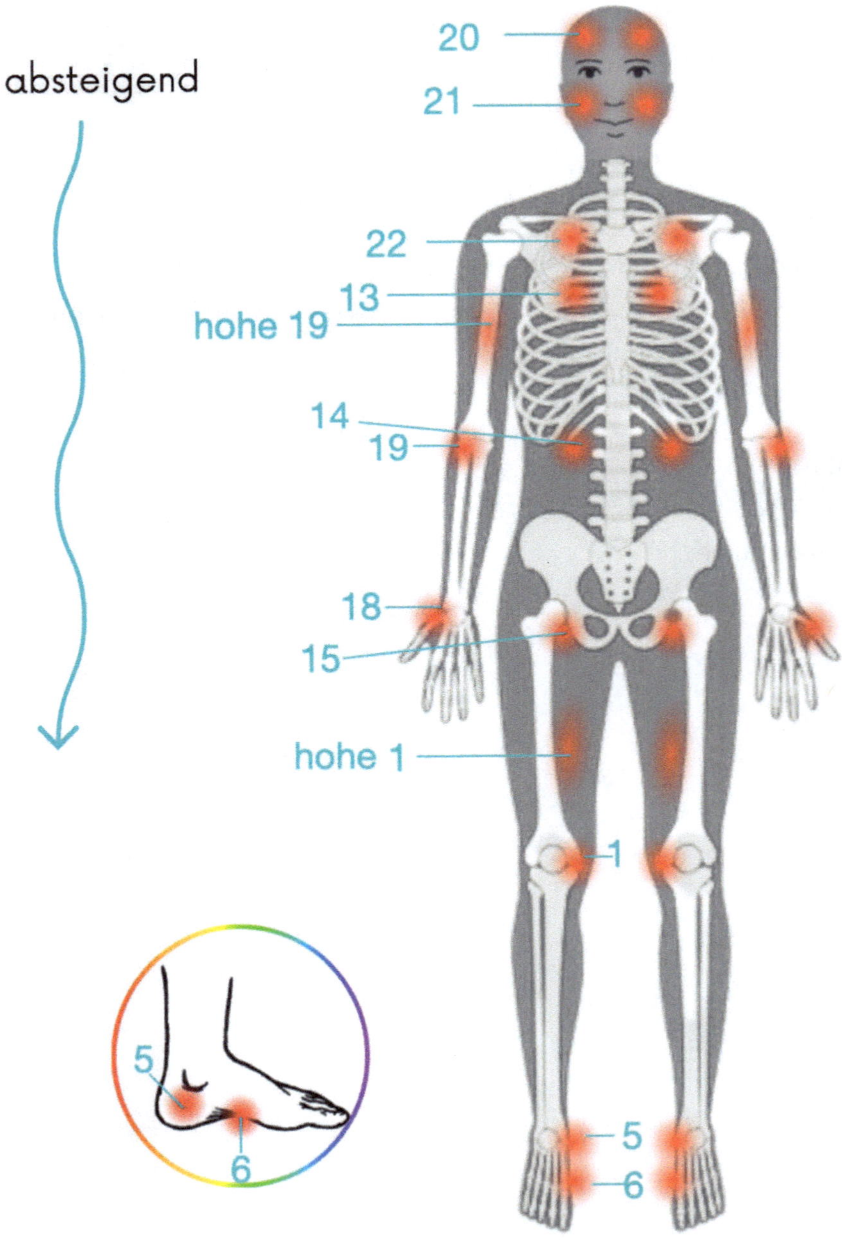

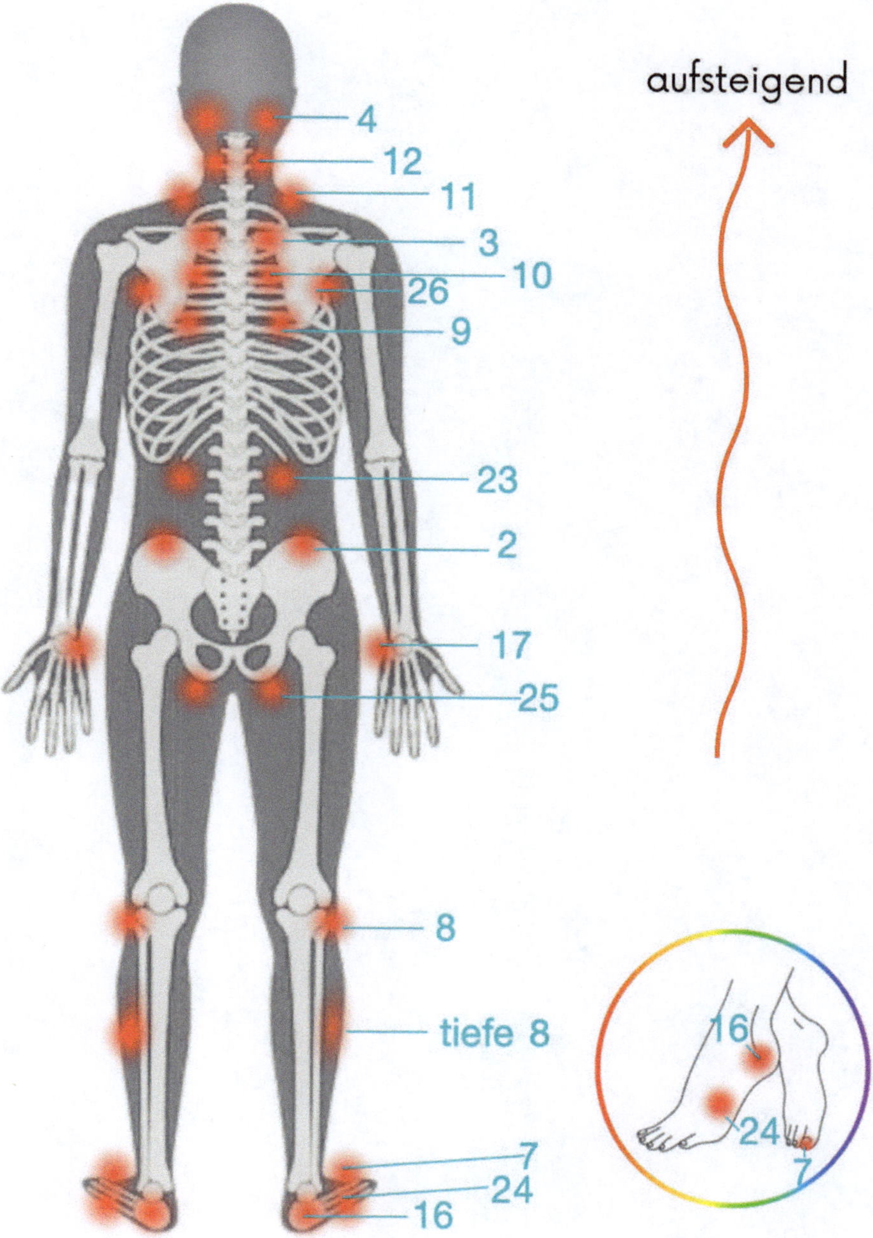
aufsteigend
4
12
11
3
10
26
9
23
2
17
25
8
tiefe 8
7
24
16
16
24
7

FSC
www.fsc.org
MIX
Papier | Fördert gute Waldnutzung
FSC® C083411

Kolibri 360 GmbH
Ferdinand-Jühlke-Straße 7
99095 Erfurt, Deutschland
produktsicherheit@kolibri360.de

Druck:
CPI Druckdienstleistungen GmbH
im Auftrag der
Kolibri 360 GmbH
Ferdinand-Jühlke-Str. 7
99095 Erfurt